Öffentliche Meinung und soziologische Theorie

Peter-Ulrich Merz-Benz (Hrsg.)

Öffentliche Meinung und soziologische Theorie

Mit Ferdinand Tönnies
weiter gedacht

 Springer VS

Herausgeber
Peter-Ulrich Merz-Benz
Universität Zürich
Schweiz

ISBN 978-3-658-09446-1   ISBN 978-3-658-09447-8 (eBook)
DOI 10.1007/978-3-658-09447-8

Die Deutsche Nationalbibliothek verzeichnet diese Publikation in der Deutschen Nationalbi-
bliografie; detaillierte bibliografische Daten sind im Internet über http://dnb.d-nb.de abrufbar.

Springer VS
© Springer Fachmedien Wiesbaden 2015

Lektorat: Andreas Beierwaltes, Stefanie Loyal

Gedruckt auf säurefreiem und chlorfrei gebleichtem Papier

Springer Fachmedien Wiesbaden ist Teil der Fachverlagsgruppe Springer Science+Business Media
(www.springer.com)

In Erinnerung
an

Rolf Fechner
(1948 – 2011)

Er hat uns
Ferdinand Tönnies'
Kritik der öffentlichen Meinung
näher gebracht

Inhaltsverzeichnis

Vorwort

Die Beiträge des vorliegenden Bandes gehen zurück auf das Panel „Ferdinand Tönnies' *Kritik der öffentlichen Meinung* – systematische Grundlagen der Öffentlichkeitssoziologie" – durchgeführt im Rahmen des 3. gemeinsamen Kongresses der Deutschen, der Österreichischen und der Schweizerischen Gesellschaft für Soziologie in Innsbruck im Herbst 2011. Der Kongress stand unter dem Titel „Neuer Strukturwandel der Öffentlichkeit". Tönnies selbst hat zu seiner Monographie über die öffentliche Meinung festgehalten: „Was ich mir vorsetzen durfte und zu leisten vermochte, war eine begriffliche Klärung des Gedankens über eine so wichtige soziologische Tatsache und Erscheinung. Darum habe ich meinem Werk den Titel *Kritik der öffentlichen Meinung* gegeben." Die Vergegenwärtigung dieses Gedankens, im Bemühen, das mit „öffentlicher Meinung" Gemeinte weiter zu erhellen, gehörte naheliegenderweise zur Zielsetzung dieser Veranstaltung. Und etwas Entscheidendes kam hinzu. Es sollte der Versuch unternommen werden, dort weiterzumachen, wo Tönnies aufgehört hatte. An sich ist dies keineswegs neu. Die öffentliche Meinung in ihrer heutigen Gestalt war in den letzten Jahren wiederholt Gegenstand der Forschung ebenso wie theoretischer Erörterungen.

Der Weg, wie er mit den Beiträgen dieses Bandes beschritten wird, führt indes in eine Richtung, die bisher in der Auseinandersetzung mit Tönnies' Werk nicht eingeschlagen wurde. Es geht um *die öffentliche Meinung als Kategorie der soziologischen Theorie* – der soziologischen Theorie von Tönnies und, weiter gedacht, der soziologischen Theorie schlechthin. Die Soziologie ist – wie von Tönnies beschrieben in „Das Wesen der Soziologie" von 1907 – eine „theoretische Wissenschaft". Womit sie es zu tun hat, die Phänomene der sozialen und kulturellen Wirklichkeit, vermag „nur der Gedanke zu erkennen" – er ist es, der die sozialen Gebilde gleichsam „aus den Tatsachen, aus dem wirklichen Verhalten der Menschen zueinander", herauslöst, sie mithin „denkbar und darstellbar" macht. Was es mit dem „Gedanken" der Soziologie und vor allem dem Gedanken der öffentlichen Meinung auf sich hat, zu Zeiten Tönnies' und auch heute, ist das Thema des vorliegenden Bandes. Auch im Kontext moderner soziologischer Theorie, eingefügt in bestehende Theoreme und Denkfiguren, führt der Gedanke der öffentlichen Meinung weiter, lässt er doch im Begriff so manches erstehen, was bisher unserem geistigen Auge entzogen war.

Die Beiträge zu dem im Rahmen des Innsbrucker Dreiländerkongresses durchgeführten Panel liegen hier nunmehr schriftlich vor. Sie wurden von der Autorin und den Autoren weiter ausgearbeitet und – zum Teil wesentlich – erweitert. Mit ihrer Publikation verbindet sich insbesondere die Hoffnung, vermehrt – oder überhaupt – Interesse für die soziologische Theorie von Ferdinand Tönnies zu wecken.

Die Auseinandersetzung mit Ferdinand Tönnies' *Kritik der öffentlichen Meinung*, wie sie in diesem Band geführt wird, wäre ohne die Arbeiten unseres leider allzu früh verstorbenen Kollegen und Freundes Rolf Fechner nicht möglich gewesen. Mit diesem Band soll an ihn erinnert werden.

Zürich, im September 2014   Peter-Ulrich Merz-Benz

Ferdinand Tönnies – Öffentliche Meinung und soziologische Theorie

Peter-Ulrich Merz-Benz

Ferdinand Tönnies' Begriff der öffentlichen Meinung ist für vieles gut. Er lenkt unseren Blick auf die soziale Wirklichkeit, auf dass bekannte Tatsachen neue Seiten erkennen lassen; er lässt uns aber auch durch bekannte Tatsachen gleichsam hindurchsehen, macht „denkbar und darstellbar", was unserem geistigen Auge bisher verborgen war, auf dass aus dem ‚Fundus' der sozialen Wirklichkeit für uns neue Phänomene ‚erstehen'. Und diese bilden daraufhin den Gegenstand soziologischer Forschung. Dazu gehört – was naheliegt – die Analyse der öffentlichen Meinung als soziales und kulturelles Phänomen des 20. und des 21. Jahrhunderts: die öffentliche Meinung als Abbild der Realität, dessen, was geschieht; die öffentliche Meinung als Sphäre, in der Überzeugungen gebildet und verbreitet werden, Überzeugungen, die nichts weniger sein sollen als Verkörperungen reflektierter Bewusstheit; die öffentliche Meinung als quasi-juristische Instanz, Rechtfertigungen fordernd und Urteile fällend; die öffentliche Meinung als ein Wesen, vor dessen Blick nichts sicher ist, dessen Blick selbst ins Intimste dringt – die Reihe von Forschungsthemen ließe sich beinahe beliebig fortsetzen.

Zuweilen wird der öffentlichen Meinung gar eine geschichtsphilosophische Bedeutung zugeschrieben, soll mit ihr – und durch sie – doch nichts Geringeres Gestalt gewinnen als eine – vielleicht sogar die bestimmende – Entwicklungstendenz der jüngeren abendländischen Geschichte. Demnach ist es die öffentliche Meinung, die an die Stelle der Religion und auch der Wissenschaft tritt (vgl. Bammé und Fechner 2005, S. 14ff.). Die öffentliche Meinung wirkt der Auflösung religiöser Sinnsetzungen und der Normen des öffentlichen Lebens in Verhaltens-

imperativen kleinräumiger Gemeinschaften oder gar im undurchschaubaren Geschehen der Privatsphäre ebenso entgegen wie der Diffusion wissenschaftlichen
Wissens über die Institution Wissenschaft hinaus in den gesellschaftlichen Alltag, in die vielgestaltigen gesellschaftlich bedingten Kontext- und Zweckabhän-
gigkeiten des produzierten Wissens. Als Antwort auf die Auflösungs- und Ver-
fallserscheinungen von Religion und Wissenschaft soll die öffentliche Meinung
ihre rettende Macht entfalten – als Medium, in dem kollektive Sinnorientierun-
gen entwickelt werden können und in dem die Frage nach dem, was gutes Wissen
ist, gestellt und auch beantwortet werden kann. Und all dies in einer Weise, die
– entsprechend der reflexiven Struktur des Mediums – die Kritisierbarkeit der
entwickelten, der sozusagen gemeinsam gefällten Meinungen stets gewährleistet.
– Von vielem bliebe noch zu sprechen, die analytische Potenz des Begriffs der
öffentlichen Meinung ist noch längst nicht ausgeschöpft.[1]

Etwas war bisher allerdings nicht Thema: die öffentliche Meinung als Kategorie der soziologischen Theorie. Und dies nicht nur als Kategorie der soziologischen Theorie von Ferdinand Tönnies, sondern als Kategorie der soziologischen
Theorie schlechthin. Die öffentliche Meinung von Ferdinand Tönnies als Teil des
Theoriediskurs' der Soziologie und mithin des Diskurs' der Soziologie als Wissenschaft – dies ist der Gegenstand des vorliegenden Bandes. Alles beginnt indes mit
der Frage, was Ferdinand Tönnies unter „öffentlicher Meinung" versteht.

1   Soziologie als theoretische Wissenschaft: „öffentliche Meinung" als Kategorie der soziologischen Theorie

Soziale Gebilde, allgemein soziale Verhältnisse erkennen kann nur heißen, sie
„'von innen' [zu] verstehen", sie im Begriff zu rekonstruieren (Tönnies 2000
[1907], S. 479) – so hat dies Tönnies festgehalten in seiner Studie „Das Wesen der
Soziologie" von 1907. Und er fügt hinzu: „Soziale Verhältnisse zu begreifen stellt
die [...] Aufgabe einer theoretischen Wissenschaft dar". Die „Objekte" dieser Wissenschaft sind nicht durch Mess-Instrumente „und auch durch andere Sinne nicht
wahrnehmbar". „*Nur der Gedanke* vermag sie zu erkennen" (Tönnies 2000 [1907],
S. 484; Hervorh. v. mir; PUMB). Und eben dies, den Gedanken zu leiten, auf dass
er in „menschliche Verhältnisse und Verbindungen" Sinnzusammenhänge hin-

---

1 Vgl. hierzu – für eine kleine Auswahl möglicher Forschungsgegenstände – die Beiträge zum vierten internationalen Tönnies-Symposion „Öffentliche Meinung zwischen
   neuer Wissenschaft und Religion", welches im Oktober 2005 in Klagenfurt stattfand
   (Fechner et al. 2005).

einzutreiben und diese zu einem Begriff zu fügen vermag – das soziale Phänomen, welches den Gegenstand des Interesses bildet, als solches erkennend –, ist auch der Zweck der Kategorie der öffentlichen Meinung. Eines gilt es indes unbedingt zu beachten: Mit ‚Erkennen' ist hier gemeint, das betreffende Phänomen „denkbar und darstellbar" zu machen, es also als Phänomen der empirischen Wirklichkeit überhaupt zu konstituieren. Und erst auf dieser Grundlage kann stattfinden, was zum überwiegenden Teil den Gegenstand von Tönnies' 1922 erschienenem Werk *Die Kritik der öffentlichen Meinung* bildet: eine wissenschaftliche Untersuchung der öffentlichen Meinung in ihren vielfältigen realen Auftretensformen, etwa der „Allgemeine[n] Inhalte der Öffentlichen Meinung in ihren neuzeitlichen Grundlagen", der „Öffentliche[n] Meinung als Faktor des Staatslebens" oder der „Öffentliche[n] Meinung im [Ersten; PUMB] Weltkrieg" (Tönnies 2002 [1922], VI., VIII. und X. Kapitel). Bezeichnenderweise jedoch trägt das „Erste Buch" von Tönnies' *Die Kritik der öffentlichen Meinung* den Titel „Begriff und Theorie der öffentlichen Meinung", und erst im „Zweiten" und im „Dritten Buch" geht es um „Empirische Beobachtungen und Anwendungen" respektive um „Besondere Fälle der Öffentlichen Meinung". Kurz: Der Weg führt von der Kategorie der öffentlichen Meinung zum Phänomen der öffentlichen Meinung.

2 Öffentliche Meinung als Form geistiger Verbundenheit – öffentliche Meinung als soziales Gebilde

Diesen Sachverhalt näher zu bestimmen heißt den Blick zurück richten, dorthin, wo Tönnies die „öffentliche Meinung" als „Grundbegriff der reinen Soziologie" systematisch eingeführt hat: auf § 30 im „Dritten Buch": „Soziologische Gründe des Naturrechts" seines Hauptwerks *Gemeinschaft und Gesellschaft*.[2] Tönnies zufolge muss die öffentliche Meinung begriffen werden als die „mentale [...] Gestaltung eines gemeinsamen und verbindenden Willens", als eine Form der Verbundenheit, die ausschließlich geistiger Art ist, bestehend einzig in gemeinsamen „Vorstellungen und Gedanken". Und bezogen auf das „Theorem von Gemein-

---

2 Die erste Ausgabe von *Gemeinschaft und Gesellschaft* von 1887 wurde von Tönnies als „Abhandlung des Communismus und des Socialismus als empirischer Culturformen" bezeichnet (Tönnies 1887). Ab der zweiten Ausgabe von 1912 lautete der Untertitel von *Gemeinschaft und Gesellschaft* dann „Grundbegriffe", man kann ruhig sagen: Kategorien „der reinen Soziologie"– ein Untertitel, der was den Inhalt dieses Werks und ebenso die von Tönnies' damit verbundene Intention angeht doch um einiges erläuterungsreicher ist (Tönnies 1979).

schaft und Gesellschaft" gilt: die „Willensform" der öffentlichen Meinung ist eine „gesellschaftliche" (Tönnies 1979, S. 200).

Doch welches ist der Wille, der der öffentlichen Meinung zu Grunde liegt? Was ist mit geistiger Verbundenheit gemeint? Und inwiefern bildet diese das Konstituens der öffentlichen Meinung? „Alle sozialen Gebilde sind" – wie es in der „Vorrede zur zweiten Auflage" von *Gemeinschaft und Gesellschaft* heißt – „Artefakte von psychischer Substanz" (Tönnies 1979, S. XXXIV) – und ein soziales Gebilde ist auch die öffentliche Meinung. Mit dieser Bestimmung steht zudem fest – so erläuterungsbedürftig sich der Begriff des sozialen Gebildes ansonsten erweist –, dass Tönnies in seiner Soziologie jeglicher Biologismus ebenso fremd ist wie – Stichwort ‚soziale Gebilde als höherstufige Wirklichkeiten' – jede Form von Sozialmetaphysik. Worauf es für ihn als erstes ankommt, ist vielmehr die Trennung zwischen dem alltäglichen und dem soziologischen Verständnis sozialer Gebilde. Auf diese Weise verschafft er sich gleichsam Eintritt in die Sphäre der soziologischen Theorie.

Als wirkliche Menschen „verkehren" wir – so schreibt Tönnies in seinem Spätwerk *Einführung in die Soziologie* von 1931 – mit den „sozialen Dingen", vorab den sozialen Gebilden zwar tatsächlich „als mit Wirklichkeiten", ja wir kommen sogar dazu, sie effektiv, ganz selbstverständlich, „als solche [zu] denken und an[zu]schauen und [...] oft sie als höhere Wesen [geradezu zu] verklären" (Tönnies 1981 [1931], S. 9f). Indes entspricht das Alltagsverständnis sozialer Gebilde nicht ihrem wissenschaftlichen, ihrem soziologischen Begriff, und nur um letzteren ist es Tönnies zu tun. Demnach werden – so die begriffliche Bestimmung – soziale Gebilde von uns, die wir als „wirkliche Personen" an ihnen „unmittelbar beteiligt" sind, dargestellt und behandelt, „als ob sie ein wirkliches Dasein hätten" (Tönnies 1981 [1931], S. 10; Hervorh. v. mir; PUMB), für den Soziologen sind sie dagegen nichts anderes als gemeinsam in Geltung gesetzte Formen geistiger Verbundenheit. Ob Gemeinde, Verein, Staat oder öffentliche Meinung: sie alle sind zu begreifen als von uns „ins Dasein" gerufen oder als bereits bestehende gleichsam im Dasein gehalten, als „vorgeschriebene oder doch vorgedachte Formen", die wir „wollen und handeln lassen" (Tönnies 1981 [1931], S. 10). In ihnen wirkt das Denken, in ihnen wirken aber auch – und dies macht die Besonderheit von Tönnies' soziologischer Theorie aus – geistige Kräfte, die nicht rationalen Charakters sind, Glaube, Intuition, „naive Anschauung", Phantasie. Eben deshalb spricht Tönnies von sozialen Gebilden als „Artefakte[n] von psychischer Substanz" – Artefakten, die zur Intellektualität und Rationalität zwar befähigt sind, als „Lebendige" aber nichts Künstliches an sich haben (Tönnies 1979, S. 6). Einmal in Geltung gesetzt, erscheinen die sozialen Gebilde in ihrem ‚Tun' indes als selbstständig, als uns in ihrem Wirken *vor*-gegebene, und auch diese Bestimmung gehört zu ihrem (soziologischen) Begriff, ja sie bildet sogar das Spezifikum dieses Begriffs.

3 Die Analogie von Sozialgebilde und Vertrag: soziale Gebilde als bewusst geschlossene, soziale Gebilde als stillschweigend hingenommene Verträge – gesellschaftliche und gemeinschaftliche Sozialformen

Unverkennbar steht das soziale Gebilde in einem Analogieverhältnis zum Vertrag, was angesichts der Tatsache, dass Tönnies sich bei der Ausarbeitung seiner „reinen Soziologie" wesentlich an der ethisch-politischen Theorie von Thomas Hobbes orientiert (vgl. Merz-Benz 1995, § 8) – und sei es auch vornehmlich als Hilfe zur Formulierung seiner eigenen Gedanken –, keineswegs erstaunt. Verträge werden geschlossen und in Geltung gesetzt, auf dass sie fortan dem gemeinsamen Tun der Individuen eine Richtung geben, dieses leiten und auch regeln, und dasselbe gilt für die sozialen Gebilde. Anders als dies bei Hobbes der Fall ist, begreift Tönnies die sozialen Gebilde jedoch keineswegs ausschließlich oder doch primär als Ergebnis eigentlicher Vertragsschlüsse. Es gibt soziale Gebilde, bei deren Entstehung die Geschichte das erste und das letzte Wort hatte, die traditionell gewachsen sind, sich in und mit dem Gang der Ereignisse verändernd, ihm auch widerstehend, und die von den Menschen selbstverständlich *hingenommen* werden. Bereits 1881, im vierten Artikel seiner „Anmerkungen über die Philosophie des Hobbes" hält Tönnies fest, dass angesichts des prinzipiellen Bestehens eines Einigungswillens, einschließlich des daraus hervorgehenden Vertrags, die besondere, materiale Genealogie des Einigungswillens als zweitrangig erscheint. „Ob [...] der ursprüngliche Gesellschafts- und Unterwerfungsvertrag ausdrücklich geschlossen ist, oder aber stillschweigend als allen Verhältnissen zu Grunde liegend *gedacht* wird, das ist nicht von Belang; wohl aber ist es nothwendig, dass *eines von beiden* wirklich gegeben sei" (Tönnies 1881, S. 197).

Mit der Möglichkeit, dass es Verträge, sprich: soziale Gebilde gibt, die gelten respektive bestehen, indem sie als solche ungefragt, ohne je Gegenstand von Erörterungen zu sein, vorausgesetzt werden, sieht Tönnies – über Hobbes hinaus – nichts weniger als eine vertragstheoretische Bestimmung auch der historisch gewachsenen oder – nach dem einschlägigen Begriff – gemeinschaftlichen Sozialformen, der „Gemeinschaften" vor. Soziale Gebilde, die das Ergebnis eines bewussten Willens zur Einigung sind, sind künstliche Gebilde, reine Produkte des Denkens – sie heißen „Gesellschaften". Soziale Gebilde, die aus „angeerbten überlieferten Formen, der Gewohnheit und der Pflicht" gefügt sind (Tönnies 1979,

S. 182), sind organische Bestandteile der geschichtlichen Wirklichkeit – sie heißen „Gemeinschaften". Und beide, Gemeinschaften und Gesellschaften, „beziehen" sich als soziale Gebilde auf uns, ihre ‚Schöpfer' und ‚Bewahrer'; sie sind richtunggebend für unser Tun, ‚bemessen' dieses, ja urteilen darüber, ob wir in unseren Taten und Handlungen ihren Vorgaben, Grundsätzen, Maximen, Regeln, genügen (vgl. Tönnies 1979, S. 200).

Ein soziales Gebilde ist – wie bereits erwähnt – auch die öffentliche Meinung. Und ebenso ist von ihr als einer Sozialform zu sprechen oder, präziser, einer Art sozialer Wirklichkeit, wie sie im Begriff ist, sich zu formieren. Als einmal ‚gefasste', hergestellte ist die öffentliche Meinung ein soziales Gebilde, als eine Meinung, die noch unbestimmt ist, sich erst bildet, eine Sozialform. Das Entscheidende aber ist: Auch als Sozialform ist die öffentliche Meinung für unser Tun richtunggebend, enthält sie doch die Prozess-Richtlinien oder Verfahrens-Bestimmungen kollektiver Meinungsbildung. In der öffentlichen Meinung als einer gemeinsam vorgedachten, künstlichen, mithin gesellschaftlichen Sozialform ist festgelegt, was es heißt, eine öffentliche Meinung zu entwickeln – allein oder mit anderen –; und indem sich die öffentliche Meinung als eine Sozialform erweist, die, gedacht als „Subjekt", sich auch auf andere Sozialformen bezieht, auf Vorgänge der Politik und der Gesetzgebung, des gesamten öffentlichen Lebens, in diese eingreift, indem sie sie als Gegenstand öffentlicher Meinungsbildung und schließlich der öffentlichen Meinung ‚erstehen' lässt, unterliegen auch diese anderen Sozialformen ihrem Urteil. Damit sind die Bezüge zur öffentlichen Meinung in ihrem heutigen Verständnis doch schon recht deutlich.

4 Soziologische Theorie als Theorie der Geltung der sozialen Dinge

An dieser Stelle vermag auch Tönnies' Begriff der Soziologie als einer theoretischen Wissenschaft weiter präzisiert zu werden. Die „Geltung solcher sozialen Dinge", der Gesellschaften als Produkte des Denkens, der Gemeinschaften als hingenommener „Formen, der Gewohnheit und der Pflicht", bildet – wie Tönnies unmissverständlich festhält – „den *eigentlichen Gegenstand* der theoretischen oder reinen Soziologie" ((Tönnies 1981 [1931], S. 9; Hervorh. v. mir; PUMB). Damit distanziert er sich gleichzeitig von Max Weber, dem er vorwirft, mit seinem Begriff sozialer „Gebilde" als – „lediglich" – „Abläufe und Zusammenhänge spezifischen Handelns einzelner Menschen"[3], „Arten des Zusammenhandelns" (Weber 1973b, S. 439), die Bedeutung der „Kollektivbegriffe" für die „Betrachtungsweise" der Soziologie als (viel) zu gering zu erachten.

Nach Auffassung von Tönnies ist Webers Argumentation was den Gegenstand der soziologischen Betrachtungsweise angeht durch Unentschiedenheit, um nicht zu sagen Widersprüchlichkeit geprägt. Zum einen sind – so zitiert Tönnies Weber – „für die verstehende Deutung des Handelns durch die Soziologie" – im Klartext: für die soziologische Erkenntnis schlechthin (Weber 1973b, S. 542) – „diese [die sozialen: PUMB] Gebilde lediglich Abläufe und Zusammenhänge spezifischen Handelns einzelner Menschen, da diese allein für uns verständliche Träger von sinnhaft orientiertem Handeln sind".[4] Zum anderen jedoch „kann" – so fügt Weber, wiederum von Tönnies zitiert, gleich hinzu – „die Soziologie [trotzdem] auch für ihre Zwecke jene kollektiven Gedankengebilde anderer Betrachtungsweisen nicht etwa ignorieren".[5] Gemeint sind Konstrukte oder auch nur Vorstellungen sozialer Gebilde wie Staat, Nation, Genossenschaft, Aktiengesellschaft, Familie oder Armeekorps, welche etwa für juristische „Erkenntniszwecke oder für praktische Ziele [...] genau so behandel[t] [werden müssen] wie Einzelindividuen (z.B. als Träger von Rechten und Pflichten oder als Täter rechtlich relevanter Handlungen)".[6]

Tatsächlich habe – so gibt Tönnies Webers weitere Argumentation wieder, nunmehr allerdings in indirekter Rede, Weber indes noch immer weitestgehend zitierend – „die Deutung des Handelns [...] zu jenen Kollektivbegriffen zwei Beziehungen[7]: a) Die Soziologie „sei oft genötigt, mit ähnlichen Kollektivbezeichnungen zu arbeiten, um eine verständliche Terminologie zu gewinnen" (Tönnies

---

3 Hier zitiert Tönnies Max Weber, allerdings ohne Angabe der Quelle. Das Zitat stammt aus Webers Studie „Soziologische Grundbegriffe" (Weber 1973b, S. 553; Tönnies 1981 [1931], S. 9; die Hervorhebungen im Weberschen Original wurden von Tönnies weggelassen; PUMB).

4 Dieses Zitat, dem auch die früher erwähnte Formulierung entnommen ist, stammt wiederum aus Webers Studie „Soziologische Grundbegriffe" (Weber 1973b, S. 553; Tönnies 1981 [1931], S. 9; die Hervorhebungen im Weberschen Original wurden von Tönnies weggelassen; PUMB).

5 Die Quelle dieses Zitats ist dieselbe wie vorhin (Weber 1973b, S. 553; Tönnies 1981 [1931], S. 9; die Hervorhebungen im Weberschen Original wurden von Tönnies weggelassen; PUMB).

6 Die Quelle auch dieses Zitats bzw. Zitat-Teils ist dieselbe wie vorhin (Weber 1973b, S. 552f.; Tönnies 1981 [1931], S. 9; die Hervorhebungen im Weberschen Original wurden von Tönnies weggelassen; PUMB).

7 Weber selbst nennt – und erläutert – „drei Beziehungen", doch ist die dritte für die vorliegende Thematik nicht von Bedeutung (Weber 1973b, S. 554).

1981 [1931], S. 9; Weber 1973b. S. 553). – b) Die Soziologie müsse – auch und gerade wenn es um die „Deutung des Handelns" geht – „von der grundlegend wichtigen Tatsache Notiz nehmen", dass die realen Menschen sich in ihrem Handeln wesentlich an den dem „Alltagsdenken oder dem Juristen- (oder anderem Fach-) denken angehörende[n] Kollektivgebilde[n]" („*Vorstellungen* von etwas, teils Seiendem, teils Geltensollendem", das sie in ihren ‚Köpfen' haben) „*orientieren*" und diese daher „als solche eine ganz gewaltige oft geradezu beherrschende kausale Bedeutung für die Art des Ablaufs des Handelns der realen Menschen haben" (Tönnies 1981 [1931], S. 9; Weber 1973b, S. 553).

Doch eben dieser Tatsache trägt Weber nach Auffassung von Tönnies (viel) zu wenig Rechnung. Allerdings ist sogleich hervorzuheben, dass Tönnies und Weber unter „dieser Tatsache" nicht das Gleiche verstehen. Folgerichtig treten auch erst mit der Benennung der hier bestehenden Unterschiede diejenigen Gründe hervor, die, was den Gegenstand der theoretischen Soziologie angeht, für Tönnies' Distanzierung von Weber letztlich ausschlaggebend sind. Vordergründig betrachtet, geht es für beide tatsächlich um dasselbe: Die Tatsache, dass die realen Menschen sich in der Begründung ebenso wie in der Ausrichtung ihres Handelns an sozialen Gebilden als Einheiten, als höherstufigen „sozialen Wesenheiten" orientieren. Der Unterschied liegt im Begriff des sozialen Gebildes; mit diesem Begriff meint Tönnies etwas anderes und für die soziologische Theorie sehr viel bedeutenderes als Weber. Tönnies zufolge ist in den sozialen Gebilden festgelegt, was für alle ihre Mitglieder *gilt*, was – gleich Vertragsrichtlinien – deren Zusammenleben leitet und auch regelt. Etwas Entscheidendes aber kommt noch hinzu: Indem die Mitglieder die so vorausgesetzten Bestimmungen, Rechte, Pflichten „bejahen", werden sie überhaupt erst zu Mitgliedern von sozialen Gebilden und wird ihr Zusammenleben überhaupt erst zu einem sozialen. Oder anders gesagt, den Begriff des sozialen Gebildes reformulierend in der Terminologie, wie sie charakteristisch ist für Tönnies' Rezeption der ethisch-politischen Theorie von Hobbes: In sozialen Gebilden, als deren Mitglieder, kommen die Menschen dazu, ihre egoistischen Triebe hintanzustellen bzw. diese in eine soziale Ordnung einzubinden oder, was dasselbe meint, soziale Gebilde, verstanden als „positive", d.h. sich fortwährend selbst stabilisierende „[Wirkungs-]Verhältnis[se]" von Handlungen, zu akzeptieren als Vorgaben ihres Tätigseins (Tönnies 1880, S. 445ff.; Merz-Benz 1995, § 8). Mit einem Wort: Das Bestehen sozialer Gebilde bedeutet nichts Geringeres als das Bestehen von Sozialität. Dass die realen Menschen sich in der Begründung ebenso wie in der Ausrichtung ihres Handelns an sozialen Gebilden als höherstufigen „sozialen Wesenheiten" orientieren, ist für Tönnies im wahrsten Sinne des Wortes eine „grundlegend wichtige Tatsache", „grundlegend" für die soziologische Betrachtungsweise schlechthin, und wer diese Tatsache nicht berücksichtigt – so die naheliegende Konsequenz –, verkennt nichts weniger als „den eigentlichen Gegenstand der theoretischen oder reinen Soziologie" (Tönnies 1981 [1931], S. 9). Wie dies 50 Jahre später Talcott Parsons formuliert hat, gleichsam als Ausgangspunkt seiner soziologischen Theorie, beginnt auch für Tönnies die Soziologie als theoretische Wissenschaft mit der Lösung des „Hobbesian problem of order" (Parsons 1937, S. 89ff.). Allerdings hat Parsons zur Ausarbeitung dieser Lösung einen anderen Weg eingeschlagen als Tönnies. Was den Begriff der Geltung angeht, das zur Geltung Kommen von „certain normative elements" zur Aufrechterhaltung einer „social order" als einer „factual order" (Parsons 1937, S. 92), unterliegt Parsons – vermittelt durch Weber – wesentlich dem Einfluss des Kantianismus und näherhin des Südwestdeutschen Neukantianismus. Nichtsdestotrotz befasste sich Parsons eingehend mit Tönnies' Soziologie, im – allerdings erfolglosen – Bemühen, durch die Reformulierung der Kategorien von Gemeinschaft und Gesellschaft als Varianten des von ihm geprägten Begriffs des „social relationship" diesen an die Stelle des Begriffs des sozialen Gebildes zu setzen. Zu verweisen ist hier auf die „Note on *Gemeinschaft* and *Gesellschaft*" in Parsons' erstem Hauptwerk *The Structure of Social Action* (Parsons 1937, S. 686-694).

Webers Begriff des sozialen Gebildes ist tatsächlich vom gleichlautenden Begriff Tönnies' prinzipiell verschieden. Webers Begriff des sozialen Gebildes als eines „kollektiven Gedankengebildes" ist erklärtermaßen kein soziologischer Begriff, sondern entstammt anderen „Betrachtungsweisen", etwa – wie erwähnt – der juristischen oder der alltäglichen. Für die „Deutung des Handelns" sind „kollektive Gedankengebilde" daher nur insofern „wichtig", sprich: zu berücksichtigen, als sie Teil der Handlungsmotive realer Menschen sind. Als – wie es in einer bereits erwähnten Äußerung von Tönnies, die praktisch ein Weber-Zitat ist, heißt – „Vorstellungen", welche die realen Menschen „in den Köpfen" tragen, besitzen die kollektiven Gedankengebilde für deren Handeln, den „Ablauf" und die „Wirkung" dieses Handelns, „eine ganz gewaltige[,] oft geradezu beherrschende[,] kausale Bedeutung" (Tönnies 1981 [1931], S. 9; Weber 1973b, S. 553, 542). Die Bestimmungsmacht der Vorstellungen kollektiver Gedankengebilde besteht zum einen darin, in welcher Weise diese Vorstellungen gleichsam in den Motiven präsent bzw. als Motive gestaltet sind. Gemäß den „begrifflich reinen Typen" zweckrationalen und wertrationalen Handelns ist demnach die Bestimmungsmacht kollektiver Gedankengebilde umso größer, a) je besser ihre Wahl sowie ihr Aufbau als Motiv(e) rational begründet, die aus ihrer Verwirklichung allenfalls resultierenden Folgen vorbedacht sind, oder b) je mehr sie die Motivation der Handelnden ausfüllen, sprich: beherrschen, deren „Überzeugungen" ausmachen und möglichst in reiner Form, ohne in die Realität hinein übersetzt zu werden, Geboten gleich das Handeln bestimmen (Weber 1973b, S. 565ff.). „Geltensollende" im eigentlichen Sinn sind die kollektiven Gedankengebilde – dies zum anderen – insoweit, als durch sie Werte verkörpert und mittelbar, indem sich die Menschen in ihrem Handeln an ihnen und folglich auch an diesen Werten als Motive orientieren – dazu unter Umständen gezwungen sind –, im Handeln zur Anwesenheit gebracht werden. Darin besteht die „kausale Bedeutung" der kollektiven Gedankengebilde für den Ablauf und die Wirkung des Handelns. Kollektive Gedankengebilde sind als Motiv(e) der „sinnhafte Grund" unseres Handelns; auf sie hin werden Dinge und Vorgänge in einen sinnhaften Zusammenhang gebracht und als Handlungsabläufe konstituiert (Weber 1973b, S. 550, 546f.). Ihre Bedeutung für die soziologische Theorie ist damit jedoch erschöpft.

Kollektive Gedankengebilde sind für Weber nicht mehr als – fraglos komplexe – Handlungsmotive. Für die Ermöglichung menschlichen Zusammenlebens besitzen sie keine Bedeutung. Sozialität wird durch sie nicht hergestellt. Es gibt für Weber – ebenso wie für seinen ‚philosophischen Gewährsmann' Heinrich Rickert – auch keinen Wert der Sozialität oder des Sozialen. Als – in unterschiedlichem Ausmaß – intersubjektiv gültig oder gar Ausdruck einer „gemeinsamen Angelegenheit" im Sinne einer bzw. der Kultur (Rickert 1902, S. 578; Weber 1973a, S. 181; Merz[-Benz] 1990, S. 320) schaffen Werte sowie die kollektiven Gedankengebilde als ihre Verkörperungen zwar sozialen Zusammenhalt, dessen systematischer Kern die „soziale Beziehung" darstellt (Weber 1973b, S. 567), doch sie schaffen keine Sozialität. Insofern reicht die Bedeutung des Weberschen Begriffs der kollektiven Gedankengebilde weniger weit als diejenige des gleichlautenden Begriffs von Tönnies, wobei allerdings – dies sei auch gleich hinzugefügt – das Thema Handlungsmotivation bei Tönnies praktisch inexistent ist. Auf einen einfachen Nenner gebracht: Tönnies ist – im Gegensatz zu Weber – kein Handlungstheoretiker, seine soziologische Theorie ist vielmehr eine Geltungstheorie, eine Theorie der Geltung der sozialen Dinge. Letzteres trifft zum Teil auch auf die soziologische Theorie von Parsons zu, der jedoch davon ausgeht, dass im Zuge der Entwicklung des utilitaristischen Denkens die normativen Argumente in die Grundannahmen einer wissenschaftlichen Theorie sozialen Handelns eingegangen sind und der daher erklärtermaßen von vornherein keine vertragstheoretische, sondern eine soziologische und näherhin handlungstheoretische Lösung des „Hobbesian problem of order" anstrebt (Parsons 1937, S. 93f.); diese Lösung wird von ihm ausgearbeitet in Gestalt eines Begriffs des Sozialsystems als dem Begriff der umfassendsten Form sozialer Ordnung. Bei Tönnies wiederum kann bekanntermaßen von einer eigentlichen Soziologisierung der Vertragstheorie selbst gesprochen werden.

Für die öffentliche Meinung als Gegenstand der theoretischen Soziologie heißt dies: Die öffentliche Meinung, als soziales Gebilde und als Sozialform, bedeutet das Bestehen respektive das Hergestelltwerden von Sozialität. Diese Bestimmung des Begriffs der öffentlichen Meinung kommt zu den bisherigen Bestimmungen hinzu und bildet eine unabdingbare Voraussetzung insbesondere für das Verständnis der öffentlichen Meinung als kollektiver Willensform.

5 Öffentliche Meinung als gesellschaftliche Sozialform – öffentliche Meinung als besondere Form geistiger Verbundenheit

Die ‚soziale' Natur der öffentlichen Meinung ist die einer Gesellschaft. Dies gilt für die öffentliche Meinung als soziales Gebilde und auch als Sozialform. Des weiteren ist die öffentliche Meinung eine Form geistiger Verbundenheit, Ergebnis eines bewussten Einigungswillens oder eine Vorstufe davon, gemeinsam vorgedacht und in Geltung gesetzt gleich einem Vertrag und wie ein Vertrag befolgt. Damit ist die Bestimmung der Kategorie der öffentlichen Meinung aber noch keineswegs abgeschlossen. Denn in einem entscheidenden Punkt unterscheidet sich die öffentliche Meinung von den anderen gesellschaftlichen Sozialgebilden und Sozialformen und lässt vielmehr Entsprechungen zur Gemeinschaft erkennen. Gemeint ist das Analogieverhältnis von öffentlicher Meinung und Religion.

Tönnies kennt zwei Arten von Verträgen bzw. Sozialgebilden: Verträge, Sozialgebilde, die explizit geschlossen respektive bewusst geschaffen werden, und Verträge, Sozialgebilde, die, bestehend in und mit den wirklichen Verhältnissen des Zusammenlebens, stillschweigend übernommen respektive selbstverständlich gelebt werden. Ersteres trifft bekanntlich auf die gesellschaftlichen, Zweiteres auf die gemeinschaftlichen Sozialgebilde zu. Vom Vertrag mitsamt seinen Bestandsvoraussetzungen gilt es indes die Form der Verbundenheit selbst zu unterscheiden. Damit wird ein Prinzip der Tönniesschen Begriffsarchitektonik zum Thema, welches im Vergleich mit dem Dualismus von ‚Gemeinschaft und Gesellschaft' in der Regel zu wenig Beachtung findet. Abzusehen ist dies ist vor allem daran, dass die Bestimmung sozialer Gebilde als „Artefakte von psychischer Substanz" (Tönnies 1979, S. XXXIV) – wenn ihr denn überhaupt weitergehendere Aufmerksamkeit zuteil wird – nur allzu schnell pauschal als eine Art intrapsychische Repräsentation des Sozialen verstanden wird und nicht – wie dies angezeigt wäre – als Konstituens des Sozialen schlechthin.

Tatsächlich lässt die „psychische Substanz", welche die sozialen Gebilde als „Artefakte" ausmacht, drei Ausbildungsstufen erkennen, die – gleich einem Schema – das Hervortreten, die zunehmende ‚Verdeutlichung' der gemeinschaftlichen ebenso wie der gesellschaftlichen Sozialformen in der Vielfalt der menschlichen

Verhältnisse bestimmen.[8] Entscheidend für das Verständnis dieser „Artefakte"
ist der Übergang von denjenigen Formen der Verbundenheit, die noch immer
mit realen Gegebenheiten vermittelt sind – wie komplex die Bezüge auch immer
sein mögen –, zur rein „mentalen" Verbundenheit. Dabei zeigt sich ein – zumindest auf den ersten Blick – paradoxer Sachverhalt: Es gibt „mentale" „Gestaltun-
g[en] eines gemeinsamen und verbindenden Willens", die als gemeinschaftliche
dementsprechend mit den wirklichen Verhältnissen des Zusammenlebens stillschweigend hingenommen werden und die doch von diesen unabhängig sind:
ein geistiges Band durch diese hindurch. Und es gibt „mentale" „Gestaltung[en]
eines gemeinsamen und verbindenden Willens", die als gesellschaftliche bewusst
geschaffen wurden und die dennoch, in all ihrer Künstlichkeit, nur bestehen, indem sie von bestimmten Sozialformen verkörpert werden. Dies verweist auf eine
systematische Unterscheidung innerhalb der Tönniesschen Begriffsarchitektonik, welche sich mit derjenigen von „Gemeinschaft und Gesellschaft" überkreuzt,
ohne allerdings an die Grundprinzipien von Tönnies' Begriffsystem zu rühren. Es
handelt sich um die Unterscheidung, wie sie getroffen werden kann anhand des
Kriteriums ‚Verkörpertsein/Nicht-Verkörpertsein geistiger Verbundenheit durch
reale Verhältnisse'.

Was die ‚Form der Verbundenheit' angeht, stehen sich – entsprechend dem
eben angesprochenen Übergang zur mentalen Verbundenheit – zwei Arten von
sozialen Gebilden gegenüber: a) Soziale Gebilde, welche als solche Ausdrucks-
formen realer Verhältnisse sind und sich auch nur in realen Verhältnissen – und
durch diese – geltend zu machen vermögen; gemeint sind Verbindungen qua Geburt oder Verbindungen verwandtschaftlicher Art, Sozialformen, die in bestimmte, dörfliche, regionale und städtische Lebensräume eingefügt sind, ja durch diese
verkörpert werden, *und* auch Verbindungen in Gestalt von Kontrakten, Mustern
kaufmännischen Handelns und zuhöchst des Kapitalismus als Institution – und
gemeint sind zudem die in und mit diesen Sozialformen gegebenen, mit ihnen
festgelegten Gewohnheiten, Pflichten, Regeln, Sitten, Richtlinien, Strategien usw.
All diese sozialen Gebilde sind „Artefakte von psychischer Substanz" (Tönnies
1979, S. XXXIV) und gleichzeitig – ebenfalls nach dem Begriff von Tönnies –
„psychologische Äquivalente" – *nicht* Wirkungen – realer menschlicher Verhältnisse: Sozialgebilde und Sozialformen, zu begreifen nach dem „Prinzip der Einheit des [Zusammen-]Lebens", ebenso wie Sozialgebilde und Sozialformen, zu
begreifen als etwas Künstliches, Konstruiertes. – Davon zu unterscheiden sind
b) soziale Gebilde, die allein in sich selbst begründet sind, in den sie konstituie-

---

8 Zu diesem Teil der Begriffsarchitektonik von Gemeinschaft und Gesellschaft vgl.
   Merz-Benz 1991, S. 36ff., 43ff. u. 53ff.

renden gemeinsamen Vorstellungen und Gedanken; und deren Zusammenhalt stiftende Wirkung ausschließlich geistiger Art ist. Zu ihnen gehören die Willensformen des „*Glaubens* [im einzelnen]" und der „*Religion* [im ganzen]" sowie die Willensformen der „*Lehrmeinung* [im einzelnen]" und der „*öffentlichen Meinung* [im ganzen]". Erstere sind gemeinschaftlicher, Zweitere gesellschaftlicher Art. Beide aber „sind Mächte, denen weder [durch] menschliche Kräfte (physische), noch durch äußere Dinge als Werkzeuge ([Arbeitsverhältnisse, Herrschaftsverhältnisse, vor allem aber] Geld; Einschub von mir; PUMB) sich geltend zu machen und durchzusetzen eigentümlich ist" (Tönnies 1979, S. 200).

Mit einem Wort: Die öffentliche Meinung ist nicht deshalb eine gesellschaftliche Willensform, weil sie in nichts anderem als in gemeinsamen Vorstellungen und Gedanken besteht, sondern aufgrund der für sie maßgeblichen besonderen Art geistiger Verbundenheit. Und diese, Ergebnis des bewussten Einigungswillens, erweist sich als diskursiv-rational; die „psychische Substanz", die sie als Artefakt ausmacht, besteht dementsprechend ‚lediglich' noch im Erteilen gestalterischer „Directiven". Das ist es, was aus einer öffentlichen Meinung eine *Lehr*-Meinung werden lässt, und nicht die Meinungsinhalte. Auch die Religion als gemeinschaftliche Willensform besteht in gemeinsamen Vorstellungen und Gedanken, doch haben diese erklärtermassen nichts Rationales an sich; vielmehr handelt es sich bei ihnen um unmittelbar, intuitiv gehegte gemeinsame Überzeugungen als Ausdruck eines stillschweigend vorausgesetzten Einigungswillens. Zwischen diesen Überzeugungen und realen menschlichen Verhältnissen gibt es keine Vermittlung, und eben dies lässt aus der religiösen Gemeinschaft eine religiöse Gemeinde werden. Die „psychische Substanz", die die Religion als „Artefakt" ausmacht, besteht jedoch wiederum nicht in den (religiösen) Inhalten; geistige Verbundenheit bedeutet einzig und allein, dass diese Inhalte geglaubt und auf diese Weise anschaulich werden. Indes sei nochmals hervorgehoben, dass es sich beim Verhältnis von Religion und öffentlicher Meinung um ein Analogieverhältnis handelt, welches die prinzipielle Bestimmung der Religion als gemeinschaftlich und der öffentlichen Meinung als gesellschaftlich nicht berührt. Es ist vielmehr so, dass sich gerade durch die konsequente Unterscheidung von Religion und öffentlicher Meinung auch und gerade was die letztere angeht ansonsten nicht bestehende Möglichkeiten der Erläuterung eröffnen.

6   Öffentliche Meinung als Willensform –
Wollen, Glauben, Denken, Meinen

Eine Frage steht allerdings noch immer offen: Welches ist der Wille, der der öffentlichen Meinung zu Grunde liegt? Bekanntlich spricht Tönnies von der öffentlichen Meinung als „mentale[r] [...] Gestaltung eines gemeinsamen und verbindenden Willens" (Tönnies 1979, S. 200) oder, was dasselbe meint, als dem
Ergebnis eines Einigungswillens. Öffentliche Meinung ist demnach eine besondere Art geistiger Verbundenheit *und* als solche „Ausdruck" eines „Gemeinwillens".
Was damit gemeint ist, gilt es zu klären.

Die geeignetste Grundlage hierfür stellt das „Erste Buch" von *Die Kritik der
öffentlichen Meinung* dar, in welchem sich auch eine Definition der „öffentlichen
Meinung" findet (Tönnies 2002 [1922], Erstes Buch, S. 98). Dasselbe trifft zwar
auch auf das „Dritte Buch" von *Gemeinschaft und Gesellschaft* zu, doch sind die
einschlägigen Passagen dort recht kurz geraten. Unter systematischen Gesichtspunkten besteht zwischen den beiden Bestimmungen der öffentlichen Meinung
indes kein Unterschied. Das „Erste Buch" von *Die Kritik der öffentlichen Meinung*
kann ohne weiteres auch als Erläuterung der §§ 30 und 31 von *Gemeinschaft und
Gesellschaft* verstanden werden.

In seinem Bemühen um ein Verständnis des menschlichen Willens ging Tönnies zunächst, zu Beginn der 1880er Jahre von der Willens- und Affekttheorie
von Thomas Hobbes aus, der – von ihm so genannten – „psychologische Doktrin"
Hobbes', verlegte sich jedoch bereits Mitte der 1880er Jahre auf die Philosophie
Arthur Schopenhauers und mithin auf den Begriff des Willens als der Kraft, die
unsere gesamte Wirklichkeits-, ja Weltauffassung erzeugt. Tönnies spricht zwar
stets vom „menschlichen Willen" oder vom „sozialen Willen" (vgl. Tönnies 1979,
Zweites Buch; Tönnies 2000 [1907], S. 485ff.), sieht darin aber fraglos – in letzter
Konsequenz – eine Auftretensform des Weltwillens. Wie aus seiner Artikel-Serie
„Anmerkungen über die Philosophie des Hobbes" aus den Jahren 1879 bis 1881
hervorgeht, arbeitete er sich am Willensbegriff Hobbes' – dem Willen, verstanden
als eine Kraft, die, als Affekt, der empirischen Wirklichkeit des Bewusstseins angehört – buchstäblich ab; dies betrifft insbesondere die dem Willen im Rahmen
von Hobbes' ethisch-politischer Theorie zugewiesene Begründungsleistung. Wie
dieser Wille, ein Ausdruck individuellen Wollens ebenso wie individueller Bedürfnisse, die Menschen dazu bringen sollte, ihr natürliches Recht auf alle Dinge
an einen übergeordneten Einigungswillen abzutreten und sich diesem gar unter-
zuordnen, ein bloßer Affekt gleichsam die Einsicht in die Notwendigkeit von Sozialität bewirken sollte – davon vermochte sich Tönnies keinen Begriff zu machen.
Die „psychologische Doktrin" Hobbes' blieb ihm ein Rätsel, auch der Einbezug,

präziser, der Einbau der genetischen Definition Spinozas in die bestehende Argumentation vermochte keine Klärung zu bringen. Erst der Willensbegriff Schopenhauers sollte es ihm ermöglichen, die bei Hobbes bestehenden Aporien im Verhältnis des Denkens zu den Gefühlen und Gemütsbewegungen auszuräumen (vgl. Merz-Benz 1995, §§ 8a-8c).

Es ist der Wille, der den Geist tätig werden lässt, um daraufhin in den Modalitäten der Geistestätigkeit seinen je besonderen Ausdruck zu erhalten: im Wollen, im Glauben, im Denken und auch im Meinen. Der Wille ist nichts anderes als die „Tatsache des Lebens selber", des Lebens, wie es auch und gerade unsere Wirklichkeitsauffassung und selbst die wissenschaftliche Erkenntnis bewegt. Die dem Leben eigene Tatsächlichkeit, sein Hervortreten *als* Tatsache unserer Zuwendung zur Welt, besteht darin, dass es „ohne Empfindung nicht ist und" – für sich Gestalt gewinnend – „im Mannigfachen der Empfindungen sich äußert" (Tönnies 2002 [1922], S. 20). Die Empfindung trägt in sich „die Tendenz des Beharrens", die Tendenz, als Tätigkeit immer mehr an Struktur zu gewinnen, sich mithin als immer „verwickelter" zu erweisen (Tönnies 2002 [1922], S. 20f.). Dies wiederum bedeutet eine eigentliche „Zunahme des Tätigseins", was „als Zunahme des ‚Bewußtseins' verstanden zu werden [pflegt]", und „die ‚bewußtesten' Tätigkeiten gelten als [Einzel-; PUMB] Tätigkeiten des ‚Willens'" (Tönnies 2002 [1922], S. 21). In ihnen und durch sie wird der Wille manifest, wird – nach der bekannten Terminologie Tönnies' – aus dem „Wesenwillen" als der „Einheit" von Empfindungen, Gefühlen, Trieben, Begierden der „Kürwille", der Wille als bestimmt durch das Denken (Tönnies 1979, Zweites Buch) . Die Tendenz des Beharrens gerät auf diese Weise zu einer „kontinuierlichen Skala" sich abzeichnender „Stufen", „um die Höhe des Bewußtseins zu messen; es sind Grade der Helligkeit, in denen ‚die Seele' sich selbst beleuchtet oder, wie man es auch nennen kann, ihrer, und der ihr entsprechenden leiblichen Tätigkeiten bewußt ‚wird'" (Tönnies 2002 [1922], S. 21) – und sei es nur in der Erinnerung an ihre Empfindungen. „Denken ist die schwerste, verwickeltste, bedeutendste psychische Tätigkeit", und insofern es in sich „das Urteil" enthält, ist es zudem „Verbinden und Trennen von Vorstellungen" (Tönnies 2002 [1922], S. 20 u. 22). Wie ‚verwickelt' das Denken aber auch sein mag, ist es doch nichts anderes als eine emanatio der „Tatsache des Lebens selber", von diesem bewegt oder eben ‚be-lebt'.

Wollen, Glauben, Denken, Meinen bezeichnen je besondere Stufen auf der „kontinuierlichen Skala" der Bewusstheit, Modalitäten der sich entfaltenden Geistestätigkeit. Zwei Übergänge bzw. Wechsel von einer Geistes-Modalität zur nächsthöheren sind für die Bestimmung der öffentlichen Meinung als Willensform von besonderer Bedeutung: der Übergang vom Wollen zum Glauben und der Übergang vom Denken zum Meinen. Wer sich bewusst zu machen sucht, was dem unmittelbaren Wollen, der „Bereitschaft", dem „Geneigtsein" zu gewissen Tätigkeiten, auch bestimmten Gewohnheiten, seine Struktur verleiht und ihm auf diese Weise zu Grunde liegt, stößt auf das „Fürwahrhalten von Tatsachen oder von Urteilen", sprich: auf die Willenstätigkeit des „Glaubens" (Tönnies 2002 [1922], S. 35). Er „beleuchtet" damit einen ihm bisher unbekannten Bereich seiner Geistestätigkeit. Und worauf es vor allem ankommt: Anders als das Wollen erweist sich der Glaube nicht nur als mentales Tätigsein – ist Glauben mithin ein „Tätigkeitswort" –, sondern ist darüber hinaus „perfektisch" – wir können „*den* Glauben hegen, zu *dem* Glauben gekommen sein" (Tönnies 2002 [1922], S. 35; Hervorh. v. mir; PUMB). Gleiches gilt – wie sich gleich zeigen wird – für das Verhältnis von „Denken" einerseits, „Meinen" und „Meinung" bzw. – Früheres erläuternd und gleichzeitig vorgreifend – öffentlicher Meinung als Sozialform und öffentlicher Meinung als Sozialgebilde andererseits.

„Denken ist" – wie bereits festgestellt – die schwerste, verwickeltste, bedeutendste psychische Tätigkeit" (Tönnies 2002 [1922], S. 20). In Verbindung mit dem Wahrnehmen und insofern beide „darauf abzielen, Kenntnis zu erwerben", ist das Denken ein „Erkennen". „Beharren von Empfindungen und Vorstellungen, also was als Gedächtnis verstanden wird, ist die Voraussetzung beider" (Tönnies 2002 [1922], S. 22; die Hervorh. wurde weggelassen; PUMB). Aus dem, was das Gedächtnis erfüllt, wird herauslöst, durch fortwährende Strukturierung und mithin Abgrenzung von anderen Empfindungen, was daraufhin als Erkenntnis gilt und nichts anderes ist als eine erstarrte Form von Tätigkeiten des Willens. – Und jetzt kommt Tönnies zum Entscheidenden: Dieses „Beharren ist auch das Wesen des *Meinens*. Sobald als eine Vorstellung die Form eines Urteils annimmt, ist sie *Meinung*. Eine Vorstellung nimmt aber die Form eines Urteils an, wenn sie aus zerlegbaren Elementen [wie dies auf die Elemente einer Struktur zutrifft; PUMB] besteht: deren Verknüpfung oder Auseinanderhaltung ist das Urteil" (Tönnies 2002 [1922], S. 21f.; Hervorh. v. mir; PUMB). Und „daher ist" – wie es weiter heißt – „Meinen und Denken einerlei" (Tönnies 2002 [1922], S. 22), doch wiederum nur – so ist gleich hinzuzufügen – was das Meinen als mentales Tätigsein angeht. Denn wie das Glauben ist auch das Meinen „perfektisch", ist es, „als Tätigkeit gedacht", das „Fest*halten*" eines „geistigen Besitzes", welcher von einem „besitzenden Wesen [...] als ein Stück von ihm empfunden wird", einer auf diese Weise ge-‚hegten' Meinung (Tönnies 2002 [1922], S. 23).

Welches ist der Wille, der der öffentlichen Meinung zu Grunde liegt? Was ist gemeint mit der Feststellung, die öffentliche Meinung sei die „mentale [...] Gestaltung eines gemeinsamen und verbindenden Willens" (Tönnies 1979, S. 200)? Diese Fragen lassen sich nunmehr beantworten. Die öffentliche Meinung ist ein Sozialgebilde und als solches ein Artefakt, das psychisch erfüllt ist. Erfüllt wird die öffentliche Meinung durch das Denken bzw. das Meinen *als Perfektum*. Dieses ist „die schwerste, verwickeltste, bedeutendste psychische Tätigkeit" *im Zustand höchster Beharrung*, bestehend als ein Urteil, als eine klar strukturierte, in ihrem Gefügtsein aus Elementen in allen Teilen intellektuell durchschaubare Vorstellung. Als psychische Tätigkeit aber, wie verwickelt und von welch komplexer Struktur sie auch sein mag, ist die öffentliche Meinung eine erstarrte Form von Tätigkeiten des Willens – und das heißt in letzter Konsequenz: eine emanatio des Willens als der „Tatsache des Lebens selber". Es ist der *eine* Wille, der selbst noch die Willensform der öffentlichen Meinung ausmacht, diese also nicht aus sich entlassen hat, auf dass sie, zu einem diskursiv-rationalen, rein künstlichen Gebilde geworden, für sich stehe, gleichsam in sich selbst begründet, sondern in ihr nach wie vor präsent ist. Nicht umsonst spricht Tönnies von „sozialen Gebilden [als] Artefakte[n] von psychischer *Substanz*" (Tönnies 1979, S. XXXIV; Hervorh. v. mir; PUMB). Dies bedeutet aber auch – und gerade –, dass die öffentliche Meinung als Willensform ihre Genesis noch immer in sich trägt und mit ihr die Möglichkeit – man kann auch von einer ihr innewohnenden Gefahr sprechen –, ihren Charakter als rational begründetes Urteil zu verlieren und abzusinken zu einem bloß gefühlsmäßigen „Fürwahr*halten*". Geschieht dies, wird die öffentliche Meinung zum Glauben.

Mit der Bestimmung der öffentlichen Meinung als Willensform eröffnet sich gleichzeitig eine besondere Form der ‚Kritik' der öffentlichen Meinung: der Möglichkeit, kritisch aufzuweisen, inwiefern es sich beim Meinen, beim Hegen einer Meinung, tatsächlich um die Kenntnis eines rational gefällten Urteils oder nicht doch um ein Glauben, ein Fürwahrhalten, ja Erfühlen von Glaubensinhalten handelt. Gegenstand der Kritik ist die psychische Substanz der öffentlichen Meinung – einer Kritik allerdings, die immer auch eine Selbstthematisierung des Kritikvermögens einschließt und damit, wie leicht zu erkennen, sich in derselben Weise als ein Paradoxon erweist wie die Vernunftkritik Schopenhauers, dessen Willenstheorie bekanntlich eine der wesentlichen Grundlagen des Tönniesschen Denkens darstellt. Worauf es jedoch vor allem anderen ankommt, ist der mit dieser Art der Kritik ermöglichte ‚wirklichkeitsöffnende Blick: die Möglichkeit der Einsichtnahme in die psychische Substanz der öffentlichen Meinung, in das, *was jenseits der Meinungsinhalte steht und doch die Meinung erst zur Meinung macht*. Und wirkt Tönnies' Terminologie auch – fraglos – etwas ungewohnt, erscheint seine soziologische Theorie buchstäblich aus einer anderen Zeit zu stammen, so gilt dies für die Phänomene, die durch sie für den Betrachter gleichsam aufgeschlossen werden können, gerade nicht. Dass öffentliche Meinungen Religionen gleich geglaubt werden, erscheint selbst auf den zweiten Blick keineswegs abwegig. Und auch dies gilt es sich begreifbar zu machen.

7   Der Begriff der öffentlichen Meinung

Im „Ersten Buch" von *Die Kritik der öffentlichen Meinung* gibt Tönnies eine Definition der öffentlichen Meinung, in der alle wesentlichen Elemente ihres soziologischen Begriffs entweder enthalten oder – als noch einzusetzende bzw. aus dem einschlägigen Paragraphen in *Gemeinschaft und Gesellschaft* zu übernehmende – gleichsam vorgesehen sind (vgl. Tönnies 2002 [1922], S. 98f.):

> „Öffentliche Meinung ist der geistigste Ausdruck des gleichen Gemeinwillens, der sich in Konvention und Gesetzgebung dartut" (Tönnies 2002 [1922], S. 98).

Wie diese wurde die öffentliche Meinung von menschlichen Wesen als soziales Gebilde in Geltung gesetzt. Sie gilt *für* diese menschlichen Wesen, gleich einem Vertrag. Wie die Konvention und die Gesetzgebung besteht die öffentliche Meinung ausschließlich in diskursiv-rationalen Vorgaben, jenseits realer Verhältnisse bzw. als diesen vorgegeben.

Anders oder, präziser, mehr noch als Konvention und Gesetzgebung ist jedoch das, was mit der öffentlichen Meinung gewollt und in seiner Verbindlichkeit für die Menschen beurteilt wird, als Perfektum gedacht. Die öffentliche Meinung umfasst eigentliche „Lehrmeinungen"; selbst „Politik und Gesetzgebung [werden von ihr] als richtig und klug [gebilligt] und [als] unrichtig und dumm [verurteilt]" (Tönnies 1979, S. 200).

Insbesondere aber unterscheidet sich die öffentliche Meinung von der Religion. Beide sind „Formen des geistigen und moralischen Kollektivwillens" (Tönnies 2002 [1922], S. 99). Beide sind ausschließlich in sich selbst begründet, in den sie konstituierenden gemeinsamen Vorstellungen und Gedanken. Der Begriff der öffentlichen Meinung „aber verhält sich zum Begriff der ‚Lehre' wie der Begriff der Religion zum Begriff des Glaubens". Öffentliche Meinung ist daher diejenige „gemeinsame Denkungsart, der korporative Geist irgendwelcher Gruppe oder Verbindung, [...] deren Meinen auf Denken und Wissen, anstatt auf ungeprüften Vorstellungen, auf Glauben und Autorität aufbauen will [...](Tönnies 2002 [1922], S. 99; vgl. Tönnies 1979, S. 200).

Der Konvention, der Gesetzgebung und ebenso der öffentlichen Meinung ist ein „Subjekt" vorausgesetzt. Die Subjekte von Konvention und Gesetzgebung sind die Gesellschaft resp. der Staat. Das Subjekt der öffentlichen Meinung ist „‚das Publikum'" (Tönnies 2002 [1922], S. 98). Handelt es sich bei diesem um ein – wie Tönnies gleich anfügt – „wissendes, gebildetes, unterrichtetes Publikum [...], [vermögen wir dieses] als die ‚Gelehrtenrepublik' [zu] bestimmen"; diese wird auch „als ‚die Intelligenz' oder ‚die Intellektuellen' nicht selten bezeichnet" (Tönnies

2002 [1922], S. 98). Das Publikum wird von Tönnies auch mit „Öffentlichkeit"
gleichgesetzt, was allerdings nicht mehr besagt, als dass das Publikum „mit jedem
politischen Leben verbunden [ist]" (Tönnies 2002 [1922], S. 124, 158). Öffentlichkeit ist für Tönnies in erster Linie ein empirischer Begriff, ein Begriff des Wirk-
lichkeitsbereichs, in dem die öffentliche Meinung zur Geltung kommt. „Man
kann" – so fährt Tönnies fort – die öffentliche Meinung „füglich als eine ideelle
Ratsversammlung verstehen, die durch ihre Beschlüsse Normen gibt, oder tref-
fender – wie es in Wirklichkeit oft geschehen ist – als einen *Gerichtshof*, dessen
Beschlüsse oder Erkenntnisse die ideelle Geltung von Richtersprüchen für sich in
Anspruch nehmen und, obwohl ohne Beistand einer vollziehenden Gewalt, eine
Macht und Kraft der Ehrung wie der Entehrung, der Emporhebung wie der Ver-
nichtung, der Verherrlichung, wie der Verurteilung darstellen, aber auch als Frei-
sprechungen, als Verschweigungen, Duldungen zwischen diesen Grenzen sich
bewegen können" (Tönnies 2002 [1922], S. 98).

Im Fällen solcher Richtersprüche besteht die öffentliche Meinung als Sozialform oder, in den Worten von Tönnies, die öffentliche Meinung „in ihrer flüchtigen Gestalt" (Tönnies 2002 [1922], S. 98). Bei den Sprüchen selbst handelt es
sich dagegen um Sozialgebilde, Teile der öffentlichen Meinung in ihrer festen Gestalt. Und gäbe es den *einen* allgemein verbindlichen, unumstößlichen Richter-
spruch, dann wäre dies *die* öffentliche Meinung, der ‚vergeistigtste' Ausdruck des
Gemeinwillens, Inbegriff von „Vernünftigkeit" (Tönnies 2002 [1922], S. 323ff.).
Im Verhältnis von öffentlichen Meinungen und *der* öffentlichen Meinung entfaltet sich schließlich auch der Sinn der „Kritik der öffentlichen Meinung". *Die*
öffentliche Meinung ist das in den öffentlichen Meinungen immer schon Mitge-
dachte, für „die Öffentlichkeit, das Publikum", nicht ausgesprochen, sondern für
diese „bestimmt"; auf sie hin, als der Möglichkeitsbedingung des Meinens und
der Meinungsbildung – auf sie hin, die sie „als Publikum oder Subjekt der öffentlichen Meinung nicht versammelt ist, *außer im Geiste*" (Tönnies 2002 [1922],
S. 158f.; Hervorh. v. mir; PUMB) –, ist das in den Sprüchen, in den Beschlüssen
der öffentlichen Meinungen mit dem Anspruch einer Lehrmeinung Auftretende,
kritisch aufweisbar. Insoweit gehorcht Tönnies' Argumentation dem Vorbild der
Kantischen Vernunftkritik, um allerdings, wenn es um den Begriff des Denkens
und mithin der Reflexion geht, dem Einfluss der Willenstheorie Schopenhauers
zu unterliegen.

Und nur als Nachbemerkung: Die Akteure der öffentlichen Meinung, die „Ge-
richtshöfe", die darüber urteilen, was als „richtig und klug", als Realität des richtigen Denkens und Handelns gelten soll, wechseln im Verlauf der Geschichte, die
Intention der Kritik der öffentlichen Meinung aber bleibt die gleiche – selbst im
Falle der modernen Massenmedien. Die modernen Massenmedien lassen Wirk-

lichkeit buchstäblich ‚erstehen' nach ihren eigenen Gesetzen, und diese Gesetze wiederum, als ausschließlich in und mit den Massenmedien bestehend, enthalten folgerichtig die Möglichkeitsbedingungen der Kritik ihrer selbst. Fraglos ist dies ein Pardoxon, dem auch die Kritik nicht zu entrinnen vermag. Sollten indes die durch die Massenmedien ‚geschaffenen' Wirklichkeiten Züge aufweisen, die mittels einer Kritik des als wirklich Gewussten, Erkannten nicht mehr eingeholt zu werden vermögen, da sie bloß gefühlsmäßig ‚für wahr *gehalten* werden', so könnte Tönnies' Kategorie der öffentlichen Meinung dem Soziologen bei der Begreifbarmachung dieses Sachverhalts dennoch – oder erst recht – dienlich sein. Denn mit Tönnies' Kategorie der öffentlichen Meinung ist es möglich, auch über die öffentliche Meinung hinaus zu denken, den Blick selbst dorthin zu richten, wo zwischen Meinen und Glauben nur schwer zu unterscheiden ist.

„Soziale Verhältnisse zu begreifen stellt die [...] Aufgabe einer theoretischen Wissenschaft", der theoretischen Wissenschaft Soziologie dar. Dies sind – wie eingangs festgehalten – die Worte von Ferdinand Tönnies, zu finden in seiner Studie „Das Wesen der Soziologie" von 1907. Die „Objekte" dieser Wissenschaft sind nicht durch Mess-Instrumente „und auch durch andere Sinne nicht wahrnehmbar". *„Nur der Gedanke* vermag sie zu erkennen" (Tönnies 2000 [1907], S. 484; Hervorh. v. mir; PUMB). Und eben dies, den Gedanken zu leiten, auf dass er in „menschliche Verhältnisse und Verbindungen" Sinnzusammenhänge hineinzutreiben und diese zu einem Begriff zu fügen vermag – das soziale Phänomen, welches den Gegenstand des Interesses bildet, als solches „denkbar und darstellbar" machend und mithin erkennend –, ist auch der Zweck der Kategorie der öffentlichen Meinung. Doch etwas Entscheidendes kommt noch hinzu. Der Gedanke, wie ihn Tönnies' Begriff der öffentlichen Meinung verkörpert, vermag auch andere Gedanken „zu erkennen", mentale Zustände, Denkfiguren, diskursiv-rationale Zusammenhänge neu – oder überhaupt erst – zu erhellen. Mit einem Wort: Wird die öffentliche Meinung, verstanden als Kategorie der soziologischen Theorie, in andere soziologische Theorien eingesetzt, kann mit ihr ‚theoretisiert', die Theoriearbeit weitergeführt werden. Dies geschieht in den folgenden Beiträgen.

Michael Beetz erhofft sich von der Beschäftigung mit Ferdinand Tönnies die Freilegung „zumindest der kritischen Punkte einer angemessenen Konzeptualisierung öffentlicher Meinung". Dies ist seines Erachtens eine absolute Notwendigkeit. Denn zu sehr wird in den zeitgenössischen Bänden zum Thema „öffentliche Meinung" der Blick des Betrachters von den „blendenden Konturen eines diskursiv verfestigten Mainstreams" abgelenkt. Das eigentliche Problem besteht darin, dass das Konzept der öffentlichen Meinung „möglicherweise allzu eng an eine Idee des freien Willens geknüpft wird". Es sind drei Punkte, die es zu klären gilt: 1) das Verhältnis von Meinung und Öffentlichkeit, 2) die Metapher der Aggregatzustände sowie 3) das Problem der Einheit der öffentlichen Meinung – Punkte, in denen sich die Charakteristik des Tönniesschen Ansatzes ausdrückt und in denen gleichzeitig die Grundproblematik einer am Konzept der Volition orientierten Öffentlichkeitssoziologie verborgen ist.

Peter Gostmann geht es um die Soziologie – die Soziologie als öffentliches Ereignis, Gegenstand von in der Öffentlichkeit geführten Diskussionen. In seiner Rede zur Eröffnung des ersten deutschen Soziologentags 1910 hatte Tönnies die Soziologie auf die *Ist*-Analyse verpflichtet, mit dem Auftrag, sich von Aussagen über das, was sein soll, klar abzugrenzen. Anders als der heutigen Soziologie, welche – so die Diagnose – nicht mehr ist als ein amorpher bürokratischer Betrieb, war der Soziologie damals die Prinzipienfrage noch einen Eklat wert. Wird Tönnies' modernes Verständnis einer öffentlichen Soziologie, der Soziologie als Teil des gesellschaftlichen, kulturellen und politischen Lebens, rekonstruiert mit dessen eigener Begrifflichkeit der öffentlichen Meinung, zeigt sich indes Erstaunliches: Tönnies' Konzeption von Soziologie und das heutige postmoderne Verständnis von Soziologie widersprechen sich keineswegs – beide geschehen öffentlich. Allerdings – und das ist das Entscheidende – schenkt die heutige Soziologie den von Tönnies in der ,Gründungsrede' formulierten soziologischen Prinzipien keine Aufmerksamkeit mehr – ,erlaubt' ist einzig, was einem amtlich genehmigten Reflexionsauftrag entspricht –, womit sie in ihrem Gegenstand aufgeht und mithin irrelevant wird. Was nurmehr in Kategorien der öffentlichen Meinung bestimmbar ist, ist nicht mehr als ein ,Stück' Öffentlichkeit neben anderen.

Angelika Zahn beschäftigt sich mit den von Ferdinand Tönnies und Jürgen Habermas ausgearbeiteten Begriffen des sozialen Zusammenhalts bzw. der sozialen Bindung. Beide sind sich – wie es heißt – „darin einig, dass mit der Auflösung herkömmlicher Sozialverhältnisse der öffentlichen Meinung eine zentrale Rolle in der Strukturierung menschlichen Miteinanders zukommt". Bei der Bestimmung dieses Sachverhalts beschreiten sie jedoch verschiedene Wege: Tönnies geht von einem willenstheoretisch begründeten Begriff des Sozialverhältnisses aus; Habermas versteht die gesellschaftliche Wirklichkeit als Realisierung kommunikativer Vernunft im menschlichen Handeln. Beide Konzeptionen implizieren die Vernachlässigung bestimmter Aspekte; doch können diese Defizite behoben und die Stärken der Konzeptionen vereint werden durch deren Anschluss an poststrukturalistische Ansätze, an den Subjektbegriff von Jacques Lacan und den Begriff der Iteration von Jacques Derrida. Wie sich zeigt, lässt sich das Erheben von Geltungsansprüchen aus dem Wollen der Subjekte heraus erklären. „Das sich im kommunikativen Handeln intersubjektiv vermittelnde Wollen bildet" – so die „forschungsleitende These" – „die Grundlage, auf der sich jene Normen und Werte entfalten, die in Form einer Öffentlichen Meinung gemeinsam geteilte Akzeptanz finden und unser gesellschaftliches Miteinander regulieren".

Carsten Schlüter-Knauer unternimmt in seiner groß angelegten Studie den Versuch, Tönnies' Verständnis von Politik oder, präziser, den Variationen, denen der Tönniessche Politikbegriff im Laufe der Zeit unterliegt, „auf die Spur zu kommen". Dieser Wandel ist besonders deutlich an Tönnies' Verfassungsentwurf von 1926 abzusehen, Ergebnis von Tönnies' Loslösung vom Paternalismus und Ausdruck einer Neukonzeption von Demokratie. Tönnies' Vorstellung von Politik, wie sie diesem Verfassungsentwurf zu Grunde liegt, beschränkt sich keineswegs auf die seit etwa zweihundert Jahren vorherrschenden Muster der modernen repräsentativen (westlichen) Demokratie. Sie vereint vielmehr darüber hinaus „erprobte Elemente *bürgerschaftlicher Politik* und *korporativ-genossenschaftliche, thermidorianisch-republikanische* sowie *antik-demotische Grundzüge*" auf der einen „mit einer *kritischen Konzeption der Öffentlichen Meinung* und der *gesellschaftlichen Verantwortung der Wissenschaft*" auf der anderen Seite. In diesem Zusammenhang erfährt der Begriff der öffentlichen Meinung nicht nur weitergehende Klärungen; als Bestandteil von Tönnies Argumentation wird er auch in einer Weise erläutert, die über die Begriffsbestimmung im engeren Sinne hinausführt. Gerade das Wirken von Tönnies als politischer Publizist im Kaiserreich bildet den Kontext, der für die Genese einiger zentraler Begriffe und Motive der *Kritik der öffentlichen Meinung* bedeutsam ist.

So wird mit Ferdinand Tönnies' Begriff der öffentlichen Meinung ‚theoretisiert' – im besten Sinn des Wortes –, denn auch dafür ist er gut.

Literatur

Bammé, Arno und Rolf Fechner. 2005. Öffentliche Meinung zwischen neuer Wissenschaft und neuer Religion. Eine Hinführung. In *Öffentliche Meinung zwischen neuer Wissenschaft und neuer Religion. Ferdinand Tönnies' „Kritik der öffentlichen Meinung" in der internationalen Diskussion*, hrsg. Rolf Fechner, Lars Clausen und Arno Bammé, 7-23. München/Wien: Profil Verlag.
Fechner, Rolf, Clausen, Lars und Arno Bammé (Hrsg.). 2005. *Öffentliche Meinung zwischen neuer Wissenschaft und neuer Religion. Ferdinand Tönnies' „Kritik der öffentlichen Meinung" in der internationalen Diskussion*. München/Wien: Profil Verlag.
Merz[-Benz], Peter-Ulrich. 1990. *Max Weber und Heinrich Rickert. Die erkenntniskritischen Grundlagen der verstehenden Soziologie*. Würzburg: Königshausen & Neumann.
Merz-Benz, Peter-Ulrich. 1991. Die begriffliche Architektonik von „Gemeinschaft und Gesellschaft". In *Hundert Jahre „Gemeinschaft und Gesellschaft". Ferdinand Tönnies in der internationalen Diskussion*, hrsg. Lars Clausen und Carsten Schlüter, 31-64. Opladen: Leske + Budrich.

Merz-Benz, Peter-Ulrich. 1995. *Tiefsinn und Scharfsinn. Ferdinand Tönnies' begriffliche Konstitution der Sozialwelt.* Frankfurt am Main: Suhrkamp.

Parsons, Talcott. 1937. *The Structure of Social Action. A Study in Social Theory with Special Reference to a Group of Recent European Writers.* New York: McGraw-Hill.

Rickert, Heinrich. 1902. *Die Grenzen der naturwissenschaftlichen Begriffsbildung. Eine logische Einleitung in die historischen Wissenschaften.* Tübingen und Leipzig: Mohr (Siebeck).

Weber, Max. 1973(a). Die „Objektivität" sozialwissenschaftlicher und sozialpolitischer Erkenntnis. In *Gesammelte Aufsätze zur Wissenschaftslehre,* Max Weber, 146-214. Tübingen: Mohr (Siebeck).

Weber, Max. 1973(b). Soziologische Grundbegriffe. In *Gesammelte Aufsätze zur Wissenschaftslehre,* Max Weber, 541-581. Tübingen: Mohr (Siebeck).

Tönnies, Ferdinand. 1880. Anmerkungen über die Philosophie des Hobbes. II. Dritter Artikel. *Vierteljahrsschrift für wissenschaftliche Philosophie,* Vierter Jahrgang: 428-453.

Tönnies, Ferdinand. 1881. Anmerkungen über die Philosophie des Hobbes. Vierter Artikel (Schluss). *Vierteljahrsschrift für wissenschaftliche Philosophie,* Fünfter Jahrgang: 186-204.

Tönnies, Ferdinand. 2000. Das Wesen der Soziologie (1907). In *Ferdinand Tönnies Gesamtausgabe Band 15. 1923-1925. Innere Kolonisation in Preußen. Soziologische Studien und Kritiken, Erste Sammlung. Schriften 1923,* 477-498. Berlin/New York: Walter de Gruyter.

Tönnies, Ferdinand. 1979. *Gemeinschaft und Gesellschaft. Grundbegriffe der reinen Soziologie.* Darmstadt: Wissenschaftliche Buchgesellschaft [Neudruck der 8. Auflage Leipzig: Buske 1935].

Tönnies, Ferdinand. 2002. *Ferdinand Tönnies Gesamtausgabe Band 14. 1922. Kritik der öffentlichen Meinung.* Berlin/New York: Walter de Gruyter.

Tönnies, Ferdinand. 1981. *Einführung in die Soziologie.* Mit einer Einführung von Rudolf Heberle. Zweite, unveränderte Auflage. Stuttgart: Enke [Neudruck der Ausgabe Stuttgart: Enke 1964; erste Ausgabe Stuttgart: Enke 1931].

Öffentliche Meinung als kollektive Willensform

Schwierigkeiten soziologischer Konzeptualisierung

Michael Beetz

1 „... so sollte die Wissenschaft sich auch jedesmal ganz in jedem einzelnen Behandelten erweisen." – Wozu Öffentlichkeitssoziologie? Warum Tönnies?

Wie Walter Benjamin (1978, S. 9) uns durch Voranstellen eines Goethe-Zitats gleich zu Beginn seiner Studie zum „Ursprung des deutschen Trauerspiels" vor Augen hält, schwingt in jeder einzelnen wissenschaftlichen Untersuchung immer auch die Wissenschaft als Ganze mit. Bei Benjamin selbst wird diese Ganzheitsreferenz indes nicht logisch-explizit, also nach Art eines sachlichen Holismus gefasst, denn Benjamin opponiert ja gerade gegen eine systematisch-positivistische Haltung, welche Wissenschaft nach dem Modell eines umfassenden Systems zu entwickeln versucht und dabei auf eine methodologisch reflektierte Kombination von unvoreingenommener Beobachtung und begrifflicher Schärfe setzen zu können meint. Vielmehr kommt es ihm in – wenn man so sagen darf – proto-poststrukturalistischer Manier auf das dialektische Zusammenspiel von Inhalt und Form an. Was vordergründig als kunsthistorische Analyse erscheint, das gerät bei Benjamin so unter der Hand zu einer philosophischen Erkenntnistheorie, die freilich eher Gestus als Dogma sein will. Der spezielle Gegenstand dient damit gewissermaßen als Motiv für ein Bild, das in einem allegorischen Sinne zum Spiegel seiner wissenschaftlichen Beobachter wird.

Solches gilt natürlich mutatis mutandis nicht minder für das Thema der *öffentlichen Meinung* und den Umgang mit Klassikern wie *Ferdinand Tönnies*, denn beides für sich genommen verweist jeweils bereits auf die allgemeineren Fragen nach der Konstitution der sozialen Welt einerseits und den sozialen Möglichkeitsbedingungen sowie der gesellschaftlichen (Selbst-)Verortung des Faches Soziologie andererseits. Jedoch sind derart weite Horizonte im normalen akademischen Routinebetrieb kaum auf direktem Weg reflexiv einholbar, sie scheinen stattdessen erst in den Konturen des sozialwissenschaftlichen Ideenkanons und in den etablierten Lehrmeinungen hintergründig auf, sodass sich allein am *Umgang* mit dem Thema – hier also: öffentliche Meinung bzw. Ferdinand Tönnies – das implizite Verständnis von Soziologie und Gesellschaft wirklich erweist – ja mehr noch: auskristallisiert.

Die öffentliche Meinung ist in jedem Falle ein sozialwissenschaftlicher Dauerbrenner. Auch gut ein Jahrhundert nachdem erste Anläufe unternommen wurden, sich dem Phänomen soziologisch zu nähern (vgl. hierzu Hölscher 1978), hat das Thema nichts von seinem Reiz eingebüßt. Dies mag unter anderem daran liegen, dass hier zwischen dem Alltagsgebrauch des Wortes und den Erfordernissen wissenschaftlicher Theoriebildung ein eigentümliches Spannungsverhältnis besteht. Während in der öffentlichen Wahrnehmung das vorherrschende Meinungsbild wie selbstverständlich als unmittelbarer Ausdruck eines kollektiven Willens gilt, erweist sich – wie Novizen des Fachs schrittweise eröffnet wird (Noelle-Neumann 1996) – dessen Genese für die Forschung als eine äußerst voraussetzungsvolle Angelegenheit, die sich je nach dem unter philosophischen, historischen oder auch statistischen Gesichtspunkten eingehender analysieren lässt. Für Soziologen heißen die hier erwachsenden Betätigungsfelder „Sozialtheorie", „Zeitdiagnose" bzw. „Meinungsforschung".

Für letztere ist es sicher am einfachsten, für die produzierten Erkenntnisse in den Medien allseits Beachtung zu finden. Ob es um die Popularität von Politikern und Parteien geht, um den Wertewandel innerhalb bestimmter Milieus oder um Meinungstrends zu aktuellen Debatten – verlässliche Daten werden gerne rezipiert, sofern sich die gewonnenen Ergebnisse in einfachen Schaubildern und verständlichen Kommentaren ansprechend aufbereiten lassen. Die empirische Sozialforschung beschränkt sich hier entsprechend weitestgehend auf deskriptive Aufgaben sowie auf das Anbieten einfacher Erklärungen anhand einiger weniger, methodisch gut isolierbarer Faktoren – wodurch die Demoskopie zu einer exakt nachvollziehbaren Technik wird (vgl. etwa Noelle-Neumann 2005), die sich insbesondere als mit den Erfordernissen einer standardisierten Methodenausbildung kompatibel erweist.

Doch das Interesse *gesellschaftskritischer* Beobachter gilt oft mehr jenen grundlegenden Strukturen der Öffentlichkeit, in deren Rahmen sich jeweils die entscheidenden Kommunikationsprozesse vollziehen. Diese Foren der öffentlichen Meinungsbildung sind stets eng an bestimmte Milieus und die betreffenden Medien geknüpft und unterliegen daher einem historischen Wandel. Während sich etwa für klassische Studien zu bestimmten historischen Epochen die Formierung der öffentlichen Meinung in Geheimbünden (Manheim 1933) oder Kaffeehäusern (Habermas 1962) vollzog, richtet sich der Fokus zahlreicher zeitgenössischer Untersuchungen vor allem auf das Internet (so etwa Plake et al. 2001). Soziologische Zeitdiagnosen werden in diesem Zusammenhang vor allem als Quellen für eingängige Schlagwörter geschätzt, welche die Komplexität des Geschehens in einschlägigen Formeln und Begriffen zusammenfassen. Sie konzentrieren sich daher heute im Wesentlichen auf die Entfaltung mehr oder weniger aussagekräftiger Transformationsthesen (von der geradezu überheblich-schlichten Habermas-Diagnose einer „neuen Unübersichtlichkeit" über die vielfach verzeichnete „Vernetzung" in „virtuellen Räumen" bis zum plakativ verlautbarten „neuen Strukturwandel der Öffentlichkeit" als Thema des Innsbrucker Dreiländerkongresses von 2009).

Im Hintergrund steht dabei durchweg eine *politikzentrierte* Gesellschaftsauffassung, welche die Öffentlichkeit hauptsächlich als kognitives Organ einer bürgerschaftlich engagierten Zivilgesellschaft ansieht. Dass Fragen des Gemeinwohls nur unter Beteiligung der Öffentlichkeit zu entscheiden seien, ist immerhin eine kulturell tief verankerte demokratische Überzeugung. Die Vorstellung, dass Prozesse der kollektiven Willensbildung als letzte Instanz der Vernunft fungieren könnten, ist mehr denn je zur zentralen Intuition des politischen Selbstverständnisses unserer Zeit geworden, die auch im akademischen Kontext gerne bemüht wird. Zwar war bereits Auguste Comte der Auffassung, dass das Prinzip der Volkssouveränität „die Willkür der Könige durch die Willkür der Völker oder vielmehr durch die der einzelnen" ersetzen werde, sodass „die Macht im Staat seinen wenigst kultivierten Klassen übergeben werde" (Comte 1973, S. 44). Anstelle der Volksmeinung sollte ja gerade die Soziologie das geistige Zepter übernehmen. Doch die öffentliche Akzeptanz sozialtheoretischer Konzepte hängt – wie rückblickend festzustellen ist – offenbar vielmehr umgekehrt davon ab, inwiefern diese den dominanten gesellschaftlichen Selbstbeschreibungen genügen. Politische Philosophen von Rang und Namen betrachten es entsprechend nach wie vor als ihre vordringliche Aufgabe, die Idee der Volkssouveränität in eine angemessene philosophische Form zu gießen und auf diese Weise theoretisch zu „begründen". Von demokratietheoretischer Bedeutung sind dabei folglich bspw. Fragen der Art, ob es eine europäische Öffentlichkeit (Peters 2007) oder eine kos-

mopolitische Bürgerschaft (Beck 2004) geben könne, wie aus Legalität Legitimität
erwächst (Habermas 1992), inwiefern das Gelingen von Demokratie auf eine politische Kultur und eine aktive Zivilgesellschaft angewiesen ist (Almond und Verba
1963; Walzer 1992; Schmals und Heinelt 1997).

Die Überzeugungskraft der konstruierten Theorieentwürfe bemisst sich indes
häufig allein an der Zugehörigkeit zu den betreffenden akademischen Zirkeln.
Eine unvoreingenommene soziologische Erörterung von Form und Funktion öffentlicher Meinung scheitert oft an den starken Loyalitätsverpflichtungen gegenüber den jeweiligen Forschungsbetrieben, welche es kaum gestatten, sich gerade
„inkongruenten Perspektiven" (Luhmann) gegenüber aufgeschlossen zu zeigen.
Unkonventionelle Betrachtungen der gesellschaftlichen Bedeutung öffentlicher
Meinung bleiben daher im Wesentlichen unabhängigen Freidenkern überlassen,
denen vor allem einige klassische Werke (Bauer 1914; Lippmann 1922; Manheim
1933) zu verdanken sind. Der Vorteil, welcher aus der Beschäftigung mit solchen
älteren Werken der Soziologiegeschichte erwächst, Werken, die bereits einen historischen Charakter tragen und zu denen unter anderem auch die 1922 erschie-
nene „Kritik der Öffentlichen Meinung" von Ferdinand Tönnies (2002) gezählt
werden darf, besteht darin, dass diese Werke zwangsläufig mit dem gebührenden
Abstand zu betrachten sind, welcher ein für Zwecke der soziologischen Theoriebildung angemessenes Abstraktionsniveau ermöglicht.

Über eine Beschäftigung mit der Vergangenheit können daher, so jedenfalls
lautet die Ausgangsannahme der folgenden Überlegungen, Zugänge zu Fragen
gewonnen werden, welche letztlich die Notwendigkeit und die Möglichkeiten
einer Soziologie der Öffentlichkeit in Gegenwart und Zukunft betreffen. Die Besonderheit des vorliegenden Bandes besteht nun gerade darin, dass es sich hierbei
nicht etwa um Habermas' berühmten „Strukturwandel der Öffentlichkeit" handelt, sondern dass seine Beiträge sich mit einer normalerweise wenig beachteten
Schrift von Ferdinand Tönnies befassen, die gleichwohl dessen umfangreichste
und wohl auch arbeitsaufwändigste Publikation darstellt.

Tönnies „Kritik der öffentlichen Meinung" ist zweifellos ein anspruchsvolles,
facettenreiches Werk, dass es erst einmal überhaupt zu erschließen gilt. Zunächst
einmal stellt sich dem heutigen Leser daher die Frage, ob er es schlicht als empirische Untersuchung zur öffentlichen Meinung um 1900, als theoriegenerierende
Analyse mit empirischem Fundament oder vielmehr als Versuch der empirischen
Verifizierung einer Theorie rezipieren soll. Ist es heute eher unter formalen oder
unter inhaltlichen, unter theoretischen, methodischen oder methodologischen
Gesichtspunkten noch der Lektüre wert? In jedem Falle scheint es von allem davon etwas zu beinhalten, ist es doch sowohl als international vergleichende, demoskopische Studie angelegt, beinhaltet zugleich aber auch eine begriffsanalytische

Abhandlung, welche den Begriff der öffentlichen Meinung in eine umfassendere philosophische Theorie des Willens einbettet, deren Grundzüge bereits in der Frühschrift „Gemeinschaft und Gesellschaft" von 1887 (Tönnies 2005) entwickelt worden waren. Indem Tönnies die öffentliche Meinung in ein Analogie-Verhältnis zur Religion bringt (Tönnies 2005, S. 200ff.), was wiederum als Anregung zur provokativen These von der öffentlichen Meinung als der „Religion der Neuzeit" (Deichsel 2005) genommen werden kann, bietet er überdies ein treffliches Gleichnis an, die seiner Monographie den Charakter einer historisch generalisierenden Zeitdiagnose verleiht, wie sie der Soziologie bis heute zu allgemeiner Beachtung verhelfen.

Getreu des hier bereits zugunsten einer Beschäftigung mit den Klassikern des Fachs geltend gemachten Arguments wird der Fokus der folgenden Betrachtungen speziell den Schwierigkeiten soziologischer Konzeptualisierung gelten. Am Fall von Tönnies selbst gilt es dabei zu verfolgen, wie die Genese einer angemessenen soziologischen Theorie stetig durch die Verstrickung in vernunftphilosophische, deutungspopulistische und demoskopische Ansprüche verschüttet zu werden droht.

2   Tönnies als Element der soziologischen Sinnstiftung

Entsprechend den oben schon kursorisch unterschiedenen Bezugsrahmen soziologischen Handelns gliedert sich der akademische Diskurs zur „öffentlichen Meinung" grob gesehen in drei Stränge, einen philosophischen (a), einen ‚sozialwissenschaftlichen' (b) und einen publizistischen (c). Der Kürze und Prägnanz halber sei deren Darstellung hier stark zugespitzt.

a) Im philosophischen Diskurs geht es stets um das (theoretische) Problem der (praktischen) Vernunft, wie denn über politische, also *öffentliche* Belange überhaupt in vernünftiger Weise entschieden werden könne. Dazu kann tendenziell sogar von den realen politischen Verhältnissen abgesehen werden. Die philosophische Kommunikation stützt sich stattdessen gewöhnlich auf einen Kanon an historischen Texten, traditionellen Terminologien und auf die Präsentation formaler Argumentationsfiguren.

Konsequent entfaltet wird diese Haltung beim Thema Öffentlichkeit beispielsweise im Dunstkreis von Jürgen Habermas (Peters 2007; Schmalz-Bruns 1995), dessen Werk sich bekanntermaßen um die diskurstheoretische Grundlegung einer kommunikativen Vernunft bemüht. Ausgerechnet Habermas' frühe Schrift „Strukturwandel der Öffentlichkeit" von 1962 (Habermas 1990) gibt sich zwar noch als historische Studie, welche angeregt durch die faktischen Verhältnisse bürgerlicher Öffentlichkeit im 18. und 19. Jahrhundert ein ideales Modell von Öffentlichkeit entwirft, das diesen realen Verhältnissen dann entgegengestellt werden kann. Seit den 70er Jahren tritt Habermas jedoch vorzugsweise als „normativer" Philosoph auf, dessen Hauptwerk „Theorie des kommunikativen Handelns" (Habermas 1981) gänzlich auf die Analyse empirischer Kommunikationsprozesse verzichtet und sich mit einigen wenigen, noch dazu konstruierten Beispielen begnügt. In „Faktizität und Geltung" (Habermas 1992) schließlich wird ein eng an den Begriff der Zivilgesellschaft angebundener Begriff der Öffentlichkeit entwickelt, der rein auf demokratietheoretische Probleme hin zugeschnitten ist und sämtliche darüber hinaus weisenden, allgemeinen soziologischen Aspekte von Öffentlichkeit ignoriert.

Ähnliches gilt für die politische Philosophie im Allgemeinen. Von Platon und Aristoteles über Rousseau bis Habermas und Barber formulieren philosophische Modelle jeweils ein Ideal des Politischen, das spätestens seit der Französischen Revolution auch unverzichtbar Ideen des Volkswillens und der Öffentlichkeit beinhaltet. Solche philosophischen Konzeptionen von Politik, Demokratie und Öffentlichkeit sind mutmaßlich in gebildeten Kreisen gerade deshalb besonders zitierfähig, weil sie sich in Verbindung mit den Namen der betreffenden philosophischen Autoritäten gut in die allgemeine politische Kommunikation einbetten lassen und dann den dort entstehenden Bedarf an ethischer Legitimation gleichermaßen abdecken wie problematisieren.

b) Doch moderne Verwaltungsbürokratien bedürfen heuer selbstverständlich eher der Expertise als der philosophischen Reflexion. Entsprechend gibt es bereits seit Mitte des 19. Jahrhunderts einen allgemeinen Trend in den Sozialwissenschaften, demzufolge die normativen Gehalte des Öffentlichkeitsbegriffs mehr und mehr aufgegeben werden und dieser zunehmend eine realistische Wendung erfährt. Ob eine extensiv betriebene Sozialforschung tatsächlich zur Verbesserung des menschlichen Zusammenlebens beiträgt, mag dahingestellt bleiben. Studien, Erhebungen und Umfragen unterstreichen zumindest symbolisch, dass die Verantwortlichen die soziale Realität scharf im Blick haben und trotz ihrer exklusiven Stellung mehr sehen als der in das Gemeinwesen sozial integrierte Normalbürger.[1]

---

1   Insofern bildet die empirische Sozialforschung das *öffentliche* Pendant zur „aufkläre-
     rischen" Spionage-Tätigkeit der Geheimdienste: Während verdeckte Ermittler die Lage
     im Hinterland von Privatsphäre, Untergrund und Feindesland erkunden, operieren
     Sozialforscher öffentlich sichtbar im offenen Gelände und firmieren somit gewisser-
     maßen als gesellschaftliche Kundschafter mit repräsentativer Funktion.

Da die zeitgenössische Technokratie auf rekursiven Prozessen der politischen Planung und den damit verbundenen Versuchen der Steuerung komplexer gesellschaftlicher Dynamiken basiert, sind für sie vor allem solche wissenschaftlichen Erkenntnisse attraktiv, welche Instrumente zur aktiven Gestaltung der sozialen Wirklichkeit in Aussicht stellen (etwa im Sinne der politischen Theorie von Machiavelli). Die Öffentlichkeit wird in diesem Zusammenhang primär in sozialpsychologischer Perspektive als ein Medium sozial wirksamer Ideen betrachtet, die der Öffentlichkeitsarbeit als Feld strategischer Manipulation zugänglich sind (Bernays 1923). Damit erschließen sich wesentliche Phänomene der modernen Öffentlichkeit (von Medienmärkten bis Propagandaministerien) als Interaktionsfeld egoistisch-rational handelnder Akteure.

Die „Psychologie der Massen" lautet dementsprechend bereits der Titel eines populären Werkes von Gustave LeBon (2008) von 1895. Die in Amerika ab Anfang 20. Jahrhundert sich etablierende demoskopische Meinungsforschung löst den Begriff der öffentlichen Meinung schließlich ganz und gar objektivistisch in die Summe von Einzelmeinungen auf – eine Strategie, die theoretisch eher naiv erscheinen mag, sich praktisch aber in Markt- und Politikforschung glänzend bewährt, da über das Bereitstellen von Faktenwissen wirtschaftliche und politische Anschlussfähigkeit gesichert wird. Die Stärken dieser stark mathematisierten Form von Sozialwissenschaft bestehen entsprechend vor allem in stochastischen Kompetenzen zur repräsentativen Erhebung und Verarbeitung quantitativer Daten.

c) Neben der idealtypisch so bezeichneten ‚philosophischen' (=kontrafaktisch-idealisierenden) und der ‚sozialwissenschaftlichen' (=demoskopisch-statistisch-verkürzenden) Herangehensweise an soziale Phänomene, wie insbesondere die öffentliche Meinung eines ist, gibt es nun aber stets auch eine ‚publizistische' Perspektive, welche die wesentlichen Besonderheiten des betreffenden Geschehens jeweils schlicht anhand eingängiger Formeln zu erfassen versucht. Hierbei werden für das kollektive Gedächtnis typisch grobe Kontraste zwischen sozialen Epochen, Ordnungen oder Lagern konstruiert, die sich dann wiederum bei genauerer historischer, vergleichender bzw. hermeneutischer Analyse oft als kaum haltbar erweisen.[2]

---

2 In *zeitlicher* Hinsicht dominieren bemerkenswerterweise Dreiphasenkonzepte, etwa Antike – Mittelalter – Neuzeit, bei denen die mittlere Phase teils künstlich zu einem dunklen Zeitalter verklärt wird, teils, wie im Falle des Dritten Reiches, zur moralisch-positiven Verklärung von Gegenwart und Vorvergangenheit (Weimarer Republik) verführt. In diesem Sinne kommt es heute etwa auch zu einer ideologischen Vereinnahmung der DDR, die als „Stasi-Staat" und „Mangelwirtschaft" zur Negativfolie des guten Lebens stilisiert wird, der dann leicht diverse weitere Übel wie Propaganda, Folter

Die resultierenden Klischees wirken sich nicht nur unmittelbar auf die öffentliche Meinung aus, diese unterliegt auch selbst permanent einer populistischen Deutung, wobei signifikante Ereignisse naturgemäß vornehmlich als kollektive Willensbekundungen wahrgenommen werden. Historische Momente verbinden sich in der Folge untrennbar mit Schlagworten wie „Prager Frühling", „arabischer Frühling" oder „Deutscher Herbst", „Oktoberrevolution", „friedliche Revolution 1989" oder „Sommermärchen 2006".

Eine der Besonderheiten, die das Werk von Tönnies bis heute zu einer so anspruchsvollen wie aufschlussreichen Lektüre machen, ist es, dass er sich keinem einzelnen dieser Diskursstränge vorbehaltlos zuordnen lässt, und dass es diese ihm doch zugleich auf einzigartige Weise zu verbinden gelingt. Tönnies startet gleichsam als ein Philosoph, der auf dem Weg in die Soziologie die Konzepte von Schopenhauer, Hobbes, Spinoza im Gepäck mit sich führt (vgl. hierzu Merz-Benz 1995), wendet sich jedoch mehr und mehr auch – und gerade – den konkreten historischen Vorgängen zu, um mit sozialwissenschaftlichem Blick das irdisch-politische Tagesgeschehen zu verfolgen. Sein soziologischer Nachruhm ist begründet auf der von ihm – bestärkt durch die geistige Wegzehrung philosophischer Provenienz – ausgearbeiteten und nachmals zum Schlagwort „geadelten" Unterscheidung von Gemeinschaft und Gesellschaft. Und in den Kategorien von Gemeinschaft und Gesellschaft ist auch bereits die Bestimmung der öffentlichen Meinung als Analogon der Religion enthalten (Tönnies 2005, S. 200), welche sich für die Betrachtung einzelner Tagesmeinungen, vor allem aber für das Verständnis des Phänomens der öffentlichen Meinung selbst als äußerst fruchtbar erwiesen hat und noch immer erweist und es auch rechtfertigt, von diesem soziologischen Klassiker als „aktuellem Tönnies" (Deichsel 2005) zu sprechen. Damit hat Tönnies unter dem Strich nicht nur eine philosophische Begründung des Begriffs der öffentlichen Meinung im Rahmen einer kritischen Metaphysik des Willens vorgelegt, er präsentiert zudem – wenngleich nach heutigen methodischen Standards vielleicht etwas freihändig – eine umfassende empirische Studie zu den wesentlichen zeitgenössischen Inhalten öffentlicher Meinung, und er erweist sich drittens als erfolgreicher Stichwortgeber.

Tönnies lässt sich daher als selten treffliches Beispiel für die gelingende Synthese aller drei diskursiven Facetten des Konzepts der öffentlichen Meinung begreifen, zumal man von Tönnies her den Bogen zu ganz unterschiedlichen Teil-

---

oder Doping zugeordnet werden können, welche damit aus dem aktuellen „Weltbild" tendenziell ausgeblendet werden. In *sachlicher* Hinsicht ergeben sich Dichotomien wie Diktatur/Demokratie oder Sozialismus/Kapitalismus, in *sozialer* Hinsicht Gegensätze wie links und rechts, oben und unten, gut und böse.

aspekten des Themas öffentliche Meinung ziehen kann, da in den begrifflichen Kategorien von Tönnies nicht zuletzt auch die wesentlichen Teilaspekte des Themas, denen spätere Autoren sich gewidmet haben, bereits angelegt sind (Beetz 2005a). Der Vorteil von Tönnies mag es diesbezüglich sein, dass er der weiteren Differenzierung seines Fachs in Allgemeine und Spezielle Soziologie, in Sektionen, Schulen und Arbeitsfelder historisch vorauseilt, sodass bei ihm noch sachlich untrennbar zusammengehört, was späterhin vornehmlich dem Namen nach unter einem Dach vereint bleibt.

Und selbst darüber noch hinausgehend zeigt sich bei Tönnies ein geradezu „ursoziologischer" Impuls, der sich in dem Bestreben äußert, nach einer latenten Funktion von Öffentlichkeit und öffentlicher Meinung Ausschau zu halten. Überlegungen dieser Art finden sich im Übrigen bereits bei Auguste Comte sowie bei Emile Durkheim, namentlich in dessen Buch über die elementaren Formen des religiösen Lebens (Durkheim 1981, S. 286). Die hieraus resultierende Perspektive beinhaltet per se eine gesellschaftstheoretische Komponente, denn es geht damit explizit um die regulative Kraft, welche die öffentliche Meinung *gesellschaftlich* entfaltet. Unter gesellschaftstheoretischen Gesichtspunkten rückt nun insbesondere die Frage in den Vordergrund, wie die betreffenden Vorgänge analytisch einzuordnen sind im Hinblick auf die Aufrechterhaltung gesellschaftlicher Ordnung bzw. die Stimulierung gesellschaftlichen Wandels. Öffentliche Meinung erscheint hier mithin als soziale Kraft sui generis, als eine soziale Entität höherer Ordnung, die mehr ist als ein mechanisch-statistisches Aggregat individueller Einzelmeinungen, sofern sich der Prozess der individuellen Meinungsbildung ja bereits an ihr auszurichten pflegt. Hiermit vollzieht Tönnies unwillkürlich den kategorialen Schritt von der subjektzentrierten Denkweise der klassischen Philosophie hin zur Soziologie als Wissenschaft von den sozialen Tatsachen, welche die Intersubjektivität kulturell verankerter Ideen als faktische Grundlage für die Konstitution sozialer Wirklichkeit akzeptiert.

Als „ursoziologisch" lässt sich der Ansatz von Tönnies aber auch deshalb bezeichnen, weil er sich trotz aller Distanzierung von Comte oder Spencer noch nicht allzu weit entfernt hat von deren ursprünglichem Motiv der Begründung des Fachs im Rahmen eines wissenschaftlichen Systems (vgl. Tönnies 2009, S. 216). Zwar schließt die von Tönnies vertretene Soziologe im Gegensatz etwa zu dem deutschen Monisten F. Müller-Lyer nicht direkt an die Themen, Termini und Thesen von Comte und Spencer an (vgl. Beetz 2010, S. 69ff.), zumal Tönnies die Soziologie stattdessen mit Bezug auf Hobbes, Schopenhauer und Spinoza philosophisch gleichsam tiefer legen zu können glaubt. Gleichwohl keimen einige wesentliche Grundüberzeugungen – nicht zuletzt wohl auch dank der Nähe zu Wilhelm Wundt – offenbar im kognitiven Kielwasser des Positivismus. In jedem

Falle bleibt die Analyse der modernen Gesellschaft hinsichtlich struktureller Verfassung und historischer Genese durchweg ein Grundmotiv seiner soziologischen Arbeit.

Mit der akademischen Etablierung der Soziologie wird dieser „ursoziologische" Impuls indes mehr und mehr unterdrückt. Mit der „Nullsoziologie" von Auguste Comte – und dies ja gilt bereits für Durkheim und Spencer – identifiziert man sich keinesfalls mehr und will auch ungern mit ihr in Verbindung gebracht werden. Weber und Simmel, die in diesem Sinne gar als „Antisoziologen" bezeichnet werden können (Lichtblau 2001; Kruse 2001), sind wohl eher von akademischem Geschäftssinn getrieben als von der Begeisterung für die neubegründete Wissenschaft, als sie im Zuge der Institutionalisierung des Fachs, nicht zuletzt in Form der Deutschen Gesellschaft für Soziologie, die Marke „Soziologie" für Deutschland mit zu übernehmen helfen und damit die wenigen Anhänger von Positivismus, Evolutionismus und Monismus aus dem Wissenschaftsbetrieb geradezu verdrängen. Es handelt sich hier also gewissermaßen um eine „feindliche Übernahme". Wiewohl die Gründerväter der deutschen Soziologie durchaus einige zentrale Ideen ihrer ungeliebten Vorläufer adaptieren, oder soll man besser sagen: ungewollt reproduzieren?, schlägt die bei Tönnies noch gelegentlich geäußerte Wertschätzung späterhin in scharfe Polemik um, insbesondere Comte und Spencer werden im kollektiven Gedächtnis des Fachs geradezu zu Sündenböcken verklärt, denen allerlei negative Qualitäten, unlautere Absichten und falsche Ansichten zugeschrieben werden können. Nur durch die Entlastung von der geistigen Bürde ihrer Systemabkunft konnte Soziologie wohl zu einem Unternehmen werden, das sich bis heute am Meinungsmarkt leidlich behaupten kann. Wenn der Ballon zu sinken droht, muss man eben Ballast abwerfen. Dies hat die Soziologie – oder jedenfalls das, was seither Soziologie „heißen soll" – als Institution gerettet und zu einem akademischen Großbetrieb werden lassen.

In dem Maße, in dem hier nicht nur – namentlich in Amerika – ein Markt für private Forschungsaufträge erwuchs, sondern dieser Markt der Sozialforschung auf der Basis öffentlicher Mittel und getragen von Stiftungsprogrammen für Zwecke der Effizienzsteigerung und der Absatzmaximierung, der politischen Steuerung und Legitimationsbeschaffung auch zusehends instrumentalisiert wurde und nach wie vor wird (vgl. Oberschall 1981), geht es zwangsläufig mehr um die Etablierung des Soziologen als ein durch institutionelle Anbindungen ausgewiesener Experte, um die Präsenz im öffentlichen Diskurs, sowie um die symbolische Selbstinszenierung als essenzieller Bestandteil des Bildungswesens. Die sichtbare Positionierung im sozialen Feld der Wissenschaften sowie die Solidarisierung unter Kollegen werden zu existenziellen Voraussetzungen für die Selbstbehauptung jedes einzelnen Soziologen (wie der Soziologie überhaupt), sie geraten zum nahezu alle Aktivitäten vereinnahmenden Beweggrund. Aus den qua einer emp-fundenen Berufung zu einem systemphilosophischen Lebenswerk erwachsenden Einzelschicksalen werden im Zuge einer Professionalisierung der Soziologie un-weigerlich wissenschaftliche Karrieren, die sich mit all ihren Risiken und Erfol-gen unmittelbar auf Angehörige, auf Schüler und Anhänger auswirken. Soziolo-gie gerät so weitestgehend zu einem Metier wie andere auch, in denen es nicht so sehr auf Einzelleistungen ankommt, sondern vielmehr auf Konstellationen und Netzwerke, Cluster und Diskurse. Die Bewährungschancen von Methoden und Theorien bemessen sich insofern nicht zuletzt an deren Tauglichkeit für die Lehre und ihrer Kompatibilität mit der Logik des Projektbetriebs.

Während sich deshalb in den zahlreichen zeitgenössischen Bänden zum The-ma „öffentliche Meinung" aufgrund struktureller Zwänge derart gleißend die blendenden Konturen eines diskursiv verfestigten Mainstreams zu spiegeln dro-hen, dass der Blick auf den Boden der Tatsachen wohl eher zerstreut als fokussiert wird, steht von einer Beschäftigung mit dem Schriftwerk des Ferdinand Tönnies weit eher noch zu erhoffen, zumindest die kritischen Punkte einer angemessenen Konzeptualisierung öffentlicher Meinung freizulegen, gerade weil die in diesem Werk enthaltenen gedanklichen Anstrengungen inhaltlich in so mancher Hin-sicht vielleicht gar nicht so weit entfernt von dem sind, was ein, die teils arg zer-klüftete Landschaft soziologischer Kommunikation übergreifender *common sen-se* genannt werden kann, und dies meint selbstredend vor allem: die Neigung zu einer Auffassung der öffentlichen Meinung als einer *kollektiven Willensform*.

3 Die gesellschaftliche Bedeutung der öffentlichen Meinung – eine Frage der Funktion?

Womöglich etwas zu unbekümmert waren oben die Frage nach der Funktion der öffentlichen Meinung und die Etikettierung „ursoziologisch" miteinander in Zu-sammenhang gebracht worden. Soll Tönnies damit etwa zum Funktionalisten ab-gestempelt werden? Gemeint war doch schließlich nur eine Perspektive, welche die öffentliche Meinung zunächst als historisch gewachsenes, soziales Phänomen beobachtet und sodann dessen Wirkungsweise im Kontext eines gesellschaftli-chen Gesamtzusammenhangs reflektiert. Sollte dies nicht ein unausweichlicher Aspekt des Themas sein?

Tönnies identifiziert die Öffentliche Meinung als eine charakteristische Er-scheinung der Neuzeit und versucht sie folglich als typisches Merkmal der So-zialformation „Gesellschaft" zu begreifen, deren Gegenstück auf Seiten der „Ge-meinschaft" für ihn die Religion bildet (Tönnies 2002, S. 255ff.). Eine umfassende

Rekonstruktion der in diesem Zusammenhang entwickelten Theoriefigur haben bereits die gegenwärtig wohl kompetentesten Tönnies-Kenner selbst besorgt, dies braucht hier nicht noch einmal verkürzt wiederholt werden. Entscheidend soll für den Moment allein die Tatsache sein, dass der Begriff der öffentlichen Meinung in diesem Zusammenhang in ein umfassenderes kategoriales Gerüst integriert wird und dass die öffentliche Meinung dabei selbst als ein zentraler, wirkmächtiger Bestandteil sozialer Ordnung betrachtet wird. Aber kann dies schon als funktionalistische Perspektive gelten?

In der Tat hatte der Begriff der Funktion, der zuerst bei Herbert Spencer eine prominente Bedeutung auch im Kontext soziologischer Fragen erlangt hatte, ursprünglich als Gegenbegriff zum Begriff der Struktur fungiert, wobei diese Unterscheidung weitestgehend in Analogie zum biologischen Gegensatz von Anatomie und Physiologie verstanden wurde, also in etwa Auguste Comtes fundamentaler Unterscheidung zwischen Statik und Dynamik entsprach. Die Seite der Funktion war damit zunächst als ein Prozessbegriff angelegt gewesen und keineswegs – wie später bei Talcott Parsons – auf das Bezugsproblem der Bestandserhaltung von Systemen festgelegt. Es ging vielmehr um das operative „Funktionieren" einer komplexen Gesamtordnung – „the totality of all vital actions" (Spencer 1860, S. 158) –, sodass es von daher gar nicht so überraschend sein mag, wenn die Stelle des Funktionsbegriffs heute eher durch den Begriff der Handlung besetzt wird, wenn man etwa – wie es sich im soziologischen Jargon eingebürgert zu haben scheint – von einem Gegensatz von „Handeln und Struktur" spricht.

Heute ist freilich jede Form des Funktionalismus im Allgemeinen eher verpönt, auch da entsprechend der vorherrschenden „kapitalistischen" oder, besser, etwas provokativer gesagt: *humanistischen* Ideologie augenscheinlich ein moralischer und, in der Folge: methodologischer Individualismus sich breit macht. Aus einer dem Konzept der „Handlung" verpflichteten Perspektive wird allerdings insbesondere das Verhältnis von *individueller* und *kollektiver* Rationalität erklärungsbedürftig. Es stellt sich dann bspw. die Frage, ob die einzelnen Akteure sich institutionalisierten Verhaltensmatrizen, wie sie etwa durch formale Organisationen erzeugt werden, freiwillig oder aber durch Zwang unterordnen. Selbst wenn man Konstrukte wie „Metapräferenzen" (Rational-Choice-Duktus), „Profitstreben" (Marx) oder „Werte" (Weber) verwendet und somit also die Existenz von Motiven zweiter Ordnung unterstellt, so verlagert sich das Erklärungsproblem nur auf eine andere Ebene, denn was entscheidet die Wahl zugunsten dieser oder jener Option – (individuelle) Vernunft oder die (kollektive) Kultur? Oder anders gefragt: Wessen Wille sorgt dafür, dass die individuellen Willen sich zu kulturellen Mustern zusammenfügen, mit denen die Angehörigen der betreffenden Kultur sich im wörtlichen Sinne identifizieren? Ist es der Wille Gottes oder eines sonstigen transzendentalen Subjekts – oder sind es doch eher Wesen- und Kürwille sensu Tönnies? Aber woher weiß man, was man will? Kann man per se wollen, was die öffentliche Meinung vorschreibt?

Dies führt uns wiederum zurück zu unserem eigentlichen Problem, dass nämlich insbesondere auch das Konzept der öffentlichen Meinung hierbei möglicherweise allzu eng an eine Idee des freien Willens geknüpft wird, die sowohl dem Erbe der europäischen Vernunftphilosophie entspricht, als auch sich mit den vorzugsweise an expliziten Meinungsäußerungen ausgerichteten sozialwissenschaftlichen Umfragetechniken kompatibel erweist und drittens überdies harmoniert mit den gängigen, in der politisch-öffentlichen Kommunikation überaus anschlussfähigen Begrifflichkeiten wie der des Wähler-, des Bürger- oder des Volkswillens.

Die Überlegungen hierzu werden sich im Folgenden auf drei Punkte konzentrieren, in denen sich zum einen die Charakteristik des Tönniesschen Ansatzes ausdrückt, hinter denen sich zum anderen aber auch grundlegende Problematiken einer am Konzept der Volition orientierten Öffentlichkeitssoziologie im Allgemeinen verbergen: das Verhältnis von Meinung und Öffentlichkeit (6.), die Metapher der Aggregatzustände (5.), sowie das Problem der Einheit öffentlicher Meinung (4.).

4   Zwischen Meinungsspektrum und einhelliger Meinung

Im humanistischen Ideal der Aufklärung kommt es bekanntermaßen zu einer eigentümlichen Liaison von *Freiheit* und *Vernunft*. Was dies in ethischer, ästhetischer und kognitiver Hinsicht für das Urteilsvermögen des Subjekts bedeutet und welche Konsequenzen es für sein Handeln hat, das beschäftigt die akademische Philosophie auch 200 Jahre nach Kant noch immer ausgiebig. Doch empirische Subjekte fällen ihre subjektiven Urteile offenbar nicht nur je für sich, sie richten sich dabei vielmehr nach den Einschätzungen der anderen. Die eigene Beobachtung orientiert sich am geltenden Geschmack, der vorherrschenden Lehrmeinung, den bestehenden Moralvorstellungen. Man beachtet Beifall und Kritik, registriert Trends und Erwartungshaltungen, vernimmt aufmerksam die Äußerungen von Autoritäten und Kennern, um sich in den diesbezüglichen Debatten gegebenenfalls selbst gegenüber den vertretenen Standpunkten zu positionieren.

Auf kollektiver Ebene soll entsprechend die *Meinungsfreiheit* aus der Sphäre der Öffentlichkeit eine Arena der vernünftigen Meinungsbildung werden lassen. Doch praktische Konsequenzen hat dies zumeist nur in dem Maße, in dem Volk,

Publikum oder Forschung in den Augen des jeweiligen Beobachters zu einem *einhelligen* Urteil gelangen. Bereits Wissen und ästhetische Stile setzen, sofern sie sich als *kulturelle* Muster etablieren, voraus, dass sie zumindest innerhalb einer Bezugsgruppe, einer Subkultur oder eines umfassenden Kulturkreises, eines sozialen Milieus oder einer Generation intersubjektiv geteilt werden, wie ja auch die üblichen Formen des religiösen Glaubens maßgeblich an die Existenz einer (zumeist kirchlich institutionalisierten) Glaubensgemeinschaft gebunden sind. Wenngleich sich zumindest darüber spekulieren lässt, ob Spiritualität, ästhetischer Geschmack oder Bildung in der Moderne weitestgehend zu privaten Angelegenheiten werden können – empirisch lassen sich hier in der Regel durchaus soziale Hintergründe identifizieren –, so geht es insbesondere bei politischen Problemen der Natur der Sache nach grundsätzlich immer um *kollektive* Werturteile, um die Genese eines kollektiven Willens und dessen praktische Verwirklichung.

Dies gilt jedenfalls dann, wenn man unter „Politik" – etwas idealisiert – alle sozialen Strukturen versteht, die mit der Fähigkeit zum kollektiven Handeln zusammen hängen: etwa hierarchisch strukturierte Entscheidungskompetenzen, herrschaftslegitimierende Verfahren, internalisierte gemeinsame Werte, aber in der Folge wohl auch Intrigen, Kriege und Propaganda – wenn man also das Feld der Politik nicht per definitionem bereits mit der Praxis von Machtkämpfen und der diplomatischen Austragung von chronischen, sogenannten „gesellschaftlichen" Konflikten gleichsetzt. Aber selbst der Rechtsstaat als die eigentlich zur juristischen Regelung von Interessenkonflikten zuständige Instanz verkündet seine juristische Urteile ja bekanntlich „im Namen des Volkes", und überdies meint die Rechtsprechung gegebenenfalls den „Willen des Gesetzgebers" berücksichtigen zu können, denn das geltende Gesetz kann schlecht einfach als fauler Kompromiss von Klüngelei und Taktiererei aufgefasst werden. Die Idee der Gerechtigkeit impliziert zudem das Prinzip der Gleichbehandlung, sodass die Bevölkerung von Rechts wegen keineswegs schlicht als fragmentierte Konstellation konfligierender Interessen angesehen werden darf, sondern vielmehr als prinzipiell konsensfähige Einheit zu behandeln ist.

Kurzum: Einerseits bringt die Befreiung von den Banden der Tradition es mit sich, dass jeder Mensch nach eigenem Gutdünken Ansichten, Vorlieben, Überzeugungen entwickeln kann. Überdies verlangt die Entfaltung einer kollektiven Intelligenz zur Genese optionaler Vielfalt geradezu ein Spektrum unterschiedlicher Ansätze, Perspektiven und Standpunkte. Andererseits erwachsen wesentliche Potenziale der menschlichen Intelligenz aus der Fähigkeit, die Perspektive der sozialen Umwelt übernehmen zu können. Zudem sollten sich die im modernen Experimentierfeld der Freiheit gefundenen Sinnkonstruktionen im Trichter der öffentlichen Aufmerksamkeit zu einem kollektiv verbindlichen Richtwert fügen, um auf der Ebene des betreffenden sozialen Systems als Lösung für ein bestimmtes Bezugsproblem fungieren zu können.

Tönnies (2002, S. 155ff.) erfasst dieses vertrackte Problem terminologisch durch die Unterscheidung von „öffentlichen Meinungen" und „der Öffentlichen Meinung", wobei es schlicht empirisch gewendet wird: Wann immer Meinungen – und seien sie noch so abstrus, überholt oder politisch inkorrekt – öffentlich geäußert werden, werden daraus öffentliche Meinungen, auf die in Gedanken und Kommunikation sich bezogen werden kann, sei es in der Form von Belegreferenzen, von kritischer Distanzierung, von Empörung, von insgeheimer Zustimmung. Standpunkte können sich so durch wechselseitige Abgrenzung gegenseitig schärfen. Sie können durch Feindbilder überhaupt erst ihre Identität gewinnen. Sie können als rhetorisch konstruierte Platzhalter für die Zuschreibung von Strohmann-Argumenten dienen, zu provokativen Zwecken im Nachhinein sich angeeignet werden usf. Wo aber die ansonsten meist kontroversen Anschauungen konvergieren, wo die oft nur um sich selbst kreisenden Wirbel der milieuspezifischen Stimmungen einander im Strudel der Ereignisse so umschwingen, dass sie allesamt in einen breiten Mainstream münden, dort verbinden sich die eintönigen Stimmen der verschiedenen sozialen Kreise zu einem gigantischen Chor, welcher unablässig dasselbe Mantra rezitiert. In solchen Fällen bildet sich eine „Öffentliche Meinung", deren Druck sich kaum jemand noch entziehen kann oder, wie es bei Comte (1974, S. 475) heißt: „Kein Einsichtiger vermag sich so von der denkenden Menge abzutrennen, dass er nicht durch die öffentliche Übereinstimmung fortgerissen würde".

Für die hier beabsichtigte Diskussion ist es nun zunächst ganz unerheblich, wie Tönnies das Verhältnis zwischen dem Spektrum von öffentlich geäußerten Meinungen und der einhelligen „Öffentlichen Meinung" im Einzelnen filigran unter den von ihm gewählten erkenntnistheoretischen Vorzeichen konzipiert. (In jedem Falle als Form des Kürwillens, versteht sich.) Vielmehr gilt es die viel grundsätzlichere Frage aufzuwerfen, ob überhaupt die Einheit der Öffentlichen Meinung kategorial zwangsläufig als kollektiver Wille zu begreifen ist. Eine solche Auffassung, der Tönnies kraft seiner philosophischen Bindungen naturgemäß zuneigt, liegt freilich nicht nur unmittelbar im Fluchtpunkt der theologisch-metaphysischen Ideengeschichte Europas, die Spekulation über die Frage: Was will der Wähler, der Bürger, der Verbraucher? stellt zugleich auch die einfachste Weise der Deutung von Umfrageergebnissen dar und deckt sich überdies auch mit den gängigen Denkschablonen der Publizistik.

Dessen ungeachtet lassen sich etwa Moden und Mythen, gängige Klischees und verbreitete Irrtümer als Beispiele für Phänomene anführen, bei denen eine einhellige Meinung nicht unbedingt willentlich vertreten wird. Schon seit dem

Dreißigjährigen Krieg, spätestens jedoch seit dem Holocaust hat man überdies selbst im Kontext politischer Geschehnisse skeptisch zu sein, ob bspw. hinter allen im Namen religiöser Glaubensüberzeugungen geführten Kriegszügen und jedem kollektiven Verhalten und Vergehen auch wirklich ein kollektiver Wille steht oder ob die Beteiligten nicht vielmehr durch einen einem ideologischen Verblendungszusammenhang geschuldeten Massenwahn mitgerissen werden, sich aus Unsicherheit die herrschende Doktrin zu eigen machen, die wiederum von den politischen Führern und „Meinungsmachern" unter strategischen Gesichtspunkten geformt wird.

Selbst die Herrscher verfügen indes nicht frei über die Belange des Gemeinwesens, sie können dem Volk nicht bedingungslos ihren Willen diktieren, ihre Macht wird vielmehr beschränkt durch Folgebereitschaft, Moral und Selbstverständnis der Bevölkerung. Entsprechend kann Laertes über den Prinzen von Dänemark sagen: „Kein Arg und kein Betrug befleckt bis jetzt die Tugend seines Willens: doch befürchte, bei seinem Rang gehört sein Will' ihm nicht! Er selbst ist der Geburt ja untertan. Er kann nicht, wie geringe Leute tun, für sich auslesen; denn an seiner Wahl hängt Sicherheit und Heil des ganzen Staats. Deshalb muss seine Wahl beschränket sein vom Beifall und der Stimme jenes Körpers, von welchem er das Haupt." (Shakespeare 1869, S. 34)

Zwar steht die moralische Integrität Hamlets außer Frage, der freiwillig dem Imperativ der Vernunft sich fügt, sodass auf der Ebene des Subjekts von der „Tugend des Willens" die Rede sein kann. Jedoch ist die subjektive Freiheit durch soziale Verbindlichkeiten, durch die Integration seiner Person in übergreifende gesellschaftliche Zusammenhänge selbst außer Kraft gesetzt, denn die Verantwortung für das Gemeinwesen verlangt eine Bindung der eigenen Entscheidungen an Zustimmung und Meinung des ganzen sozialen „Körpers". „Beifall und Stimme" sind allerdings genau genommen nicht schon der *Wille* des Volkes, sondern eben nur: die *öffentliche Meinung*, in welcher die wertende Beobachtung des Regierungshandelns durch die Bevölkerung mit der wechselseitigen Beobachtung innerhalb der Bevölkerung selbst zusammenläuft: Letzteres ergibt die „Stimme", ersteres den „Beifall". Das Problem der Verantwortung wird hiermit nicht sachlich (durch Expertise, Kompetenz, kurz: durch „Tugend"), sondern sozial aufgelöst, indem die individuelle Autonomie des Souveräns durch eine spezifische Form kollektiver Autonomie beschränkt wird: durch die Eigendynamik öffentlicher Meinung.

Kollektiven Akteuren einen Willen zuzuschreiben entspricht zwar insofern einer zumindest *proto*soziologischen Perspektive, als damit der Handlungsbegriff von Einzelpersonen auf soziale Einheiten erweitert wird. Die Existenz einer kollektiven Willensform verbürgt dann gewissermaßen ontologisch die Einheit von sozialen Entitäten. Diese Zuschreibung bleibt aber nichtsdestotrotz eine Unterstellung, erwachsen allein aus geistigen Befangenheiten, verengt sie doch den Blick willkürlich auf solche zielgerichteten Aktivitäten hin, wie sie vor allem in politischen Zusammenhängen thematisch relevant werden, und greift sie selektiv allein solche Phänomene aus der Mannigfaltigkeit des sozialen Geschehen heraus, bei denen vermeintlich Werturteile über adäquate Zwecke und Mittel zu fällen sind. Wenngleich Tönnies (2002, S. 6) auf diese Weise gerade „die Öffentliche Meinung in ihrem historisch bedeutsamen und politisch maßgebenden Sinne von den beliebigen öffentlichen Meinungen abzuheben" gedenkt, wie sie „überall im sozialen Leben sich geltend machen" so bleibt dies doch nichtsdestotrotz eine kritisch hinterfragbare Strategie.

5   Die Metapher der Aggregatzustände

Die in der Bevölkerung vorherrschende Stimmung (von der Tönnies freilich die Öffentliche Meinung analytisch abgrenzen zu können meint) ist ohnehin von Natur aus wechselhaft, sodass Zustimmung schnell in Unzufriedenheit umschlagen kann und Politiker oder Parteien die Gunst der Wähler so schnell gewinnen wie verspielen. Aber – um im Bild Shakespeares zu bleiben – nicht nur der „Beifall" erweist in seiner Unbeständigkeit kaum mehr Willen zur Vernunft als das Wetter, auch die öffentliche „Stimme" entspricht, selbst wo sie als Einheit erscheint, keineswegs nur einem statistischen Aggregat von Kreuzen auf den Wahlzetteln eines Volksentscheids. Vielmehr spricht sie gleichsam in einem permanenten Redefluss, der neben Argumenten und Präferenzen zu jeweils aktuellen politischen Sachfragen immer auch allgemeine Erwartungen und Vorstellungen, Wünsche und Ressentiments aller Art zum Ausdruck bringt. Vox bedeutet mehr als nur Votum.

Die „Öffentliche Meinung" ist daher auch als Einheit verstanden ein komplexes Gebilde, in dem sich vielfältige Schichten der kollektiven Erfahrung in einer Art von tektonischen Bewegungen nachhaltig aneinander reiben, um die so aufgeladenen Spannungen schließlich in abrupten und kaum vorhersehbaren Ausbrüchen an der Oberfläche zu entladen. Sie gleicht so gesehen einem musikalischen Instrument, dessen Resonanzraum durch ein kollektives Gedächtnis gebildet wird und bei dem stets die unterschiedlichsten Saiten im Akkord zu schwingen pflegen. Dabei kann ein anhaltender Grundton durchaus mit einem sich in den höheren Lagen vollziehenden Wechsel der Tonalität einhergehen und die schnellsten Sequenzen in den Obertönen geradezu tragen.

Ferdinand Tönnies (2002, S. 165ff.) erfasst dieses Phänomen terminologisch durch die Unterscheidung eines festen, flüssigen und gasförmigen Aggregatzustandes der Öffentlichen Meinung. Diese physikalische Metaphorik soll im Wesentlichen zum Ausdruck bringen, dass es unterschiedliche Stabilitätsniveaus einhelliger Meinungen gibt: Im Gegensatz zu den gleichsam fest im ethischen Wertefundament der Kultur einbetonierten Überzeugungen gibt es flüchtige Ansichten, die sich wie Fähnchen nach dem leisesten Windhauch drehen. Zwischen diesen beiden Polen liegt ein Kontinuum von im zähen Fluss befindlichen Glaubenssätzen. Im Zuge historischer Transformationsprozesse und einschneidender Ereignisse können die Einstellungen zu einem Thema sich nicht nur (im Falle der gasförmigen und flüssigen Meinungen) im Konkreten wandeln, sondern auch ihren allgemeinen Zustand wechseln; sie gefrieren und schmelzen wieder, verdampfen und kondensieren.

Zwar gilt Tönnies (2002, S. 315) zufolge: „auch fest gewordene Vorurteile und Ansichten lassen sich erschüttern und aufweichen, wenn gehörige Kraft daran gewandt wird". Tönnies geht allerdings nicht so weit, den Übergang zwischen den einzelnen Aggregatzuständen „energetisch" zu erklären, etwa vermittels einer kulturologischen Energietheorie (Ostwald 1908, S. 156ff.; White 1949a). Es werden also keine modelltheoretischen Vorstellungen über die jeweilige innere Struktur der betreffenden Meinungen entwickelt. Vielmehr lassen sich den drei Zuständen typische Inhalte zuordnen: Während die Gunst des Publikums gegenüber Politikern und sonstigen Prominenten sowie auch die an bevorstehende Ereignisse gebundenen Ängste und Hoffnungen gewöhnlich im luftartigen Zustand verweilen, ist das Bekenntnis zu Grundfesten der Moderne wie „Freiheit" oder „Staat" – die im Übrigen selbst das vorherrschende Image der sozialen Erscheinung „öffentliche Meinung" wesentlich mit bedingen – in der Regel im festen Zustand. Wissenschaftliche Anschauungen bleiben hingegen ihrem Wesen nach stets im Zustand des Flusses. Hierin zeigt sich im Übrigen, dass die Einheit der Öffentlichen Meinung letztlich wieder in eine Vielzahl von Items dekomponiert wird, deren Zusammenhang untereinander weitgehend ungeklärt bleibt, da dies wohl eher eine empirisch zu klärende Frage sein sollte.

Unter theoretischen Gesichtspunkten stellt sich dagegen auch im Hinblick auf die von Tönnies unterschiedenen Aggregatzustände abermals die Frage, ob sich die luftig-lockersten Voten der Woche ebenso wie die zähflüssigen Massenneigungen einer gewissen geschichtlichen Periode sowie die gefestigteren Grundüberzeugungen eines Kulturkreises tatsächlich gleichermaßen als Manifestationen eines *kollektiven Willens* verstehen lassen. Oder anders gesagt: Es fragt sich erstens, ob ein beständiger gesellschaftlicher Konsens wirklich als willentlicher Entschluss zustande kommen kann (oder zumindest vorzugsweise fiktiv so zu verstehen ist) oder ob die betreffenden Übereinstimmungen nicht eher als eine sozialen Mechanismen geschuldeten Sinnkonvergenz zu erklären sind: als *Zeitgeist*, als *Kollektivbewusstsein* à la Emile Durkheim, als *consensus* im Sinne Auguste Comtes. Zweitens ist es durchaus zweifelhaft, ob der ideelle Fluss der Meinungsbildung in irgendeiner Form durch die quasi telekinetischen Kräfte eines Willen gelenkt wird oder er nicht vielmehr allein der Gravitation diskursiver Dynamiken und damit dem Prinzip des geringsten Widerstands folgt. Auch flüchtige Tagesmeinungen lassen sich drittens wohl kaum als wirkliche Willensakte, sondern höchstens als sporadische, unkontrollierte Anwandlungen des Kollektivbewusstseins und somit als gesellschaftliches Äquivalent zur willen*losen* Hingabe eines Subjekts an die wildesten Triebe und spontansten Impulse begreifen.

Will man den Willen nicht lediglich als willkürlichen Weichensteller definieren, der formal den kausal entscheidenden Faktor bei der Wahl zwischen gegebenen Optionen darstellt, dann hat man unter anderem zu erwägen, in welchem Maße eine Einsicht in die Situation, eine Reflexion über die Konsequenzen und die Orientierung an bestimmten leitenden Grundsätzen als Mindestvoraussetzungen für die Existenz eines Willens gelten sollen. Es ließe sich insbesondere darüber diskutieren, ob die evolutionäre Errungenschaft, welche die Neurophysiologie des Menschen von derjenigen anderer Lebewesen unterscheidet, in der Fähigkeit liegt, neben *Reflexen*, *Instinkten* und *Erinnerungen* auch den Umgang mit einem internen Selbstbild operativ zu bewältigen (vgl. hierzu bereits Spencer 1870, S. 395-506). Wenn das, was traditionell als *freier Wille* bezeichnet wird (so übrigens auch von Spencer), letztlich im Abgleich des eigenen Verhaltens mit einem individuellen „Me" (Mead) aufgeht, dann würde es sich anbieten, den antiken Begriff des Willens partiell durch modernere, stärker soziologisch geprägte Begriffe wie (gesellschaftliche) *Selbstbeschreibung* (Luhmann 1997, S: 866ff.), (kollektives) *Gedächtnis* (Halbwachs 1985) oder auch einfach: (soziale) *Identität* zu ersetzen, die sich gleichermaßen auf psychische wie auf soziale Einheiten anwenden lassen. Das Postulat von der vermeintlichen Zielgerichtetheit menschlichen Handelns und die analytische Unterscheidung von *Zwecken und Mitteln* könnten zudem wohl in weiter gefassten Begriffen wie *Intentionalität* bzw. *Sinn* aufgehoben werden.

Die für eine fundierte Entwicklung der diesbezüglichen Argumente notwendige philosophiegeschichtliche Aufarbeitung der Willensdebatte würde den Rahmen dieser Abhandlung schon im Ansatz sprengen und weit über die hier relevante Thematik hinausführen. Nichtsdestotrotz hat das damit angedeutete Grundlagenproblem unmittelbar Konsequenzen für die soziologische Konzeptualisierung insbesondere des Phänomens der öffentlichen Meinung. Vor diesem Hintergrund wird man nämlich überhaupt bezweifeln dürfen, ob die im Medium der Öffentlichkeit konstituierten Formen tatsächlich per se *Meinungen* sind. Allein die von Tönnies angeführten Beispiele für Meinungen festen Zustands – der Glaube an Freiheit (Tönnies 2002, S. 297) und Vernünftigkeit (S. 323) – machen bereits deutlich, dass es sich hierbei eher um ethische Werte und kulturelle Grundhaltungen als um Meinungen im eigentlichen Sinne handelt. Was Tönnies als „flüssige" Meinungen zu bezeichnen hätte, das würden andere eher Gemeinplätze, Vorurteile und Klischees oder, etwas neutraler, Redensarten, Stereotypen und Deutungsmuster nennen. Auch bei den von ihm beschriebenen „luftartigen" Meinungen handelt es sich wohl teils schlicht um Fragen der Popularität, der Reputation und der Mode.

Wenn es gelänge, die einzelnen *Aggregatzustände* in einem solchen Sinne begrifflich genauer zu fassen, dann ließen sich diese gegebenenfalls als unterschiedliche *Aggregationsebenen* öffentlicher Kommunikation verstehen und die Theorie der öffentlichen Meinung würde zu einem Bestandteil einer allgemeinen Kulturwissenschaft. Statt die öffentliche Meinung als *kollektive Willensform* zu begreifen und die soziologische Meinungsforschung somit an eine Philosophie des Willens anzuschließen, ginge die Analyse politischer Meinungen und Werturteile dann in einer umfassenderen *Öffentlichkeitssoziologie* auf. Hieraus folgt nun aber, dass es zwei komplementäre Strategien des Zugangs zum Begriff der öffentlichen Meinung zu geben scheint: eine willenstheoretische und eine kulturologische. Abschließend sollen beide Ansätze noch einmal einander gegenüber gestellt werden, um der Frage Kontrasten und Konvergenzen soziologischer Öffentlichkeitskonzepte nachzugehen.

6   Öffentlichkeitssoziologie oder Meinungsforschung?

Der Begriff der öffentlichen Meinung setzt sich ganz offensichtlich aus zwei Komponenten zusammen: dem Begriff der Meinung und dem Begriff der Öffentlichkeit. Je nachdem, von welchem dieser beiden, philosophisch außerordentlich gehaltvollen Termini eine theoretische Ableitung ausgeht, kann sie den Topos der öffentlichen Meinung entweder in den Kontext einer kulturwissenschaftlich ausgerichteten *Öffentlichkeits*soziologie oder einer willenstheoretisch begründeten *Meinungs*forschung rücken.

Um eine Meinung zu haben, bedarf es in jedem Falle eines willensfähigen Bewusstseins. Da der Begriff des Meinens aber auch auf Fragen der Bedeutung in Sprache und Bewusstsein verweist, reichen seine Wurzeln bis tief hinein in die Grundfragen einer allgemeinen Gesellschaftstheorie. Als Voraussetzung für die Übereinstimmung in bestimmten (glaubensabhängigen) Ansichten kann zudem das Vorhandensein ähnlicher Lebensumstände gelten, wozu insbesondere natürlich vergleichbare *soziale* Hintergründe oder sogar *dieselbe* Herkunft zu rechnen sind. Für die Herausbildung einer *gemeinsamen* Meinung ist demnach in der Regel eine intersubjektiv geteilte Lebenswelt verantwortlich, zu der auch eine gemeinsame Sprache, gemeinsame Symbole und Begriffe sowie geteilte kulturelle Erfahrungen und Bräuche gehören. Die Herausbildung einer einhelligen öffentlichen Meinung deutet aber überdies zusätzlich noch auf die Wirksamkeit sozialer Mechanismen wie Autorität und Sozialisation hin. Hier gelangen die einzelnen Individuen nicht mehr nur parallel und somit im Prinzip unabhängig voneinander zu gleichen Meinungen, sie teilen vielmehr tatsächlich dieselbe Meinung, welche maßgeblich auf kollektiven Identifikations- und Verständigungsprozessen beruht.

All dies lässt sich in Form eines mehrstufigen Modells in ein willenstheoretisches Grundkonzept integrieren. Ferdinand Tönnies hat somit als Protagonist einer Willenstheorie der öffentlichen Meinung gute Gründe dafür, den Begriff der Meinung zum Ausgangspunkt der theoretischen Überlegungen zu machen, um sich über Betrachtungen zu den Möglichkeitsbedingungen gemeinsamer Meinungen zu seinem eigentlichen Thema: der öffentlichen Meinung vorzuarbeiten. Seine Analysen beruhen dabei auf einer vor allem an Schopenhauer, aber auch an Hobbes angelehnten Theorie des Willens, die Tönnies bereits in seinem Frühwerk „Gemeinschaft und Gesellschaft" breit entwickelt hat und deren Kern die Unterscheidung von Wesenwille und Kürwille bildet. Wie die Gesellschaft im Gegensatz zur Gemeinschaft im Allgemeinen statt tradierten, gewachsenen Kulturmustern künstlich entworfene Strukturen generiert, die aus sozialphilosophischer Sicht daher als rationale Schöpfungen zu gelten haben – wenngleich sie das Ideal der Vernünftigkeit auch noch so beharrlich verfehlen mögen –, so muss ihm auch die öffentliche Meinung als gesellschaftliche Komponente einer institutionalisierten Reflexivität erscheinen. Durch ihren moralischen Druck wird im Gegensatz zu dem durch die Religion beförderten Glauben, der Tönnies zufolge eher auf Gefühlen basiert, eine stärker gedanklich verankerte Lehrmeinung etabliert (Tönnies, 255ff.), die nunmehr gleichermaßen der mentalen Orientierung dient. Damit werden die kognitiven Aspekte bei Tönnies zwar den volitiven tendenziell untergeordnet, sie finden in jedem Falle aber in umfänglichem Maße Berücksichtigung.

Dass das Konzept der Öffentlichkeit somit strikt auf das Problem der kollektiven Willensbildung bezogen bleibt, trifft sich mit der das moderne Weltbild prägenden Vorstellung von der Herrschaft des Menschen über Natur und Gesellschaft. Ein gesellschaftliches Selbstverständnis, das auf der Idee der vernünftigen Gestaltbarkeit der sozialen Verhältnisse beruht (White 1949b), bleibt naturgemäß auf die Institutionen, kommunikativen Inhalte und rhetorischen Idealisierungen der Politik fokussiert, sodass öffentlich anschlussfähige Betrachtungen sich entsprechend auf eine Kritik von Machtverhältnissen, undurchsichtigen Machenschaften und unpopulären Maßnahmen verlegen. Hierzu aber muss es möglich sein, als Stimme der Zivilgesellschaft aufzutreten oder zumindest die Interessen der Betroffenen, der Benachteiligten, der Ausgeschlossenen, sprich: der „sozial Schwachen" zu vertreten, selbst wenn – und gerade wenn – diese ihren Standpunkt gar nicht artikulieren können und der ihnen zugeschriebene Wille insofern fiktiv bleibt, als ihr subjektives „Klassenbewusstsein" die objektive Klassenlage (im marxistischen Sinne) nur unzureichend erfasst und hinter dem Soll seiner historischer Mission empirisch zurückbleibt. Durch die politisch-juristische Betrachtungsweise allen sozialen Geschehens bedingt wird Öffentlichkeit indes ausschließlich als Forum der Meinungsbildung und der Willensbekundung und, im weiteren, freilich auch als Medium der Aufklärung und der Propaganda, als Arena der Konfliktaustragung und Podium des Protests, sprich: als Sphäre eines politischen Diskurses wahrgenommen, der primär auf die Frage der Konstitution öffentlicher Meinung hin betrachtet wird.

Eine phänomenologisch-kultursoziologisch ansetzende Betrachtung (vgl. etwa Goffman 1982; Gerhards und Neidhardt 1991) vermag hingegen in der Öffentlichkeit weitaus mehr zu sehen: einen Raum zur Selbstpräsentation etwa, der dem Streben nach Geltung, Erfolg und Anerkennung eine Bühne bietet, zugleich aber auch ein zwangloses Kraftfeld, das der sozialen Disziplinierung im Hinblick auf Sittlichkeitsempfinden, Konsumbedürfnisse, emotionale und kognitive Standards, ästhetische Stile usw. Vorschub leistet. In beiden Richtungen – der Selbstentfaltung wie der Selbstdisziplinierung – befördert Öffentlichkeit Flexibilität und ermöglicht so die Loslösung von starren Idealen und verbindlichen Traditionen. Sie setzt stattdessen – und hierin ist sie wesentlich ein Kind der Moderne – vielfältige Eigendynamiken von Moden, Märkten und Mainstreams in Gang und schafft zugleich immense individuelle Spielräume (Beetz 2005b; 2010, S. 191ff.). Meinungen wären in diesem Zusammenhang lediglich *eine* Form innerhalb des Mediums der Öffentlichkeit unter zahlreichen anderen, und überdies eine besonders fragwürdige dazu, da sie offenbar komplexe Kombinationen aus kognitiven, emotiven und volitiven Elementen darstellen, die je für sich schon jeweils in umfassendere Konstellationen (Weltbilder, Weltbeziehungen, Welthaltungen) eingebettet sind.

Welcher Zugang zum Thema zu wählen ist, hängt im Wesentlichen davon ab, was ein Theoretiker mit seinem Theoriegeschäft bezwecken will: geht es um eine metaphysische Identifikation des Menschen mit dem Gemeinwesen, was die gedankliche Aneignung der sozialen Wirklichkeit anhand der imaginären Vorstellung von einer *volonté generale* nahelegen würde, oder geht es um die analytische Vergegenständlichung der Gesellschaft als einer superorganischen, übermenschlichen Größe, was für den Versuch einer distanzierten Vergegenwärtigung sozialer Verhältnisse und Mechanismen spräche? Beide Motive sind aus der gegenwärtigen Soziologie kaum wegzudenken, und sie mögen sich überdies auf undurchsichtige Weise zu einer eigenständigen Position oder auch einer gemäßigten Hybridversion verflechten.

Anstelle einer für das gesamte Fach verbindlichen Entscheidung kommt daher auch hier letztlich nur eine vergleichende Vorgehensweise in Betracht, welche sich die Vielfalt der Perspektiven zunutze macht, um im Kontrast der theoretischen Ansätze etwa eine partielle Konvergenz in bestimmten Schlüsselfragen, Themen und Ergebnissen zu verzeichnen. Zwischen den Zeilen einer jeden Abhandlung kondensiert sich gleichsam ein Konsens aus, welcher als Ergebnis der kollektiven Intelligenz gelten kann. Trotz, oder gerade in der Folge der hoffnungslosen Fragmentierung der soziologischen „Sprachspiele" macht sich hier freilich heute schnell eine gewisse Eintönigkeit breit, da man sich um der Verständlichkeit willen in Fachöffentlichkeit und Medien über weite Strecken zwangsläufig dem Druck der öffentlichen Meinung zu beugen hat. Mangels eines fachübergreifend verbindlichen Forschungsstandes folgt die Konzeptualisierung weitgehend dem *common sense* und bleibt somit zumindest partiell in den ideologischen Horizonten ihrer Zeit befangen. Dem zu entgehen, bedarf es stets aufs Neue gedanklicher Anstrengung, methodischen Zweifelns, geistiger Reibung. Die Soziologie braucht daher im Übrigen nach wie vor die Kommunikation mit ihren Altmeistern.

Literatur

Almond, Gabriel und Sidney Verba. 1963. *The Civic Culture. Political Attitudes and Democracy in Five Nations.* Princeton: University Press.

Bauer, Wilhelm. 1914. *Die öffentliche Meinung und ihre geschichtlichen Grundlagen.* Tübingen: Mohr.

Beck, Ulrich. 2004. *Der kosmopolitische Blick oder: Krieg ist Frieden.* Frankfurt am Main. Suhrkamp.

Beetz, M. 2005a. Die regulative Funktion der öffentlichen Meinung. Tönnies im theoretischen Vergleich. In *Öffentliche Meinung zwischen neuer Wissenschaft und neuer Religion*, hrsg. R. Fechner, L. Clausen, A. Bammé, 147-164. München: Profil.

Beetz, Michael. 2005b. *Die Rationalität der Öffentlichkeit.* Konstanz: Universitätsverlag Konstanz.

Beetz, Michael. 2010. *Gesellschaftstheorie zwischen Autologie und Ontologie. Reflexionen über Ort und Gegenstand der Soziologie.* Bielefeld: Transcript.

Benjamin, Walter. 1978. *Ursprung des deutschen Trauerspiels.* Frankfurt am Main: Suhrkamp.

Bernays, Edward. 1923. *Crystallizing Public Opinion.* New York: Boni & Liveright.

Comte, Auguste. 1973. *Plan der wissenschaftlichen Arbeiten, die für eine Reform der Gesellschaft notwendig sind.* München: Hanser.

Comte, Auguste. 1974. *Die Soziologie. Die positive Philosophie im Auszug.* Stuttgart: Kröner.

Deichsel, A. 2005. Öffentliche Meinung ist die Religion der Neuzeit. Der aktuelle Tönnies. In *Öffentliche Meinung zwischen neuer Wissenschaft und neuer Religion,* hrsg. R. Fechner, L. Clausen, A. Bammé, 101-122. München: Profil.

Durkheim, Emile. 1981. *Die elementaren Formen des religiösen Lebens.* Frankfurt am Main: Suhrkamp.

Gerhards, J. und F. Neidhardt. 1991. Strukturen und Funktionen moderner Öffentlichkeit. Fragestellungen und Ansätze. In *Öffentlichkeit, Kultur, Massenkommunikation. Beiträge zur Medien- und Kommunikationssoziologie* hrsg. S. Müller-Doohm und K. Neumann-Braun, 31-89. Oldenburg: Bibliotheks- und Informationssystem der Universität Oldenburg.

Goffman, Erving. 1982. *Das Individuum im öffentlichen Austausch. Mikrostudien zur öffentlichen Ordnung.* Frankfurt am Main: Suhrkamp.

Habermas, Jürgen. 1981. *Theorie des kommunikativen Handelns.* Frankfurt am Main: Suhrkamp.

Habermas, Jürgen. 1990. *Strukturwandel der Öffentlichkeit.* Frankfurt am Main: Suhrkamp.

Habermas, Jürgen. 1992. *Faktizität und Geltung.* Frankfurt am Main: Suhrkamp.

Halbwachs, Maurice. 1985. *Das Gedächtnis und seine sozialen Bedingungen.* Frankfurt am Main: Suhrkamp.

Hölscher, L. 1978. Öffentlichkeit. In *Geschichtliche Grundbegriffe. Historisches Lexikon zur politisch-sozialen Sprache in Deutschland, Bd. IV hrsg.* O. Brunner, R. Koselleck, W. Conze, 413-467. Stuttgart: Klett-Cotta.

Kruse, V. 2001. Max Weber, der Antisoziologe. In *Soziologie und Anti-Soziologie, ein Diskurs und seine Rekonstruktion,* hrsg. P.-U. Merz-Benz und G. Wagner, 37-60. Konstanz: UVK.

LeBon, Gustave. 2008. *Psychologie der Massen.* Stuttgart: Kröner

Lichtblau, K. 2001. Soziologie und Anti-Soziologie um 1900. Wilhelm Dilthey, Georg Simmel und Max Weber. In: *Soziologie und Anti-Soziologie, ein Diskurs und seine Rekonstruktion,* hrsg. P.-U. Merz-Benz und G. Wagner, 17-35. Konstanz: UVK.

Lippmann, Walter. 1922. *Public Opinion.* New York: Macmillan.

Luhmann, Niklas. 1997. *Die Gesellschaft der Gesellschaft.* Frankfurt am Main: Suhrkamp.

Manheim, Ernst. 1933. *Die Träger der öffentlichen Meinung. Studien zur Soziologie der Öffentlichkeit.* Brünn: Rohrer.

Merz-Benz, Peter-Ulrich. 1995. *Tiefsinn und Scharfsinn. Ferdinand Tönnies' begriffliche Konstitution der Sozialwelt.* Frankfurt am Main: Suhrkamp.

Noelle-Neumann, Elisabeth. 1996. *Öffentliche Meinung. Die Entdeckung der Schweigespirale.* Berlin und Frankfurt am Main: Ullstein.

Noelle-Neumann, Elisabeth. 2005. *Alle, nicht jeder. Einführung in die Methoden der Demoskopie.* Berlin: Springer.

Oberschall, A. 1981. Paul F. Lazarsfeld und die Geschichte der empirischen Sozialfor-schung. In *Geschichte der Soziologie, Bd.1* hrsg. W. Lepenies, S. 15-30, Frankfurt am Main: Suhrkamp.

Ostwald, Wilhelm. 1908. *Die Energie.* Leipzig: Barth.

Peters, Bernhard. 2007. *Der Sinn von Öffentlichkeit.* Frankfurt am Main: Suhrkamp.

Plake, Klaus, Daniel Jensen, Birgit Schumacher. 2001. *Öffentlichkeit und Gegenöffentlich-keit im Internet. Politische Potenziale der Medienentwicklung.* Opladen: Westdeutscher Verlag.

Schmals, Klaus und Hubert Heinelt (Hrsg.). 1997. *Zivile Gesellschaft.* Opladen: Leske & Budrich.

Schmalz-Bruns, Rainer. 1995. *Reflexive Demokratie. Die demokratische Transformation moderner Politik.* Baden-Baden: Nomos.

Shakespeare, William. 1869. *Hamlet. Prinz von Dänemark.* Berlin: Reimer.

Spencer, Herbert. 1860. *Principles of Biology.* London: Williams & Norgate.

Spencer, Herbert. 1870. *Principles of Psychology.* London: Williams & Norgate.

Tönnies, Ferdinand. 2005. *Gemeinschaft und Gesellschaft. Grundbegriffe der reinen Sozio-logie.* Darmstadt: Wissenschaftliche Buchgesellschaft.

Tönnies, Ferdinand. 2002. *Kritik der öffentlichen Meinung. Gesamtausgabe, Bd. 14.* Berlin/New York: de Gruyter.

Tönnies, Ferdinand. 2009. Philosophische Terminologie in psychologisch-soziologischer Ansicht. In Ferdiand Tönnies *Gesamtausgabe, Bd. 7: 1905-1906.* hrsg. A. Bammé, R. Fechner, Berlin/New York: de Gruyter.

Walzer, Michael. 1992. *Zivile Gesellschaft und amerikanische Demokratie.* Berlin: Rotbuch.

White, Leslie. 1949a. Energy and the Evolution of Cultur. In *Science of Culture 363-396.* New York: Farrar, Straus & Giroux.

White, Leslie. 1949b. Man's Control over Civilization. An Anthropocentric Illusion. In *Science of Culture 330-361.* New York: Farrar, Straus & Giroux.

Die Öffentlichkeit der Soziologie

Tönnies, Hegel und die Gegenwart

Peter Gostmann

1   Einleitung

Als Ferdinand Tönnies die öffentliche Meinung zum Gegenstand einer soziologischen Analyse machte, war noch nicht abzusehen, dass sich einmal die Gewohnheit eingelebt haben könnte, vor einer Öffentlichkeit Meinungen über die Soziologie zu diskutieren. Tatsächlich aber gibt es heute, gute 90 Jahre nach Publikation der *Kritik der öffentlichen Meinung* (Tönnies 2002), Soziologie als öffentliches Ereignis; so sind z.b. Fachkongresse Gegenstand einer Berichterstattung, die vor der „Versammlung" des „lesenden Publikums" (Tönnies 2002, S. 160ff. u. 222f.) die Frage erörtert, was und wie Soziologie sein soll und wie und wo sie sich aktuell befindet – oder anders gesagt: wie es um den Beitrag der Soziologie zur öffentlichen Meinungsbildung bestellt ist. Mit Blick auf den Jubiläumskongress, den die *Deutsche Gesellschaft für Soziologie* 2010 in Frankfurt am Main beging, hat die Rolle des Berichterstatters u.a. Jürgen Kaube übernommen. Sein Beitrag in der *Frankfurter Allgemeinen Zeitung* titelte: „Kein Werturteilsstreit beim Soziologentag"; die Tendenz der Erörterungen deutet der Untertitel an, in dem der Autor dem Fach „[f]ragmentiertes Bewundern sozialer Vielfalt" und einen Mangel „professionelle[n] Selbstbewusstsein[s]" konstatiert (Kaube 2010). Der Beitrag, den die Soziologie 2010 zur öffentlichen Meinungsbildung leistete, entsprach *dieser* öffentlichen Meinung nach nicht dem, was und wie Soziologie sein soll.

Mit dem *Werturteilsstreit* spielt Kaube – dem Ereignis eines Jubiläumskongresses durchaus angemessen – auf den „Denkraum" (Gostmann 2014) an, in dem die

Soziologie 100 Jahre zuvor in Form der Gründung einer *Deutschen Gesellschaft für Soziologie* institutionalisiert wurde. Das Szenario bildete seinerzeit bekanntlich die Grundlagendiskussion im *Verein für Socialpolitik*, ob (und warum) es der Wissenschaft angemessen sei, Aussagen über politisches *Sollen* zu treffen bzw. ob (und warum) nicht (Nau 1996). Die Gründung der *Deutschen Gesellschaft für Soziologie lässt sich* – grob gesprochen – als der Versuch verstehen, diesen im Rahmen des *Vereins für Socialpolitik*, d.h. vor dem Hintergrund der Struktur der dort versammelten Denkbewegungen, wohl nicht zu entscheidenden Konflikt zu lösen, indem man ihn in einen anderen, ,wissenschaftlicheren' Rahmen verlagerte, in eine neue *Gesellschaft* mit explizit szientistischer „Grundnorm" (Kelsen 1928, S. 64f.): der Werturteilsfreiheit als eines *Prinzips*.

Es war Tönnies, der in der Eröffnungsrede des Soziologentags am 20. Oktober 1910 unter dem bezeichnenden Titel *Wege und Ziele der Soziologie* diese prinzipielle Wendung formulierte: „*Wir* lassen alle Zukunfts-Programme, alle sozialen und politischen Aufgaben aus dem Spiele; nicht weil wir sie verachten, sondern in Konsequenz des wissenschaftlichen Gedankens, weil wir die Schwierigkeiten, solche Ideen wissenschaftlich zu begründen, einstweilen für unüberwindbar halten [...] Wir wollen also als Soziologen uns nur beschäftigen mit dem was *ist*, und nicht mit dem, was nach irgendwelcher Ansicht, aus irgendwelchen Gründen, *sein soll*" (Tönnies 1911, S. 23).

Von Anfang an also sollte gelten, dass im Sinne der *Gesellschaft für Soziologie* nur solche Denkbewegungen als *soziologische* zu betrachten sind, die dem Postulat der Werturteilsfreiheit (d.i. dem einer reinen *Ist*-Analyse) genügen. Dies gilt Tönnies' Kennzeichnung zufolge auf Widerruf: *Einstweilen* sind Sollens-Programme der soziologischen Beschäftigung nicht wert. Es ist demnach denkbar, dass später einmal die Gestaltung von Zukunfts-Programmen eine sinnvolle soziologische Beschäftigung sein mag. Die wissenschaftliche Begründung soziologischer Zukunfts-Programme kann allerdings niemals auf dem Weg der empirischen Überprüfung von Soziologen formulierter Zukunfts-Programme geleistet werden; denn schließlich soll es soziologische Zukunfts-Programme einstweilen gar nicht geben. Die wissenschaftliche Begründung soziologischer Zukunfts-Programme ist also nur in einer der beiden folgenden Varianten möglich: *(1)* in der Form einer rückwirkenden Anerkennung *irgendwelcher* (politischer, religiöser, ökonomischer etc.) Zukunfts-Programme als *soziologischer* durch die Mitglieder der Fachgesellschaft (z.B. weil man diese Zukunfts-Programme für *allgemein*wissenschaftlich begründet erklärt); *(2)* in der Form einer Verhandlung des Prinzips selbst, das Tönnies formuliert hat, d.h. durch einen neuen Werturteilsstreit (wie er Kaube zufolge wenigstens 2010 in Frankfurt am Main *nicht* stattgefunden hat), im Ergebnis dessen das Prinzip der Werturteilsfreiheit aufgehoben und die wissenschaftliche Begründbarkeit soziologischer Zukunfts-Programme konstatiert wird.

Dass die eine wie die andere Variante als reale Möglichkeit gelten kann, hängt damit zusammen, dass Tönnies' prinzipielle Wendung ihrerseits *nicht* das Ergebnis einer soziologischen Ist-Analyse ist, sondern eine axiomatische Aussage über ein soziologisches *Sein-sollen*. Die reine Ist-Analyse kann zum *Prinzip* der Soziologie nur auf der Grundlage eines Werturteils darüber, was Soziologie heißen soll und was nicht, werden. Was Tönnies entwirft, ist so gesehen selbst ein Zukunfts-Programm: das Programm einer Soziologie, die eine Zukunft von Ist-Analysen vor sich hat, die vielleicht einstmals, wenn irgendwelche Ideale als wissenschaftlich beweisbar gelten mögen, in deren Sinn formulierte soziale und politische Aufgaben erfüllen möchte, bis dahin aber einzig der Aufgabe verpflichtet ist, im Wechsel der Zeiten je die Gegenwart, so wie sie eben ist oder sich darstellt, zu analysieren.

Wenn aus Frankfurt kein Werturteilsstreit zu berichten ist, so kann dies folglich zweierlei bedeuten: *(1)* die Bestätigung der Virulenz der Prinzipien des Fachs: dass die soziologische Grundnorm 100 Jahre nach Tönnies' Gründungsrede noch unverändert intakt ist; oder *(2)* – wenn gesagt werden soll, die Soziologie hierzulande hätte beizeiten die Gewohnheit entwickelt, wider ihre Prinzipien zu handeln – die Anzeige des Ausbleibens einer als notwendig erachteten Rückbesinnung auf die szientistische Grundnorm der Soziologie.

Der Untertitel von Kaubes Bericht zeigt an, dass letzteres gemeint ist. Eine Ist-Analyse, die im *Bewundern* ihres Gegenstands (oder vielleicht auch eines Begriffs, den sie für ihren Gegenstand gefunden hat) mündet, bedürfte tatsächlich keiner Zukunfts-Programme in Tönnies' Sinne mehr, da sie bereits ihr Soll in der Gegenwart gefunden hat. Wenn dieses Bewundern *fragmentiert* geschieht, reden wir von einer Vielzahl von Ist-Analysen, deren einziger Zusammenhang es wäre, *dass* die Analytiker_innen auf diese oder jene Weise ihr Soll in der Gegenwart gefunden haben. Die Diagnose der Fragmentierung ebenso wie des Fehlens eines angemessenen „professionelle[n] Selbstbewusstsein[s]" (Kaube 2010) sind Hinweise darauf, dass irgendwann auf dem Weg in die bewunderte Gegenwart irgendwelche (politischen, religiösen, ökonomischen etc.) Zukunfts-Programme rückwirkend Anerkennung als soziologische Zukunfts-Programme erhalten haben könnten. Die Soziologie hätte tatsächlich die Gewohnheit entwickelt, wider ihre Prinzipien zu handeln bzw. hätte derweil längst stillschweigend irgendwelche (politischen, religiösen, ökonomischen etc.) Zukunfts-Programme zu soziologischen Zukunfts-Programmen umgearbeitet und leistete ihren Beitrag zur öffentlichen Meinungsbildung entlang dieser Zukunfts-Programme.

Die Soziologie der Gegenwart scheint, folgt man Kaubes Bericht, ein Verband teilnehmender Beobachter_innen zu sein, die, da einmal die Dauerreflexion unter dem Sigel ‚Soziologie' institutionalisiert ist (vgl. Schelsky 1965), auf die eine oder andere Weise ihr Auskommen in dem bürokratischen Betrieb dieses Namens gefunden haben, der in Wechselwirkung mit dem Zeitgeist die Verteilung ‚soziologisch' denotierter Reflexionsaufträge organisiert.

Im Rahmen seines Ereignisberichts vom Jubiläumskongress 2010 erinnert Kaube daran, dass 100 Jahre zuvor anlässlich des ersten Kongresses das Prinzip der Werturteilsfreiheit so ernst genommen wurde, dass Tönnies bereit war, einen „Eklat" in Kauf zu nehmen, indem er „einen Redner [...] unterbrach", weil dessen Äußerungen „politische Propaganda" darstellten (Kaube 2010). Kaube dürfte auf ein Geschehnis am Nachmittag des dritten (und letzten) Verhandlungstages anspielen. Dort hatte zunächst der Freiburger Privatdozent Hermann Kantorowicz über *Rechtswissenschaft und Soziologie* vorgetragen (Kantorowicz 1911). In der anschließenden Diskussion hatte zuerst der Karlsruher Rechtsanwalt Ernst Fuchs das Wort. Im Zuge seiner Ausführungen bemerkte Fuchs, es sei zwar anlässlich des Kongresses „wiederholt davon gesprochen worden, daß wir hier keine Werturteile aufstellen"; aber „auf dem Gebiete des Verhältnisses des Rechts zur Soziologie" lasse sich doch keineswegs „das Werturteil aus der Diskussion ausscheiden". Noch während er sein Begründungsnarrativ ankündigt – „Das können Sie schon deshalb nicht..." – „unterbricht" Tönnies, der als Diskussionsleiter fungiert, ihn, und zwar bezeichnenderweise in der Form des Verweises auf eine Norm, der zuwider er handelte, unterbräche er Fuchs nicht: „Ich *muss* den Herrn Redner unterbrechen" (Verhandlungen 1911, S. 312; Hervorh. v. mir, PG).

Kaubes Beobachtungen zufolge nimmt die institutionalisierte Soziologie der Gegenwart ihre Prinzipien nicht mehr in vergleichbarer Weise ernst; wenn beim Jubiläumskongress jemand „mit einem Werturteilsmessgerät, einem Propagandameter", die Sprechakte der Kongressredner_innen überprüft hätte, so Kaubes Eindruck, hätte er dauernd unterbrechen müssen und so einen Eklat an den nächsten gereiht (Kaube 2010). Tatsächlich aber gab es keinen Eklat.

Kaube macht im Ergebnis seiner Beobachtungen drei „Merkmale der gegenwärtigen Soziologie" aus: *(1)* eine Tendenz zu politischen Urteilen, denen keine präzise Begriffsbildung zugrunde liegt und die nicht durch Forschungen gedeckt sind; *(2)* die Anlage von Forschungsdesigns gemäß vorgefertigter Urteile; *(3)* die Beschäftigung mit „Spezialthemen [...] ohne jeden Bezug zu allgemeinen Forschungsfragen", d.h. zum „kollektiven Wissen der Disziplin". Entsprechend deutlich fällt das Urteil aus: „Es gibt in diesem Fach derzeit keinen Stand der Erkenntnis", weil „schon aus Gründen der Inklusion am Ende doch alles durchgeht" (Kaube 2010).

Kaube vollzieht, indem er zum Jubiläumskongress den *ersten* Kongress auf-
ruft, eine Denkbewegung *ad fontes* (Gadamer 1986, S. 383f.): als Soziologie noch
kein amorpher bürokratischer Betrieb war und eine Prinzipienfrage noch einen
Eklat wert. Tönnies als Fleisch gewordener Propagandameter symbolisiert ihm
eine Soziologie, der es noch in jedem verbandsöffentlichen Sprechakt um ihre Integrität gehen musste und daher immerzu darum, was Soziologie *soll* bzw. was
nicht – während anscheinend im bürokratischen Betrieb der Gegenwart erlaubt
ist, was nachweislich eines amtlich genehmigten Reflexionsauftrags (einer Profes-
sur, eines Promotionsthemas, eines Drittmittelprojekts, einer Vortrageinladung,
einer Fellowship etc.) gefällt. Die Integrität dieser Soziologie scheint bereits dadurch gesichert, dass sie gemäß des formal korrekten Vollzugs geordneter Prüf-
verfahren (*Peer Reviews*, Berufungskommissionen etc.) Soziologie heißen will
und darf. Folgt man Kaube, sollte aber längst nicht alles, was heute Soziologie
heißen will und darf, Soziologie heißen – zumindest aber sollte man es nicht mit
dem verwechseln, was für Tönnies Soziologie heißen sollte.

Kann man aber wirklich so ohne weiteres Tönnies zum Zeugen wider die Soziologie der Gegenwart machen? Existiert tatsächlich so etwas wie ein ‚Bruch‘
zwischen den Gründern der *Deutschen Gesellschaft für Soziologie* und denen, die
heute auf deren Kongressen auftreten? Ist Kaubes Denkbewegung *ad fontes* nur
der Anruf einer Charismatiker-Soziologie, oder steckt mehr dahinter?

Ich werde im Folgenden argumentieren: *(1)* dass man Tönnies *nicht* ohne weiteres zum Zeugen wider die Soziologie der Gegenwart machen kann, sofern mehr
ein *Übergang* als ein ‚Bruch‘ zwischen Tönnies‘ Denkbewegung und der Soziologie der Gegenwart zu konstatieren ist; *(2)* dass bei genauerer Betrachtung die
Charismatiker-Soziologie, die Tönnies als Gründungsredner und prinzipieller
Interventionist verkörpert, von der inklusiven Soziologie der Gegenwart insofern
sich unterscheidet, als *diese* die postmoderne (analytisch-kombinatorische), *jene*
die moderne (synthetisch-harmonisierende) Variante einer öffentlichen Soziologie ist; und *(3)* dass dennoch in einer Denkbewegung *ad fontes* mehr zu entdecken
ist, als der Anruf einer Charismatiker-Soziologie.

Dafür skizziere ich zunächst den Denkraum, den beide Varianten einer öffentlichen Soziologie – die Tönnies‘ und die gegenwärtige – ausschreiten *(2.)*. Anschließend rekonstruiere ich Tönnies' *modernes* Verständnis einer öffentlichen
Soziologie vor dem Hintergrund seiner Überlegungen zum Begriff der öffentlichen Meinung *(3.)*. Danach zeige ich, dass das *postmoderne* Verständnis einer
öffentlichen Soziologie Tönnies' Konzeption im Großen und Ganzen keinesfalls
widerspricht, aber den Elementen der ‚Gründungsrede‘ und der ‚prinzipiellen
Intervention‘ weniger Aufmerksamkeit schenkt, als es im Sinne der soziologischen ‚Grundnorm‘ angezeigt ist. Wenn aber diese Elemente fehlen, so steht, wie

wir sehen werden, unausweichlich die Frage im Raum, ob nicht längst unter der
Hand die Soziologie in ihrem Ablauf und ihren Wirkungen sich dem, was doch
eigentlich ihr *Gegenstand* sein müsste, angeglichen hat und somit – strenggenommen – irrelevant geworden ist *(4.)*.

***

Ursprünglich, bevor der bürokratische Betrieb der deutschen Soziologie es über-
nahm, in Wechselwirkung mit dem Zeitgeist die Reflexionsaufträge für den
Frankfurter Kongress 2010 auf die Formel der *Transnationalen Vergesellschaftungen* hin zu organisieren (Soeffner 2013), hatten dem Vernehmen nach einige der
Veranstalter vor Ort vorgeschlagen, den Kongress unter dem Titel *Soziologie soll
heißen…* laufen zu lassen und mithin die gegenwärtigen Vertreter des Fachs auf
eine Vermittlung ihrer eingewöhnten Praxis mit einer Reflexion über die Grundlagen ihres Fachs zu verweisen. Der vorliegende Text versucht, diese Vermittlung,
die Kaubes Betrachtung zufolge dem Kongress abging, in Grundzügen nachzu-
holen.

2   Eröffnung des Denkraums: Die Philosophie der öffentlichen Meinung

Tönnies stellt seiner zuerst 1922 veröffentlichten Schrift zur *Kritik der öffentlichen Meinung* ein Zitat aus § 318 von G.W.F. Hegels *Grundlinien einer Philosophie
des Rechts* voran: „Die öffentliche Meinung verdient daher ebenso *geachtet* als
verachtet zu werden, dieses nach ihrem konkreten Bewusstsein und Äußerung,
jenes nach ihrer wesentlichen Grundlage, die mehr oder weniger getrübt, in jenes
Konkrete nur scheint" (Tönnies 2002, S. 4; Hegel 1970, S. 485; bei Tönnies ohne
Hervorhebungen, PG).
    Mag das Zitat, das ein Autor seinem Text voranstellt, nicht weiter wichtig sein
unter Gesichtspunkten einer „postmoderne[n] Kultur", die z.B. „Goethe nicht
[liest], aber […] zitiert" (Kany 2004, S. 1351; vgl. Oraić Tolić 1995), da ohnehin
im Raum steht, die Sprache spräche „von allein", „ohne sprechendes Subjekt und
ohne Gesprächspartner" (Foucault 1996, S. 12), ist so ein Zitat ohne Frage wichtig
unter Gesichtspunkten der modernen Kultur und daher mit Blick auf die „intellektuelle Konstellation" (Gostmann 2014), vor deren Hintergrund Tönnies seine
Kritik der öffentlichen Meinung verfasste. Wir kommen unten weiter zurück auf
den Begriff der Postmoderne; für den Augenblick halte ich fest: Tönnies zitiert
Hegel, *weil* er ihn gelesen hat (vgl. nur Tönnies 1932); er ruft Hegel auf, um dessen

„Anwesenheit" für den Fortgang der folgenden mehr als 600 Textseiten buchstäblich „festzustellen" (Kany 2004, S. 1344).

Es spricht nicht viel dafür, dass Tönnies über die Feststellung der Anwesenheit Hegels hinaus auf ihn als „Gewährsmann" sich berufen oder die Passage aus der *Rechtsphilosophie* geradezu als „allgemeine[n] Wahrheitsspruch" anführen wollte (Kany 2004, S. 1344). Denn im Gegenteil hatte er bereits zu Zeiten der Fertigstellung von *Gemeinschaft und Gesellschaft* als einer *Abhandlung des Communismus und des Sozialismus als empirischer Culturformen* (Tönnies 1887a), während er die „Entwicklung der modernen Philosophie" skizzierte, die Philosophie Hegels als „überkünstelten Panlogismus" gekennzeichnet (Tönnies 1887b, S. 301); und die „Architektonik" von *Gemeinschaft und Gesellschaft* gilt als konstante „Grundgestalt" von Tönnies „Denken": „[D]ie nach 1887 verfaßten Arbeiten [lassen] zwar […] durchaus zusätzliche Bedeutungsaspekte erkennen, ohne dass diese ‚Neuerungen' aber an die inhaltliche Substanz der Argumentation selbst rührten" (Merz-Benz 1995, S. 37).

Tatsächlich schreibt Tönnies „Ostern 1922" in seinem *Vorwort* zur *Kritik der öffentlichen Meinung*, dass er sich für seine „Deutung der Meinung als Willen" und „der öffentlichen Meinung als einer Form des *sozialen Willens* […] an das Schema gehalten" habe, „wie es in ‚Gemeinschaft und Gesellschaft' vorliegt" (Tönnies 2002, S. 8 u. 7). Dieses Schema ist aber bereits 1887 nachweislich des Worts vom ‚überkünstelten Panlogismus' ein Schema *gegen* Hegel (d.h. setzt Hegel nicht etwa einfach fort, ‚verifiziert', ‚ergänzt' oder ‚spezifiziert' dessen Schema). Folglich muss dies (und tut es, wie wir sehen werden) auch 1922 noch gelten. Warum also stellt Tönnies die Anwesenheit Hegels fest? Was bedeutet das der *Kritik der öffentlichen Meinung* voran gestellte Zitat aus der *Rechtsphilosophie* im Rahmen der Denkbewegung, die Tönnies im Folgenden vorführt?

Um diese Frage zu beantworten, müssen wir zunächst klären, was Tönnies mit dem Wort von Hegels ‚überkünsteltem Panlogismus' sagen will. Ein Hinweis zur Klärung findet sich im Fortgang der längeren Rezension zum gerade erschienenen Hobbes-Buch G.C. Robertsons (Robertson 1886), unmittelbar im Anschluss an jene Stelle, wo Tönnies Hegels Philosophie ausdrücklich als ‚überkünstelten Panlogismus' gekennzeichnet hat. Er ergänzt, man solle Hegel trotz Mängeln in der „Ausführung" keineswegs „die Genialität des Entwurfs […] streitig machen" (Tönnies 1887b, S. 301).

Wenn wir diese Äußerung vor den Hintergrund von *Gemeinschaft und Gesellschaft* stellen, bedeutet der Hinweis auf die ‚Genialität' von Hegels Entwurf keineswegs (was sie auf den ersten Blick bedeuten mag) eine Art prometheischer (Ritter 1974, S. 292-296) Infiltration der „reinen Soziologie" Tönnies', d.h. seiner „Ausarbeitung der ‚Lehren' von den ‚Verbundenheiten der ‚sozialen Normen'".

Ebenso wenig bringt das Wort von der ,Genialität' Hegels ein rhetorisches *à-Dieu* eines der Vertreter der neuen Zeit an einen Vertreter der Orthodoxie zum Ausdruck. Im Lichte von *Gemeinschaft und Gesellschaft* betrachtet, stellt die Kennzeichnung der Denkbewegung Hegels als ,überkünstelter Panlogismus' vielmehr das Ergebnis einer „Forschungstätigkeit im engeren Sinne" dar. Der Begriff fasst Tönnies' ,Beobachtung" einer „wirklichen Erscheinung des sozialen Lebens" (Merz-Benz 1995, S. 29; Tönnies 1926) zusammen, d.h. seine Analyse der (philosophischen) Realien der Denkbewegung Hegels und ihrer Wirkungen. Diese Analyse ist so wenig der Zweck des Argumentationsgangs von *Gemeinschaft und Gesellschaft* wie später der Zweck der Ausführungen in der *Kritik der öffentlichen Meinung*. Aber sie begleitet offenkundig Tönnies' Denkbewegung zu Zeiten der Schriftlegung von *Gemeinschaft und Gesellschaft* und steht in Gestalt des Zitats aus der *Rechtsphilosophie* buchstäblich am Anfang der *Kritik der öffentlichen Meinung*. – Welche (philosophischen) Realien, welche Wirkungen findet Tönnies in Hegels Denkbewegung?

In *Gemeinschaft und Gesellschaft* führt Tönnies die ,Genialität', die er fast zeitgleich Hegel in der Robertson-Rezension zubilligt, als analytische Kategorie ein. Im Lichte der Begriffsbestimmung *hier* bedeutet das Wort von der ,Genialität' des Entwurfs Hegels *dort*, dass Tönnies dessen Philosophie grundsätzlich verstanden wissen will als „Äußerung" einer „Lust", „das in Gedächtnis und Phantasie Lebendige zu ordnen, zu gestalten, mitzuteilen" (Tönnies 1979, S. 87). Systematisch betrachtet ist Hegels *Entwurf* demnach Zeugnis der Sonderheit eines „Wesenwillens" (Tönnies 1979, 84), der kraft erlernten „Wissen[s] der Bedeutungen und des Wertes von Wertzeichen", ihrer Verbindungen und ihres Gebrauchs, vor dem Hintergrund „gegebene[r] Umständen" und aus „*Gutdünken*" (Tönnies 1979, S. 83), etwas geschaffen hat, das Gültigkeit hat: eine Philosophie mit ,Wirkungen'. Das Zitat aus der *Rechtsphilosophie*, das der *Kritik der öffentlichen Meinung* voran steht, ist gültig unter dem Gesichtspunkt, dass in ihm das „Prinzip der Einheit des Lebens", welches das „Denken involviert" (Tönnies 1979, S. 73), sich in Form einer These über die öffentliche Meinung ausdrückt: wo die *geachtet* und wo sie *verachtet* zu werden verdient, welches ihre wesentliche Grundlage ist und wie sie mit der konkreten – d.h. wohl: empirisch vorfindlichen – Öffentlichkeit zusammenhängt.

Wie dieser (Wesen-)Wille zur Philosophie in Hegels *Rechtsphilosophie* Ausdruck gefunden hat: die *Ausführung* des Entwurfs, der Hegels Genie ist, d.h. die Art und Weise, wie er *das* Lebendige auf die Einheit *seines* Lebens hin geordnet, gestaltet und mitgeteilt, was er *geachtet* und was er *verachtet* hat, was er als *wesentliche Grundlage* der öffentlichen Meinung identifizierte und die Methode seiner Konkretion – dies alles ist eine Sache des „*Kürwillen*[s]". Der Begriff ,Panlogismus' fasst Tönnies' Analyse dieses Kürwillens, d.h. die empirische Beobachtung der philosophischen Realien der Denkbewegung Hegels und ihrer Wirkungen, zusammen. Mit ihm kennzeichnet Tönnies etwas, das *per definitionem* etwas „[I]deelles" bzw. „[G]emachte[s]" darstellt, nämlich ein „Gebilde des Denkens selber", und das darin ganz dem „Subjekt des Denkens" – Hegel – eigen ist. Anders als der *Entwurf* Hegels, der „im Vergangenen [beruhet]" und „daraus erklärt werden" mag, ist dessen *Ausführung*, „das Werdende aus ihm", erst „durch das Zukünftige selber", auf das der Entwurf „bezogen ist", zu „verstehen" (Tönnies 1979, S. 73). Und unter Gesichtspunkten des Zukünftigen, das bis in Tönnies' Zeit aus Hegels Entwurf geworden ist, versteht sich Hegels Panlogismus für Tönnies buchstäblich als *Zuviel* des Ideellen und Gemachten: als *über*künstelt.

Das Zukünftige, das vergangen ist, seit Hegel seine *Rechtsphilosophie* ausführte, stellt Tönnies ihr im Vorwort der *Kritik der öffentlichen Meinung* in der Folge des Eingangszitats aus § 318 entgegen. Nachdem er den Beginn der Geschichte seines Buchs auf den 01. März 1907 datiert (und überdies dessen Zusammenhang mit *Gemeinschaft und Gesellschaft* bekräftigt) hat, schreibt er, offenkundig im Rückblick auf den Weltkrieg: „Eine furchtbare Wendung menschlicher Geschicke liegt zwischen jener Zeit, da ich zuerst an das Thema heranging, und dem heutigen Tage. Die Bedeutung der öffentlichen Meinung ist in Wirklichkeit und noch mehr in der Schätzung, die ihr zuteil zu werden pflegt, unermesslich gewachsen. Diese Schätzung freilich ist schon seit dem Ausbruch der großen französischen Revolution so bedeutend gewesen, daß, auch abgesehen von der periodischen Presse, [...] *die Literatur der öffentlichen Meinung*, d.i. die Gesamtheit der Lehren und Theorien, die über sie ans Licht getreten sind [...] einen großen Umfang gewonnen hat" (Tönnies 2002, S. 5f.). – Was aber hat das mit Hegel zu tun? Welches Licht wirft die eingetretene Wendung menschlicher Geschicke, die Tönnies anspricht, auf die *Rechtsphilosophie* und in Sonderheit auf das Wort über die Achtbarkeit und Verachtbarkeit der öffentlichen Meinung, ihre wesentliche Grundlage und Konkretion?

Diese Frage lässt sich beantworten, wenn man eine Ankündigung verfolgt, die Tönnies anschließend macht. Er kündigt nämlich ein eigenes, die vorliegende *Kritik* ergänzendes „Werk" an, das ganz der Literatur der öffentlichen Meinung gelten und die Form einer „Entwicklungsgeschichte dieser Meinungen über die öffentliche Meinung" haben soll (Tönnies 2002, 6). Dieses Werk ist nie erschienen (Deichsel, Fechner, Waßner 2002, S. 690ff.). Aber dem Vorwort zur *Kritik* kann man immerhin entnehmen, dass Tönnies anhand dieser Meinungen über die öffentliche Meinung „eine Abbildung der politischen Geschichte Europas und seiner Ableger seit der großen Revolution" leisten wollte (Tönnies 2002, S. 6). Das Eingangszitat aus Hegels *Rechtsphilosophie* gibt nun erkennbar ein Element aus der Gesamtheit der Lehren bzw. Theorien über die öffentliche Meinung

wieder. Genau genommen gehörte es geradezu an den Beginn der avisierten, aber
nie ausgeführten Untersuchung über *die Literatur der öffentlichen Meinung*, da
diese doch mit der ‚großen' französischen Revolution beginnen soll, und Hegels
Rechtsphilosophie die Fortschreibung seiner Untersuchungen über die ‚Größe' der
französischen Revolution ist (Ritter 2003).

Damit sind wir an einem entscheidenden Punkt unserer Untersuchung ange-
langt. Denn wir können festhalten: Hegel hat den Denkraum *eröffnet*, den Tönnies in Gestalt seiner *Kritik der öffentlichen Meinung* ausschreiten will. Er hat
diesen Denkraum in Form einer *Meinung* über die öffentliche Meinung eröffnet,
ebenso wie die an ihn anschließende Entwicklungsgeschichte (das *Zukünftige*,
das seit der *Rechtsphilosophie* bis hin zu Tönnies' Gegenwart vergangen ist) Meinungen über die öffentliche Meinung produziert hat. Folglich wird Tönnies sein
eigenes Ausschreiten des Denkraums *entweder* als eine *weitere* Meinung über die
öffentliche Meinung verstehen, die die Meinungen von Hegel *e tutti quanti* historisch überholt, da sie die öffentliche Meinung im Lichte des Fortgangs der politischen Geschichte Europas bis in seine Gegenwart zu betrachten vermag; *oder* er
wird sein Ausschreiten dieses Denkraums als eine Bewegung verstehen, *die aus
ihm herausführt*, insofern sie ihn einem neuen Denkraum eingemeindet, da seine
Denkbewegung *mehr* als bloß eine *Meinung* über die öffentliche Meinung ist –
d.h. ἐπιστήμη ist, wo Hegel und seine Nachgänger nur δόξα produzierten.

Ich werde im Folgenden argumentieren, dass Letzteres der Fall ist; indem Tön-
nies seine *Kritik* als *soziologischen* Text anlegt, will er der Reflexion der öffentlichen
Meinung eine szientistische Perspektive eröffnen, wo Hegels *rechtsphilosophische*
Reflexion der öffentlichen Meinung eine – in Tönnies' Lesart – *nur* panlogistische
Perspektive ermöglichte. Im Zusammenhang unseres Gesamtproblems bedeutet
dies: *An einer solchen szientistischen Perspektive und deren Begründung müsste
sich auch die institutionalisierte Soziologie der Gegenwart messen lassen, da das
Unternehmen ihrer Institutionalisierung – wie wir gesehen haben – mit Tönnies'
szientistischer Grundlegung begann.*

Um den Perspektivwechsel, den Tönnies vornimmt, nachzuvollziehen, müssen wir nun dem ‚Entwurf' Hegels und dessen ‚Ausführung' einige Aufmerksamkeit widmen.

Hegels Beitrag zur Abbildung der politischen Geschichte Europas in Form
einer Meinung über die öffentliche Meinung gilt im Rahmen der *Rechtsphilosophie* explizit zunächst der *Feierrede* seines Heidelberger Vorgängers Jakob Friedrich Fries *an die Teutschen Burschen* anlässlich des Wartburgfests 1817, das an die
‚Völkerschlacht' bei Leipzig erinnern sollte, deren Folge der Rückzug Napoleon
Bonapartes aus Deutschland gewesen war (Hegel 1970, S. 11-28; Fries 1910). In
der Ausrichtung seiner Denkbewegung *gegen* Fries und andere, nämlich die, für

die Fries das Exempel darstellt, kommt Hegels *Genie*, d.h. sein (Wesen)Wille zur Philosophie und mithin das, was Tönnies goutieren wird, zum Ausdruck.

Hegel, der Bonaparte bekanntlich später als eines unter einigen „welthistorischen Individuen" beschrieb, die es zum „Geschäftsführer eines Zwecks" bringen, „der eine Stufe in dem Fortschrittsgange des allgemeinen Geistes bildet" (Hegel 1970, S. 426f.), nennt Fries in seiner Vorrede zur *Rechtsphilosophie* einen „Heerführer der Seichtigkeit". Fries stelle „die Wissenschaft", statt sie „auf die Entwicklung des Gedankens und Begriffs" zu stellen, gerade im Gegenteil „auf die unmittelbare Wahrnehmung und die zufällige Einbildung", und stelle so zugleich „die reiche Gliederung des Sittlichen in sich, welche der Staat ist", und mithin „die Architektonik seiner Vernünftigkeit [...] der subjektiven Zufälligkeit des Meinens und der Willkür" anheim (Hegel 1970, S. 18f.). Für Hegel ist Fries' Festrede daher das Beispiel einer „sich so nennende[n] Philosophie" – einer Philosophie, die sich nur Philosophie *nennt*, nicht Philosophie *ist*, da sie bei „öffentliche[r] Gelegenheit" einen „jeden, der Lust" hat „mitzusprechen" über „Staat, Regierung und Verfassung", zur Mitsprache „berechtigt", sofern er nur seine Worte „*aus seinem Herzen, Gemüt und Begeisterung aufsteigen* lasse" (Hegel 1970, S. 18). Tatsächlich aber erschließe sich doch die „Vernünftigkeit" der „Architektonik" des Staates gerade nicht durch den öffentlichen Anruf des rechten „*Gefühl*[s]", sondern „durch die bestimmte Unterscheidung der Kreise des öffentlichen Lebens und ihrer Berechtigungen" (Hegel 1970, S. 19).

Die anstehende Unterscheidung der Kreise des öffentlichen Lebens nimmt Hegel zufolge der *nicht* vor, der in der Manier der „*Sophisten* [...] das, was Recht ist, auf die *subjektiven Zwecke und Meinungen*, auf das *subjektive Gefühl* und die *partikuläre Überzeugung*" gründet (Hegel 1970, S. 21f.). Denn der ist Wind auf den Mühlen derer, die (z.B. „in so vielen Publikationen der positiven Wissenschaften, ingleichen der religiösen Erbaulichkeit und anderer unbestimmter Literatur") die „Philosophie" – und das heißt: „[G]ewähr" der „Einsicht, daß nichts wirklich ist als die Idee" (Hegel 1970, S. 25) – als „etwas bei sich Abgetanes behandeln" und ihren „Inhalt", die „Vernunft", als eine „törichte, ja sündhafte Anmaßung" (Hegel 1970, S. 22).

Gegen die zeitgenössische Sophisterei (die Fries' Anruf der *Teutschen Burschen* exemplifiziert) ruft Hegel Platon auf, hat diese Sophisterei doch „die Begriffe des Wahren" und „die Gesetze des Sittlichen" zu „*Überzeugungen*" degradiert und dergestalt „die verbrecherischsten Grundsätze" mit ihnen „in gleiche Würde gestellt". Platon habe zwar „wesentlich nichts aufgefasst [...] als die Natur der griechischen Sittlichkeit [...] in einer *äußeren* besonderen Form", doch gehöre zu dieser Auffassung immerhin „das Prinzip, um welches sich das Unterscheidende seiner Idee" (der „Philosophie" gegenüber der Sophisterei) „dreht": „Was vernünftig ist, das ist wirklich; und was wirklich ist, das ist vernünftig". „In dieser Überzeugung", fügt Hegel an, „steht […] die Philosophie", und „hiervon geht" sie „ebenso in Betrachtung des *geistigen* Universums als des *natürlichen* [aus]" (Hegel 1970, S. 24f.). Dieser Überzeugung folgend kennzeichnet er seine Denkbewegung als „Versuch, den *Staat als ein in sich Vernünftiges zu begreifen und darzustellen*" (Hegel 1970, S. 26). Dieser Versuch konnte, wie eben alle Philosophie „ohnehin immer zu spät" kommen muss, „erst in der Zeit, nachdem die Wirklichkeit ihren Bildungsprozeß vollendet und sich fertig gemacht hat", formuliert werden. Schon daher schuldet die kommende Philosophie vom Standpunkt *ihrer* Wirklichkeit her (der gegenüber sie ihrerseits zu spät sein wird) konsequenterweise Hegels Gedanken eine „wissenschaftliche, objektive Behandlung" und „Widerrede" (Hegel 1970, S. 28).

Hegel seinerseits fasst also nachweislich der Vorrede das, was mit Tönnies der *Entwurf* seiner *Rechtsphilosophie* heißen muss und Kennzeichen seines *Genies* ist, da in ihm ein (Wesen-)Wille zur Philosophie zum Ausdruck kommt, als eine Gegenbewegung zur Sophistik, wie sie schon Platon (und überhaupt alles, was Philosophie genannt zu werden *verdient*) vollzogen habe. Im Sinne von Tönnies hat er damit seine „Fähigkeit" erwiesen, die „zweckmäßige Tätigkeit" der Philosophie „zu wiederholen" (Tönnies 1979, S. 83). Die *Ausführung* dieses Entwurfs, die die hunderte Seiten der *Rechtsphilosophie* sind, fassen die Sentenz, dass alles Vernünftige wirklich und alles Wirkliche vernünftig sei, sowie die Schlussfolgerung daraus, dass der Staat (da er doch *wirklich* ist) vernünftig sei, zusammen. Diese Sentenz ist Ausdruck eines *Kürwillens*, d.h. ein Gebilde des Denkens Hegels selbst, und will im Verständnis dessen, was aus ihm in der bis in Tönnies' Zeit dauernden Zukunft geworden ist, verstanden werden – was wie gesehen schon Hegel selbst mit dem Verweis auf die wissenschaftliche, objektive Behandlung und Widerrede, die seinem Werk zuteilwerden zu lassen er von der Wissenschaft der Zukunft erwartet, vorgesehen hatte.

Wir können also bis hierher zusammenfassen: Da Tönnies Hegel die Gültigkeit seines *Entwurfs* nicht streitig machen will, findet die Gegenbewegung zur zeitgenössischen Sophistik (Fries etc.) sein Wohlwollen; es ist die *Ausführung*, die er bemängelt, d.h. das *Prinzip*, das Hegel durch seine Denkbewegung *ad fontes philosophiae* als das Unterscheidende zwischen Philosophie und Sophistik zu Tage fördert: den Ausgang der Betrachtung des geistigen wie des natürlichen Universums aus der Ineinssetzung von Wirklichkeit und Vernunft. Diese Ineinssetzung ist folglich der Anlass für Tönnies' Wort von Hegels überkünsteltem Panlogismus. Der Beitrag, den Hegel zur politischen Geschichte Europas im Nachgang der französischen Revolution in Form einer Meinung über die öffentliche Meinung leistet, ist also für Tönnies defizient, indem bzw. in der Weise, wie er in ihm den Staat als ein in sich Vernünftiges begreift und darstellt. – Wir haben also als nächstes zu klären: Wie fällt Hegels Meinung über die öffentliche Meinung, die das Prinzip der Ineinssetzung von Wirklichkeit und Vernunft grundiert, aus? Was ist es, das er für achtens- oder verachtenswert an der öffentlichen Meinung findet, was hält er für deren wesentliche Grundlage, und wie verhält es sich mit deren Konkretion in Bewusstsein und Äußerung?

In § 301 der *Rechtsphilosophie* führt Hegel aus, dass er die „Stände", die er als ein „Element" der „gesetzgebenden Gewalt" betrachtet (Hegel 1970, 468), als Realformen des „subjektive[n] Moment[s] der allgemeinen Freiheit, d[er] eigene[n] Einsicht und de[s] eigene[n] Willen[s]" der „bürgerliche[n] Gesellschaft [...] in Beziehung auf den Staat" verstanden wissen will. Vermittelt über die Stände trete „der Staat [...] in das subjektive Bewußtsein des Volks" (Hegel 1970, S. 471). Die Stände bilden daher recht eigentlich keinen „Gegensatz gegen die Regierung, sondern sind ein „*vermittelndes* Organ [...] zwischen der Regierung überhaupt einerseits und dem in die besonderen Sphären und Individuen aufgelösten Volke andererseits" (Hegel 1970, S. 472 u. 471). Sie sollen aus diesem Grund (wie auch „die Regierung") nicht „Partei" sein, in der Weise, wie etwa das Volk sich als Partei versteht, indem es – mangels einer „tiefere[n] und umfassendere[n] Einsicht in die Natur der Einrichtungen und Bedürfnisse des Staates", wie sie z.B. den „höchsten Staatsbeamten" eignet – „bei der Regierung einen bösen oder weniger guten Willen voraussetz[t]" (Hegel 1970, S. 471 u. 469f.).

Die Teilhabe der Stände am Staat, so Hegel weiter, setzt „in Rücksicht der an der Regierung nicht teilhabenden Glieder der bürgerlichen Gesellschaft" die „*Öffentlichkeit* der Ständeverhandlungen" voraus und erfährt so eine „Ausdehnung" (Hegel 1970, S. 482). „*[Ö]ffentliche Meinung*" bedeutet in diesem Sinne eine „Erscheinung" der „formelle[n], subjektive[n] Freiheit" von „Einzelnen", die „ihr *eigenes* Urteilen, Meinen und Raten über die allgemeinen Angelegenheiten haben und äußern". Insofern spricht, wer von der ‚öffentlichen Meinung' spricht, von einer Größe, in der „[d]as an und für sich Allgemeine, das *Substantielle* und *Wahre* [...] mit seinem Gegenteile, dem für sich *Eigentümlichen* und *Besonderen des Meinens* der Vielen, verknüpft" ist (Hegel 1970, S. 483). Jeder Begriff, der die Erscheinung der „öffentliche[n] Meinung" bezeichnet, bezeichnet, da es ein Begriff für *viele* Meinungen ist, den „vorhandene[n] „Widerspruch ihrer selbst". Aufgrund dieses vorhandenen Widerspruchs kann das, was man öffentliche Meinung nennt, sich nicht „wirklich im Staate geltend mach[en]", wie dies etwa für die „Verfassung" gilt. Die öffentliche Meinung ist gleichwohl, jenseits des Staats, „eine große Macht"; „in unserer Zeit", im Nachgang der französischen Revolution, kann diese in sich widersprüchliche Macht der Vielen „nicht mehr durch Gewalt, wenig durch Gewohnheit und Sitte, wohl aber durch Einsicht und Gründe" gewonnen werden" (Hegel 1970, S. 483).

Im Licht der Ausführungen Hegels in der Vorrede betrachtet, spiegeln die beiden widersprüchlichen Elemente der öffentlichen Meinung den Gegensatz von Philosophie und Sophistik. In der öffentlichen Meinung ist, „in Form des *gesunden Menschenverstands*", Substanzielles und Wahres, nämlich jene „sittliche Grundlage" (Hegel 1970, S. 483f.), deren altgriechischer Variante rechte Auffassung Hegel in der Vorrede bereits Platon zugestanden hatte. In Gestalt dieser sittlichen Grundlage, die der Begriff der öffentlichen Meinung *mit*bezeichnet, ist Philosophie der Spiegel dessen, was dieser Begriff auszudrücken sucht. Da aber „das Substantielle", das das „Innere" der öffentlichen Meinung – deren *wesentliche Grundlage* – ist, „nicht aus ihr" (da sie ja äußerlich *viele* Meinungen ist) „erkannt werden" kann (Hegel 1970, S. 484f.), ist sie substanziell erkennbar nur in Form ihrer philosophischen Durchdringung, d.h. ist die öffentliche Meinung zugleich Spiegel der Philosophie. Und darin verdient sie, *geachtet* zu werden.

Der gesunde Menschenverstand ist vernünftig, da er „die wahrhaften Bedürfnisse und richtigen Tendenzen der Wirklichkeit ausdrückt"; die Philosophie ist wirklich, indem sie diese Bedürfnisse und Tendenzen auffasst (Hegel 1970, S. 484). Aber die öffentliche Meinung ist eben nicht gesunder Menschenverstand allein; in ihr sind auch eigentümliche Bedürfnisse und besondere Tendenzen enthalten, die die vielen Einzelnen in sie hineintragen. Und gelten soll, dass „das in seinem Gehalte ganz Besondere und Eigentümliche" das „Schlechte" ist (Hegel 1970, S. 484). Fordert nun „[d]as Prinzip der modernen Welt", dass „jeder" Einzelne mitgesprochen und geraten haben" soll, so ist es im Sinne Hegels ein unvermeidliches Kennzeichen der Moderne, dass in ihr das, was ‚schlecht' heißen soll, in der Gesamtheit der öffentlichen Äußerungen einen recht großen Raum einnimmt. Indem die zeitgenössische Sophistik diese „ganze Zufälligkeit des Meinens, seine Unwissenheit und Verkehrung, falsche Kenntnis und Beurteilung" (wie z.B. Fries in seiner Wartburgrede) in die Kategorien von Herz, Gemüt und Begeisterung gießt (Hegel 1970, S. 485 u. 484), spiegelt sie das, was an der öffentlichen Meinung (und die öffentliche Meinung das, was an der Sophistik) *verachtet* zu werden verdient.

Hegels Achtung gilt der modernen öffentlichen Meinung letztlich nur insofern, als ein „große[r] Mann" in ihr „das Wahre", d.h. was die moderne Welt „will und ausspricht", findet. Dieser große Mann kann letztinstanzlich nur ein Philosoph – genauer: *der* Philosoph „seine[r] Zeit" – sein (Hegel 1970, S. 485f.). Hegel *als* Philosoph seiner Zeit aber sieht es als seine Aufgabe an, den modernen Staat als ein in sich Vernünftiges zu begreifen und darzustellen. Also muss er und muss mit ihm die Philosophie der Moderne an der „öffentliche[n] Meinung, wie er sie hier und da hört", das zu „verachten verstehen", was sich der Architektur staatsphilosophischer Vernunft *nicht* fügt (Hegel 1970, S. 486 u. 485). – Nachdem wir diesen Zusammenhang herausgearbeitet haben, ist es uns nun möglich, als nächstes der Frage nachzugehen: Wie fällt Tönnies' soziologische Gegenbewegung aus?

3 Ausschreitung des Denkraums: Die soziologische Moderne

Tönnies hat zwar das avisierte Projekt einer modernen, mit der französischen Revolution einsetzenden Entwicklungsgeschichte der Meinungen über die öffentliche Meinung nicht ausgeführt. Aber sein eigenes Verständnis der öffentlichen Meinung, das er – wie gesehen – explizit in Zusammenhang mit der ‚furchtbaren Wendung menschlicher Geschicke' in seinen Tagen bringt, d.h. mit dem Weltkrieg, lässt sich – wie oben angedeutet – als Definition des vorläufigen Endpunkts dieser Entwicklungsgeschichte verstehen. Da Hegels *Philosophie* der Moderne (und sein Begriff der öffentlichen Meinung als einer ihrer Aspekte) am Beginn dieser Entwicklungsgeschichte steht, wie mit ihnen Fries' Sophistik und allerlei positive Wissenschaft, religiöse Erbaulichkeit und anderes Unbestimmtes, lässt sich Tönnies' *Kritik* – Ausdruck *seiner* Zeit – als die Konsequenz lesen, die er aus diesem Beginn im Lichte der Zukunft, die Hegels Philosophie hinter sich gebracht hat, und in Form einer *Soziologie* der öffentlichen Meinung zieht.

Tatsächlich greift, wie sich zeigen lässt, Tönnies' Unterscheidung von *Öffentlicher* und *öffentlicher* Meinung, d.h. von einer „einheitliche[n] Potenz", die im „Ausdruck eines gemeinsamen Willens" sich auswirkt, und „eine[s] Konglomerat[s] mannigfacher und widersprechender Ansichten, Wünsche und Absichten" (Tönnies 2002, S. 6), Hegels Ausweis des Substanziellen und Wahren *einerseits* und der Vielfalt des Eigentümlichen und Besonderen *andererseits* als den an der öffentlichen Meinung zu unterscheidenden Elementen auf – und unterzieht diese Unterscheidung einer Revision, auf deren Grundlage für ihn wiederum Hegels Meinung über die öffentliche Meinung analysierbar wird.

Um den Gehalt von Tönnies' Unterscheidung von Öffentlicher und öffentlicher Meinung in ihrem Gegensatz zu Hegels Konstruktion verstehen zu können, müssen wir einige der Grundzüge der Denkbewegung nachvollziehen, die Tönnies in der *Kritik* vorführt. Wichtig ist dabei zunächst die Bestimmung des Verhältnisses der Begriffe Wahrnehmen, Denken, Wissen und Meinen; im weiteren Verlauf dann die Bedeutung, die dem Gegensatzpaar von ‚Wesenwille' und ‚Kürwille' im Zusammenhang zukommt. Ein besonderes Gewicht liegt vor dem Hintergrund unserer Fragestellung auf Tönnies' Wissenschaftsverständnis.

„Wahrnehmung" ist für Tönnies grundsätzlich die Realisierung leiblicher „Reize", die, wenn sie als „äußere Kraft" auftreten, die Bewegung des menschlichen Geistes – welche *ohne* sie (da wir es mit ihnen zunächst schlicht mit „der Tatsache des Lebens selber" zu tun haben) „in gleicher Richtung, mit gleicher Geschwindigkeit" abliefe – „ab[...]lenk[en]", „hemm[en]" oder „beschleunig[en]". „[E]rklärbar" ist die Realisierung dieser Reize Tönnies zufolge allerdings nur unter der Voraussetzung, dass „Gedächtnis" an ihr teilhat (Tönnies 2002, S. 19f.), d.h. die aktuell wahrgenommenen Reize in Korrespondenz mit etwas ihnen Vorgängigem treten.

Der Begriff Gedächtnis kennzeichnet das „Beharren" bestimmter „Empfindungen" und der „Vorstellungen", zu denen sich diese Empfindungen gefügt haben (Tönnies 2002, S. 22): das Gesamtgefüge, das der menschliche „Geist" zum Zeitpunkt, da er einen Reiz wahrnimmt, darstellt. „Bedeutung" erlangt Wahrgenommenes daher in Form von *Zeichen*, die mit „schlummernde[n] Vorstellungen" zu aktuellen „psychische[n] Tätigkeit[en]" sich verbinden (Tönnies 2002, S. 20). Diese Tätigkeiten lassen sich nach dem Grad klassifizieren, in dem sie „empfangend, leidend (‚passiv')" bzw. „wirkend, erzeugend (‚aktiv')" sind. Dabei soll gelten, dass psychische Tätigkeiten desto aktiver sind, je stärker sie von „Bewußtsein" begleitet werden, und desto stärker von Bewusstsein begleitet werden, je mehr sie zu einem „Willen" sich verdichten (Tönnies 2002, S. 20f.).

„Denken" kennzeichnet im Gegensatz zum „nackten Empfinden" eines leiblichen Reizes einen hochgradig bewussten Vorgang. Im Vorgang des Denkens stellt der Geist um eines Urteils willen eine aktuelle Wahrnehmung mit den beharrlichen Vorstellungen, die ihn bisher geprägt haben, zum Zweck des „Erkennen[s]" in einen Zusammenhang (Tönnies 2002, S. 21). Wenn das Urteil gefällt ist, d.h. Gedächtnis und aktuell Wahrgenommenes sich zu einer willentlichen Vorstellung gefügt haben, kann man das Ergebnis eine „Meinung" nennen. Das Verhältnis von Denken und Meinen kennzeichnet daher, dass „[a]ls Denken [...] im flüssigen Zustande aufgefaßt" wird, „was als Meinen gleichsam im geronnenen Zustande sich darstellt". Während demnach ‚Denken' Tätigsein *in reiner Form* kennzeichnet, kennzeichnet ‚Meinen' „ein Haben, ein Besitzen". In diesem Sinne lässt sich das Gesamtgefüge beharrender Vorstellungen, das Tönnies ‚Gedächtnis' nennt, als ein Konglomerat von Meinungen verstehen, die zwar fortlaufend in Form aktueller Wahrnehmungen in Bewegung gesetzt werden, die aber, während das Denken diese Bewegung mitvollzieht, als „geistige[r] Besitz" gehegt werden (Tönnies 2002, S. 22f.).

Der geistige Besitz, der einer Person zu einem gegebenen Zeitpunkt in Form eines Konglomerats von Meinungen eignet, ist ihr in einem „Gefühl der *subjektiven* Gewißheit und Sicherheit, des Freiseins von jedem Zweifel, des mit-sich-einig-seins" zugänglich. Geradezu von „Wissen" ließe sich in diesem Zusammenhang allerdings nur unter der Prämisse sprechen, dass dieses Wissen kaum vom

„festen Glauben", der gleichfalls „den Irrtum für ausgeschlossen" hält, unterschieden werden könnte (Tönnies 2002, S. 38). ‚Wissen' präzise von ‚Glauben' zu unterscheiden setzt hingegen voraus, dass „Einigkeit über die Bedeutung von Wörtern" festgestellt wurde. Der Begriff kennzeichnet also eine mit anderen Personen *geteilte* Gewissheit.

Um geteilte Gewissheiten handelt es sich allerdings gleichermaßen im Fall der Wissenschaft wie der Religion, so dass eine weitere Spezifikation notwendig ist, um die eine von der anderen zu unterscheiden. Während mit *dieser* Form des Wissens eine Meinung über den „Zweifel" verbunden ist, der, da eine „Pflicht des Glaubens" angenommen wird, „als abscheulich und verwerflich" gilt, gilt andersherum im Fall *jener* „der Zweifel" als „besondere Pflicht" (Tönnies 2002, S. 38f.). – Was folgt daraus?

In Weiterentwicklung der Gegenüberstellung von Religion und Wissenschaft unterscheidet Tönnies Meinungen metaphorisch anhand ihrer „Aggregatzustände", die sich nach dem „Maß, worin der Mensch, in seiner Ansicht oder Überzeugung, mit sich einig' ist oder geworden ist", bestimmen lassen (Tönnies 2002, S. 42). Diesen Gedanken hatte er mit der Bemerkung, Denken fasse im *flüssigen* Zustand auf, was als Meinen im *geronnenen* Zustande sich darstelle, bereits angedeutet; nun präzisiert er ihn. Demnach gelte zwar vor dem Hintergrund der „Bedingtheit" des Menschen „durch die Tätigkeiten [seiner] Sinnesorgane", dass der „flüssige Zustand [...] der vorherrschende im menschlichen Denken" sei, da immerfort „sinnliche Wahrnehmungen" sich mit „auf Gedächtnis beruhenden Vorstellungen und Einbildungen" vermengten, so dass im Prinzip immer alles in Bewegung ist. Da aber dieser Vermengung keinesfalls immerzu eine *Veränderung* des gegebenen Konglomerats von Meinungen folgt, sondern die „*Gewohnheit* des Beharrens in den einmal befahrenen Geleisen der Denkungsart" nicht selten als stärker sich erweist, muss immer mit der Möglichkeit gerechnet werden, dass der flüssige Zustand, in den die aktuelle Wahrnehmung den Geist versetzt, umstandslos „in den festen über[geht]" (Tönnies 2002, S. 42). Ein als Pflicht akzeptierter Glaube entspricht diesem Vorgang in reinster Form, und gleichermaßen eine „*wissenschaftliche* Meinung", die „zum ‚Dogma' erstarr[t]" ist (Tönnies 2002, S. 42) – womit dies allerdings recht eigentlich keine wissenschaftliche Meinung mehr wäre, sondern etwas, das einmal Wissenschaft *gewesen* und immer noch ‚Wissenschaft' *denotiert* sein mag, aber tatsächlich ein *Glaube* geworden ist. Denn die besondere Pflicht des Wissenschaftlers ist, wie wir gesehen haben, Tönnies zufolge der Zweifel.

Allerdings ist der Aggregatzustand, der wissenschaftlichen Meinungen eignet, nicht geradezu das Gegenteil zu dem, den der Glaube an ein Dogma aufweist. Zwar ist dem Wissenschaftler der Zweifel eine Pflicht, aber der Zweifel ist nicht

geradezu sein Prinzip. Wäre dies der Fall, so wäre Wissenschaft etwas, das „durch
Einflüsse jeder Art leicht zersetzbar" ist; wissenschaftliche Meinungen wären
dann nichts anderes als „*Stimmung*[en]", und ihr Aggregatzustand folglich der
von „empor[wirbelnden] [...] Luftblasen in einem Kessel, der mit siedendem Wasser gefüllt ist" (Tönnies 2002, S. 43). Den Aggregatzustand einer wissenschaftlichen Meinung dagegen kennzeichnet, da Wissenschaft „vorsichtig tastend"
und „erwägend" verfahren soll und „auf Kritik beruh[t]", dass sie zwar auf „feste
Überzeugungen" aus ist, zugleich aber „immer neuen Erfahrungen und neuen
Gründen zugänglich bleiben will", zumindest aber es sich angelegen lassen sein
muss, jegliche „‚festgewurzelten Anschauungen' nachzuprüfen" (Tönnies 2002,
S. 42f.). Man muss die Meinungsbildung, wie sie Wissenschaftler kennzeichnet,
da sie der des „Schiffer[s]" gleichen soll, der allen aktuell sich ergebenden Wid-
rigkeiten sich stellt, doch nur um „*seinen bestimmten* Hafen" zu erreichen (Tönnies 2002, S. 43; Hervorh. v. mir, PG), sich vorstellen als einen Vorgang, dessen
grundsätzliches Ziel – Erkenntnis im Sinne der Fragestellung seines Fachgebiets
– jederzeit feststeht, so dass folglich jeder gegebene Befund dem Wissenschaftler Anlass sein muss, ihn diesem Ziel zuzueignen. Und gerade indem er dies tut,
unternimmt er es von Mal zu Mal neu, den *Weg*, der ihn seinem Ziel näherbringen
mag, zu justieren.

Da, wie wir gesehen haben, Tönnies zufolge von ‚Wissen' strenggenommen nur
dann die Rede sein kann, wenn Einigkeit über die Bedeutung von Wörtern besteht, muss es sich bei Meinungen, die als Wissen gelten können, um *gemeinsame*
Meinungen handeln. Es geht darum, dass mehrere Personen „die gleiche Meinung
kundgeben, vertreten" – was in kleineren Kreisen, was aber auch „öffentlich" geschehen kann (Tönnies 2002, S. 51). In solche gemeinsamen Meinungen werden
Menschen, so Tönnies, „hineingeboren oder doch hineinerzogen"; im Zuge dessen werden z.B. „religiöse" oder „politische Parteimeinungen" den Einzelnen als
„Pflicht" auferlegt (Tönnies 2002, S. 59). Die Herausbildung gemeinsamer Meinungen im Sinne wissenschaftlicher Schulen oder Disziplinen muss man sich in
der gleichen Weise vorstellen; daher entsprechend auch die Herausbildung einer
in einer Fachgesellschaft institutionalisierten Soziologie.

An dieser Stelle wird nun die Gegenüberstellung von ‚Wesenwille' und ‚Kürwille', die uns bereits beschäftigt hat, ohne dass wir ihre Bedeutung im Gesamtgefüge der Argumentation Tönnies' nachvollzogen hatten, wichtig. – Wie sieht
der Fortgang seiner Argumentation aus?

Ein Einzelner kann Tönnies zufolge die Meinung, in die hinein er erzogen
wurde, aufgrund tatsächlicher „Übereinstimmung" oder basierend auf „*Nöti-
gung*" vertreten. Während in tatsächlicher Übereinstimmung eine Orientierung
am „Wesenwillen" sich ausdrückt (Tönnies 2002, S. 63), d.h. ein „Denken" einer

Meinungs*gemeinschaft* in der Weise zugehört, wie die „Zellen" des „Gehirns" dem „Organismus" (Tönnies 1979, S. 73), „will", wer zu einer Meinung genötigt wird, nur „mit Widerwillen" (Tönnies 2002, S. 64). D.h. er will etwas aufgrund einer *Abwägung*, deren „eigentliche Wirklichkeit" (*persönliche* Ziele jenseits der bekundeten Zustimmung zur *gemeinsamen* Meinung) eine Sache des „Subjekt[s] des Denkens" ist (Tönnies 1979, S. 73). Daher fällt die Meinung, zu der jemand genötigt ist bzw. sich genötigt sieht, „in den Bereich des Kürwillens" (Tönnies 2002, S. 64).

Ganz allgemein lässt sich ein Kollektivwille Tönnies zufolge danach klassifizieren, ob bzw. zu welchen Anteilen sich darin Wesenwille oder Kürwille ausdrücken. Die Prävalenz des Wesenwillens wirkt sich soziologisch in *gemeinschaftlichen* Strukturen aus. D.h. im Fall gemeinsamer Meinungen, die auf einem Wesenwillen gründen, erlangen „die im einzelnen vorkommenden Willensäußerungen, unbesehen ihres konkreten Gestaltetseins", Bedeutung als „bestimmt aus ihrem Beitrag zur Erhaltung des ‚Lebens'-Ganzen" (Merz-Benz 1995, S. 307). Dagegen wirkt sich die Prävalenz des Kürwillens soziologisch in *gesellschaftlichen* Strukturen aus. Eine gemeinsame Meinung dieser Art kennzeichnet, dass sie auf einer „vor-gedachte[n] und in ihren Wirkungsverhältnissen kalkulierbare[n] Willensverbindung" beruht, so dass genau genommen eine „Neu-Verbindung des Vereinzelten zu einer [...] Einheit" nur deshalb gegeben ist, weil etwas Verbindendes für die Zukunft *in Aussicht* steht (Merz-Benz 1995, S. 308). Wir können daher sagen: Während kollektiven Wesenwillen die Orientierung an etwas *Gewolltem*, d.h. als bereits existent Geglaubtem, kennzeichnet, ist kollektiver Kürwille an etwas orientiert, das zu gestatten scheint, zu etwas *anderem* (den je eigenen Zwecken der Einzelnen, die in diesem Kollektivwillen verbunden sind) zu gelangen.

Der Kollektivwille kann Tönnies zufolge eine „höhere Form" annehmen, d.h. „zusammengesetzt" sein zu einem integrierten Gesamtgefüge beharrender Vorstellungen (Tönnies 2002, S. 86). Diese höheren Formen lassen sich neuerlich nach der Prävalenz *gemeinschaftlicher* Elemente (Wesenwille) oder *gesellschaftlicher* Elemente (Kürwille) klassifizieren. *Dort* der gewollten „Eintracht" steht *hier* der Wille zur „Konvention" gegenüber, *dort* der gewollten „Sitte" *hier* der Wille zur „Gesetzgebung", *dort* der gewollten „Religion" *hier* der Wille zur „Öffentlichen Meinung" (Tönnies 2002, S. 86-98). Tönnies geht von einem „große[n] historischen Prozeß" aus, im Zuge dessen nach und nach „Gemeinschaft" in „Gesellschaft" übergehe (bzw. das gesellschaftliche Element prävalent werde) und in Sonderheit „Konvention" sich „an die Stelle von Eintracht, Gesetzgebung von Sitte, Öffentliche Meinung von Religion" schiebe (Tönnies 2002, S. 102). – Tönnies' Verständnis dieses ‚großen historischen Prozesses' muss daher als nächstes unsere Aufmerksamkeit gelten. Wie wir sehen werden, führt uns die Beschäftigung mit ihm zum Kern des Gegensatzes der Denkbewegungen von Tönnies und Hegel. – Wie also sieht Tönnies' Argumentation aus?

Trotz der naheliegenden Koinzidenz der gemeinschaftlichen und der gesellschaftlichen Formen untereinander, so Tönnies, „kommen auch andere Verbindungen und Gegensätze vor" (Tönnies 2002, S. 102). Jener ‚große historische Prozess' ist für ihn folglich zwar fraglos *im Gang*. Hervorgegangen aus „Sitten und Anschauungen des *dritten Standes*", d.h. dessen gemeinschaftlichen Zügen, *ist* die Gesellschaft als Trägerin eines auf „*Tausch*" gerichteten „Sozialwillens", d.h. genauer: die „bürgerliche Gesellschaft", in der „jedermann ein Kaufmann ist", prävalent geworden (Tönnies 1979, S. 4, 35 u. 44). Aber dieser Prozess ist keineswegs *abgeschlossen*; er geschieht gerade, nämlich in Form eines recht kontingent anmutenden Ineinanderwirkens wesenwillentlicher und kürwillentlicher Elemente (Tönnies 1979, S. 44). Folglich müsste auch die Entwicklungsgeschichte der Meinungen über die öffentliche Meinung (und in Sonderheit Hegels *Rechtsphilosophie* als deren Ausgangspunkt), deren Darstellung Tönnies' avisierte, aber nicht ausführte, in diesen Prozess verwoben und im Hinblick auf die Verbindungen und Gegensätze von Wesens- und Kürwille, die darin auftreten, analysierbar sein.

Wie wir gesehen haben, lässt sich tatsächlich in Tönnies' Bemerkung über das *Genie* des Entwurfs Hegels, d.h. seines (Wesen-)Willens zur Philosophie, mit dem er Fries und dessen Sophistereien begegnet, und in der Bemerkung über die Überkünstelung, in der Hegel diesen Entwurf zur Ausführung bringt, indem er Wirklichkeit und Vernunft ineinssetzt, die Andeutung eines Ineinanderwirkens von Wesenwille und Kürwille in dessen Denkbewegung konstatieren. – Wie nimmt sich dies nun aus mit Blick auf Hegels Ausweis des Substanziellen und Wahren und der Vielfalt des Eigentümlichen und Besonderen als den zu unterscheidenden Elementen der öffentlichen Meinung? Wie positioniert sich dem gegenüber Tönnies mit seiner Unterscheidung von *Öffentlicher* und *öffentlicher* Meinung, d.h. einer einheitlichen Potenz, die im Ausdruck eines gemeinsamen Willens sich auswirkt, und eines Konglomerats mannigfacher und widersprechender Ansichten, Wünsche und Absichten?

Tönnies' Unterscheidung von Öffentlicher und öffentlicher Meinung lässt sich nur verstehen, wenn man sie vor den Hintergrund jenes ‚großen historischen Prozesses' stellt, im Zuge dessen er Gemeinschaft in (bürgerliche) Gesellschaft übergehen sieht. Denn Tönnies vermerkt als Effekt des „ganze[n] Kampf[es] um Glaubensfreiheit, um Preßfreiheit und andere bürgerliche Freiheiten, der die letzten Jahrhunderte erfüllt", dass „mit dem Erstarken und Steigen der neubürgerlichen Schicht [...] ihre Gedanken zu einem Gemeingut des politischen Publikums" geworden sind. Demnach existiert *im Ursprung* der bürgerlichen Gesellschaft ein in einer gemeinsamen Meinung des dritten Standes sich ausdrückender Wesenwille:

der gemeinschaftliche Wille zur bürgerlichen Freiheit. Aber indem diese Schicht „Herrschaft" erlangt, d.h. à la longue das, was ursprünglich ihre *Eintracht* begründete, zur *Konvention* wird, und sie ihrer *sittlichen* Haltung zur bürgerlichen Freiheit eine *gesetzliche* Form verleiht, kann sie anderen, etwa den Mitgliedern der „Arbeiterklasse", die nämlichen Freiheiten nicht verweigern, ohne „sich selber ins Gesicht" zu schlagen (Tönnies 2002, S. 154). Da aber diese Anderen keinesfalls im gleichen Sinn wie ursprünglich der dritte Stand als „*die* Gesellschaft", „*das* Volk" oder „*die* Nation" sich verstehen (Tönnies 2002, S. 154), sondern vielmehr nun ihrerseits, kraft *ihrer* bürgerlichen Freiheiten, „Unzufriedenheit mit bestehenden Regierungen" in Form „öffentliche[r] Kundgebung" zum Ausdruck bringen (Tönnies 2002, S. 146f.), ebenso wie ganz allgemein die „ideelle Versammlung" der vormals im Anspruch der öffentlichen Kundgabe ihrer Meinung einigen Bürger in eine „reale Versammlung" übergegangen ist, die „zerrissen" ist „durch widerstreitende Meinungen und Reden" (Tönnies 2002, S. 160), kann von *der* öffentlichen Meinung nur in einem höchst eingeschränkten Sinn die Rede sein: „Sie kann als Einheit aufgefaßt werden, indem sie als Gesamtheit des in die Erscheinung tretenden Denklebens, insbesondere der in einem Staate vereinigten Nation gedacht wird; gleichsam als die Einheit eines Gefäßes, worin sehr verschieden geartete Bestandteile vermischt angetroffen werden" (Tönnies 2002, S. 155).

Von *der* Öffentlichen Meinung, verstanden als einer einheitlichen Potenz, kann Tönnies zufolge unter den Auspizien der bürgerlichen Gesellschaft denn auch strenggenommen nur hinsichtlich höchst „allgemeine[r] Ideen" gesprochen werden. Nachweislich des „Affekt[s] der Sprache" sind zwar „Wörter wie Tyrannei, Despotismus, Barbarei, oft auch Mittelalter u. dgl. mit dem Bann belegt". Aber bereits anlässlich der Aufgabe der Konkretion dieser Ideen, d.h. „wenn die Frage entsteht: liegt hier Tyrannei, liegen mittelalterliche Zustände vor?", zeige sich der recht eigentlich „parteiliche Charakter" der Öffentlichen Meinung (Tönnies 2002, S. 165f.). Deren einheitliche Potenz ist demnach bei Licht betrachtet nicht mehr als ein einzelnes Gedächtniselement, in Gestalt dessen die ursprüngliche Empfindungslage der bürgerlichen Gesellschaft überdauert hat, das aber längst mit anderen Elementen zu von Parteiung zu Parteiung bzw. von Einzelfall zu Einzelfall unterschiedlichen Formen des Mit-sich-einig-seins sich gefügt hat.

Wer sich *in wissenschaftlicher Form* mit der bürgerlichen Gesellschaft auseinandersetzen will, der würde, vor diesem Hintergrund betrachtet, seinen Gegenstand verfehlen, wenn er seine Auseinandersetzung auf die Beschäftigung mit *der* Öffentlichen Meinung konzentrierte. Denn er hätte dergestalt seine Auseinandersetzung reduziert auf etwas, das zwar, als Wesenwille des dritten Standes, für das Verständnis des *Ursprungs* der bürgerlichen Gesellschaft wichtig sein mag, das aber seither, da mit dem politischen Erfolg des dritten Standes alles Ständische zu verdampfen begann und folglich längst der Widerstreit verschiedener Ansichten, Wünsche und Absichten die Szene beherrscht, zu einem konnotativen Stereotyp verkommen ist.

Genau dies gilt für den Blickwinkel, den Hegel eröffnet, indem er die Öffentliche Meinung nicht als einheitliche *Potenz* betrachtet, aus der allerlei Heterogenes hervorgegangen ist, sondern an ihr nur gelten lässt, was er daran im Sinne der sittlichen Grundlage der staatlichen Vernunft als *substantiell* anerkennt (und entsprechend alles *nicht* gelten lässt, was dieser Vernunft zuwiderläuft). Hegel bzw. der von ihm eröffnete Blickwinkel bleiben ganz der Situation des *Ursprungs* der bürgerlichen Gesellschaft verhaftet bzw. fasst fälschlich das „Bedürfnis einer Mitwirkung der bürgerlichen Gesellschaft am Staate [...] als eine Erneuerung des Ständestaates" auf (Tönnies 1932, S. 75). Aus Tönnies' Perspektive hat Hegel in Gestalt seiner Philosophie des Rechts die Apologie eines Zustands verfasst, der recht eigentlich nicht mehr darstellt als eine nur theoretisch fassliche, als empirisches Datum dagegen kaum handhabbare historische Sonderheit: einen Zustand, in dem der dem dritten Stand eigene gemeinschaftliche Wille zur bürgerlichen Freiheit *gerade noch nicht* in das Ineinanderwirken wesenwillentlicher und kürwillentlicher Elemente, das das Prozessieren der bürgerlichen Gesellschaft kennzeichnet, übergegangen ist, so dass noch von einer Gemeinsamkeit *ständischer* Sitten und Anschauungen und folglich noch von der Möglichkeit einer Gleichgestimmtheit von staatlicher Vernunft und sittlicher Substanz die Rede sein darf.

Es darf, wie gesehen, für Tönnies durchaus Hegels *Genie* heißen, dass in seiner Philosophie Gedächtnis und Phantasie des dritten Standes zum Zeitpunkt, da sein politischer Erfolg anhebt, seinen Ausdruck finden. Und während Fries und die anderen ‚Heerführer der Seichtigkeit' der Epoche, indem sie auf Herz, Gemüt und Begeisterung insistieren, den Beitrag der Wissenschaft zur öffentlichen Meinung darauf beschränken, „die Erregbarkeit durch Gefühle und Leidenschaften", also etwas, das Tönnies zufolge nicht haltbarer ist als emporwirbelnde „Luftblasen in einem Kessel, der mit siedendem Wasser gefüllt ist" (Tönnies 2002, S. 43), mit allerlei rhetorischen Kniffen zu adeln, hält immerhin Hegel, indem er die Notwendigkeit konzediert, dass im Zuge der philosophischen Begleitung des historischen Geschehens mal zu mal Wirklichkeit und Vernunft ineinszusetzen seien, seine wissenschaftliche Meinung „tropfbar flüssig" (Tönnies 2002, S. 42). Allein, da Hegel, indem er Vernunft und Wirklichkeit ineinssetzt, zugleich den Zustand des dritten Stands zum Zeitpunkt, da sein politischer Erfolg anhebt, zu einem überzeitlich gültigen System verfestigt, gibt er einen Blickwinkel vor, der nachweislich der Zukunft, die seither vergangen ist, der Komplexität der bürgerlichen Gesellschaft und der öffentlichen Meinung als einer ihrer Spezifiken nun ihrerseits – und *darin* wiederum Fries' Sophisterei durchaus ähnlich – als bloße δόξα (wie ein zur Pflicht gewordener Glaube), nicht als ἐπιστήμη (der Pflicht zum Zweifel folgend), begegnet.

Darin, so können wir nun folgern, ist für Tönnies Hegels Panlogismus buchstäblich überkünstelt. Die Denkbewegung, die Hegel in seiner *Rechtsphilosophie* vorführt, wie von Tönnies bilanziert anlässlich der 100. Wiederkehr von dessen Todesjahr, wecke zwar mittels des „prachtvollen Einganges über die Wirklichkeit der sittlichen Idee große Erwartungen". Aber „von den Momenten", anhand derer „die Desorganisation der bürgerlichen Gesellschaft" tatsächlich sich erweise, finde sich letzten Endes „[k]eine Spur" in einem Werk, das zwar immerhin eine Verbindung zwischen der „Idee der antiken Polis" und dem „massenhafte[n] und in unendliche Dimensionen ausgedehnte[n] soziale[n] Leben der heutigen Zeit" herstelle, doch gerade im Blick auf dessen Realien der „Ergänzung und Vollendung" bedürfe (Tönnies 1932, S. 81f.).

Die Analyse der öffentlichen Meinung im Weltkrieg, den, wie gesehen, Tönnies bereits an hervorgehobener Stelle in der Einleitung der *Kritik* mit dem Wort von der ‚schrecklichen Wendung menschlicher Geschicke' zum *tertium comparationis* der Lehren von der öffentlichen Meinung gemacht hatte, musste ihm den Eindruck des Ungenügens einer Philosophie, die die Gleichgestimmtheit von staatlicher Vernunft und sittlicher Substanz für eine Lösung hält, bestätigen. Nicht nur waren, wie der kritische Betrachter feststellen konnte, zu Zeiten des Weltkriegs die Medien der Produktion öffentlicher Gleichgestimmtheit in Deutschland „[T]äusch[ung]", „Verschleiern" und „Verschweigen" gewesen. Sondern im Ergebnis dieses Täuschens, Verschleierns und Verschweigens war statt eines positiven Effekts nur zu vermerken, dass die „letzte Energie" im „Vorrate des Volkes [...] erschöpft" war, deren es doch bedurft hätte, „um auch nur zu einem erträglichen Frieden zu gelangen" (Tönnies 2002, S. 633 u. 637).

4 Ein Denkraum aus Denkräumen: Der Weg in die soziologische Postmoderne

Wir haben gesehen, dass Tönnies, indem er Hegels *Rechtsphilosophie* im Lichte der Zukunft, die seit ihrer Niederschrift vergangen ist, widerspricht, durchaus auf eine Weise Umgang mit ihr pflegt, wie Hegel selbst es nachweislich seiner Vorrede von der Wissenschaft der Zukunft eingefordert hatte. Allerdings entkommt Tönnies dabei der List von Hegels Vernunft; seine Denkbewegung überholt nicht einfach die Ineinssetzung von Vernunft und Wirklichkeit historisch, d.h. setzt nicht einfach eine ‚soziologisch' denotierte an die Stelle einer ‚philosophisch' denotierten Vernunft, sondern setzt an die Stelle der Denkform Hegels eine grundlegend *andere* Denkform.

Zwar geht Tönnies davon aus, dass „Wissenschaft als Philosophie" verfahre und darin „durch und durch auf dialektische Weise", da es ihr gelte, „Sein als Wirken, Dasein als Bewegung und die Möglichkeit, Wahrscheinlichkeit, Nothwendigkeit der Veränderungen als eigentliche Wirklichkeit" aufzufassen, und dass diese Auffassung in der Form von „Gedankendinge[n]" statthabe (Tönnies 1979, S. XX). Aber anders als Hegel, dessen Gedankendinge eine *synthetisch* gewendete Wirklichkeit spiegeln, verfährt Tönnies *analytisch*. Dort gilt, „Philosophie" sei *ihre Zeit in Gedanken erfaßt*" und mithin „vernünftige Einsicht [...] *Versöhnung* mit der Wirklichkeit" (Hegel 1970, S. 26f.). Folglich können anlässlich der Beschäftigung mit der öffentlichen Meinung Achtung und Verachtung allein auf Grundlage der Prämisse verteilt werden, „subjektive Freiheit" könne nicht im „Besonderen und Zufälligen", sondern müsse „in dem, was an und für sich ist", vorfindlich sein (Hegel 1970, S. 27). *Hier* dagegen geht es statt um Versöhnung mit der Wirklichkeit um deren Darstellung in Gestalt einer „Geometrie des Heterogenen" (Merz-Benz 1995, S. 33). Der zufolge sind an der öffentlichen Meinung nicht nur trennscharf verschiedene Parteiungen (Tönnies 2002, S. 177-212) oder Machtfaktoren (Tönnies 2002, S. 346-371) zu unterscheiden, sondern nicht zuletzt auch die unterschiedlichen „Aggregatzustände", in deren Zusammenwirken die öffentliche Meinung ihre heterogene Gestalt gewinnt (Tönnies 2002, S. 165ff.).

Mit anderen Worten: Wo Hegel, indem er seine Zeit in Gedanken erfasst, in seinem Verständnis der öffentlichen Meinung die „synthetisch-harmonisierende Denkfigur", die man als Kennzeichen der bürgerlichen Moderne beschrieben hat, repräsentiert, tritt in Tönnies' *Kritik der öffentlichen Meinung* neben diese Denkfigur die „analytisch-kombinatorische", die zum Kennzeichen der massendemokratischen Postmoderne wird (Kondylis 1991, S. 15). Denn Hegels Idee vom Fortschrittsgang des allgemeinen Geistes, eines Geistes, der darauf angelegt ist, die Gleichgestimmtheit von staatlicher Vernunft und sittlicher Substanz zu erfassen, dreht sich um ein „soziales Gebilde", „in dem zwar soziale Unterschiede [...] als substanziell empfunden werden" mögen, das aber, sofern es recht begriffen wird, „in ein dynamisches Gleichgewicht mündet". Tönnies' Idee einer soziologischen Wissenschaft, die in Form einer Geometrie des Heterogenen verfährt, denkt dagegen bereits von der „Verfassung einer Gesellschaft" her, deren „massenhafte[r] Charakter [...] angesichts der prinzipiellen Beteiligung aller Atome, die die Masse konstituieren, an den sozialen Vorgängen auf allen Ebenen eine unendliche Anzahl von Kombinationen" ermöglicht (Kondylis 1991, S. 16f.).

Allerdings würden wir Tönnies unzureichend verstehen – und diese Präzisierung ist, wie wir sehen werden, wichtig nicht nur für das rechte Verständnis von

Tönnies' Denkbewegung, sondern auch mit Blick auf die Gegenwartsgestalt der Soziologie, wie sie Kaube mit Blick auf den Jubiläumskongress 2010 beschrieben hat –, wenn wir aus der Feststellung des analytisch-kombinatorischen Elements in seiner Grundlegung der Soziologie den Schluss zögen, diese Soziologie selbst repräsentiere bereits eine postmoderne Denkfigur. Denn tatsächlich strebt Tönnies zwar eine soziologische Wissenschaft an, die in Form einer Geometrie des Heterogenen, „bei der das Darzustellende [...] seine Eigenständigkeit [...] vollumfänglich bewahrt", verfährt. Aber bei genauerer Betrachtung handelt es sich bei dieser Geometrie des Heterogenen, da Tönnies sie aufsetzt auf ein „Prinzip der Wirklichkeitskonstitution", das getragen sein soll vom „tätigen Geist", „der einerseits weiß, was es heißt, in die Wirklichkeit eingelassen zu sein, und der andererseits seiner ureigensten Befähigung zur Rationalität gewahr ist", lediglich um „eine *besondere Form* der Synthetisierung der Wirklichkeit in den Gebilden des Denkens" (Merz-Benz 1995, S. 33f.; Hervorh. v. mir, PG).

Dass tatsächlich Tönnies' Denkbewegung durch ein synthetisch-harmonisierendes Element grundiert ist, können wir uns anhand der Grundzüge der *Kritik der öffentlichen Meinung*, die wir nachvollzogen haben, verdeutlichen. Denn indem Tönnies, wie gesehen, an den Anfang seiner Argumentation *die Tatsache des Lebens selber* stellt und wiederum die Spezifik der wissenschaftlichen Wirklichkeitskonstitution aus diesem Anfang ableitet, lässt er auch das, was er als soziologische Wissenschaft zu etablieren bemüht ist, „wie alle anderen Erscheinungen hervor[...]wachsen aus der Natur oder Substanz" (Merz-Benz 1995, S. 174). Das synthetisch-harmonisierende Element fügt sich also im Fall Tönnies' mit einem analytisch-kombinatorischen – der soziologischen Verfahrensweise in Form einer Geometrie des Heterogenen – zu einer durchaus eigensinnigen, gleichsam zwischen bürgerlicher Moderne und massendemokratischer Postmoderne vermittelnden Denkbewegung.

Mit dieser Feststellung sind wir soweit, nun den Weg zurück zu unserer Ausgangsproblematik einzuschlagen: der Bestimmung des Verhältnisses der Denkbewegung Tönnies', des Gründungsredners und prinzipiellen Interventionisten zu Zeiten der Institutionalisierung der Soziologie als Wissenschaft, und der Soziologie der Gegenwart. – Wie nimmt sich dieses Verhältnis im Lichte unserer Analysen aus?

Wir halten zunächst fest: Wenn Tönnies 1910 in seiner Eröffnungsrede anlässlich des ersten Kongresses der *Deutschen Gesellschaft für Soziologie* das zu institutionalisierende Fach auf Ist-Analysen statt auf Zukunfts-Programme verpflichtet und kurz darauf in der Funktion des Diskussionsleiters den Karlsruher Rechtsanwalt Fuchs unterbricht, um zu verhindern, dass dieser die Soziologie einer Rechtsreform zueignet, so bedeutet dies die Einschreibung *seiner* soziologischen Denkbewegung in die institutionalisierte Soziologie. Während in der Formulierung einer axiomatische Aussage über ein soziologisches Sein-Sollen (in Gestalt der Gründungsrede) und in deren Anwendung im Sinne einer szientistischen ‚Grundnorm' (in Gestalt der prinzipiellen Intervention gegen Fuchs' Politismen) das *synthetisch-harmonisierende* Element zum Ausdruck kommt, drückt das Programm der zu institutionalisierenden Soziologie, die im Kollektiv „der Wirklichkeit [...] auf der Spur" sein soll (Merz-Benz 1995, S. 34), indem sie gemäß einer Geometrie des Heterogenen Ist-Analyse an Ist-Analyse reiht, das *analytisch-kombinatorische* Element aus. So soll denn auch, wie Tönnies im Fortgang seiner Eröffnungsrede ausführt, die neue „soziologische Gesellschaft [...] auf der *Gleichheit* ihrer aktiven und ordentlichen Mitglieder" beruhen, nämlich aus „Bürgern" sich bilden, die einerseits „wissenschaftliche Erfahrungen mannigfacher Art" zusammenbringen, diese aber andererseits „in einem soziologischen Brennpunkte [...] sammeln" und so zu einem „gemeinsamen Zwecke beitragen" – der letztgültig nur der sein könne, dass „durch [die Soziologie] und in ihr [...] die Menschheit sich selbst erkennen" möge und dergestalt „sich selbst zu beherrschen lernen werde" (Tönnies 1911, S. 27 u. 37).

Bemerkenswert an Tönnies' Ausführungen ist, dass vor dem Hintergrund der Grundgestalt seines Denkens betrachtet, deren konstante Architektonik von *Gemeinschaft und Gesellschaft* bis zur *Kritik der öffentlichen Meinung* wir konstatiert haben, die im (Wesen-)Willen zur soziologischen Erkenntnis geeinte *Gemeinschaft*, als die er die neue soziologische *Gesellschaft* entwirft, zumal, wenn er ihre Mitglieder als *Bürger* anspricht, gleichsam eine Gründung *gegen* die von ihm selbst konstatierte Tendenz der Zeit darstellt. Kennzeichnet doch wie gesehen den ‚großen historischen Prozess' des Übergangs von Gemeinschaft in Gesellschaft, dass die Orientierung der Einzelnen an ihren je eigenen Zwecken prävalent und mithin die Vorstellung idealer Versammlungen durch deren konfliktive Realität konterkariert wird.

Der *Kritik* lässt sich entnehmen, dass für Tönnies eine wissenschaftliche Fachgesellschaft im beschriebenen *gemeinschaftlichen* Sinn allerdings denkbar tatsächlich nur in Form eines vergleichsweise „engen" Kreises war, wie er sich 1910 in Frankfurt am Main zusammenfand. Denn Tönnies kennzeichnet derlei Fachgesellschaften hier als „Sektoren der ‚Gelehrtenrepublik'", die die „höchste Instanz der Öffentlichen Meinung" darstelle, und dies nicht etwa, weil ihre Vertreter „sich mit lautem Getöse" äußerten – dies tun sie gerade nicht –, sondern da in ihnen die Meinungen *(1)* in ausnehmend „dichter Gestalt" aggregiert sind und sie *(2)* anlässlich ihrer Verhandlung, die, wie erinnerlich, getragen sein soll vom Prinzip, jegliche festgewurzelte Anschauung zu überprüfen sowie vorsichtig tastend und erwägend zu verfahren, immerzu „an Solidität, also an Widerstandskraft" gewin-

nen und „im Normalfall [...] übereinstimmen" werden (Tönnies 2002, S. 222f.). In
solcher Gestalt, diese Überzeugung scheint Tönnies' Eröffnungsrede zugrunde zu
liegen, ist die *Deutsche Gesellschaft für Soziologie* zu institutionalisieren, und wird
sie in dieser Gestalt institutionalisiert, so wird sie vielleicht sogar in das Gefüge
der öffentlichen Meinung ein hinreichendes Maß ἐπιστήμη einschreiben können,
das die Gesellschaft gegen die „flüchtige" δόξα des Tages, wie sie „am stärksten"
in der „Tagespresse" sich niederschlägt (Tönnies 2002, S. 223), absichern mag.

Eine Frage, die Tönnies seinerzeit augenscheinlich nicht im Blick hat, ist die
nach der Wirkung, die der mögliche Erfolg einer Institutionalisierung der Soziologie als Fachgesellschaft auf diese Fachgesellschaft selbst haben würde. *Dass* die
Institutionalisierung der *Deutschen Gesellschaft für Soziologie* – zumindest à la
longue – erfolgreich war, zeigt schon die Tatsache, dass sie im Jahr 2010 ihren
Jubiläumskongress begehen konnte; deren Wirkung lässt sich nicht zuletzt daran
ablesen, dass statt einiger Dutzend Kongressteilnehmer 1910 nun über 2.000 Personen an den Veranstaltungen teilnahmen. Diese Wirkung ist bemerkenswert, da
offenkundig von einem *engen* Kreis, wie Tönnies ihn vor Augen hatte und der das
Vademecum war für sein Szenario einer im (Wesen-)Willen zur soziologischen
Erkenntnis geeinten *Gemeinschaft*, die jederzeit kraft prinzipieller Interventionen
in synthetisch-harmonisierender Absicht sich ihrer Grundnorm zu vergewissern
vermag, heute nicht mehr die Rede mehr sein kann.

So wirkt aus der Perspektive des Jahres 2010 betrachtet Tönnies' Bemühung,
die analytisch-kombinatorische Verfahrensweise einer Geometrie des Heterogenen in Gestalt des soziologischen Sektors der Gelehrtenrepublik synthetisch-
harmonisierend abzusichern, dem Unternehmen Hegels, wie es sich aus Tönnies'
Perspektive ausnimmt, erstaunlich ähnlich. Wo Hegels Rechtsphilosophie die
Apologie des Zustands darstellt, in dem der dem dritten Stand eigene gemeinschaftliche Wille zur bürgerlichen Freiheit noch nicht übergegangen ist in eine
Heterogenität von Parteiung zu Parteiung und von Einzelfall zu Einzelfall unterschiedlicher Formen des Mit-sich-einig-seins, erscheint analog dazu Tönnies'
Idee der *Deutschen Gesellschaft für Soziologie* wie die Apologie eines Zustands, in
dem der dem *Soziologenstand* eigene gemeinschaftliche Wille zur soziologischen
Erkenntnis – zur jederzeit durch prinzipielle Intervention einholbaren szientis-
tischen Grundnorm – noch nicht in Heterogenität übergegangen ist. Folgt man
Kaubes Bericht vom Jubiläumskongress 2010, so ist überdies zu konstatieren –
wiederum analog zu Tönnies' Beschreibung der Entwicklung der bürgerlichen
Gesellschaft im Zuge der Etablierung des dritten Standes –, dass im Ergebnis
der erfolgreichen Institutionalisierung der Fachgesellschaft von *der* Öffentlichen
Meinung der Soziologie, verstanden als einer einheitlichen Potenz, nur noch im
Sinne höchst allgemeiner Ideen gesprochen werden kann: Kaum ein Teilnehmer

des Jubiläumskongresses wird zwar in Frage stellen, dass Soziologie in irgendeiner Weise mit so etwas wie ‚Ist-Analysen' zu tun hat – aber an der Konkretion dieser Idee scheiden sich die Geister. In exemplarischer Weise verdeutlicht dies ein Blick in ein Handbuch, das im Vorfeld des Jubiläumskongresses unter Mitwirkung von gut zwei Dutzend Fachvertreter_innen erschien. Hier wird als verbindliches Kennzeichen der Soziologie deklariert, dass sie „sich selbst als eine multiparadigmatische Wissenschaft" beschreibe (Kneer und Schroer 2009, S. 7), um anschließend nicht weniger als 23 ‚Paradigmen' zu versammeln, die diese Einheit in ‚Multiparadigmatik' belegen sollen, von ‚Akteur-Netzwerk-Theorie' bis ‚Weber-Paradigma'.

Die Soziologie scheint demnach im Zuge ihrer erfolgreichen Institutionalisierung mit einiger Verspätung den ‚großen historischen Prozess' nachgeholt zu haben, den Tönnies zufolge die bürgerliche Gesellschaft *grosso modo* bereits im Laufe des 19. Jahrhunderts begonnen hatte. Demnach können wir tatsächlich weniger einen *Bruch* als vielmehr einen Übergang zwischen Tönnies' Denkbewegung und der Soziologie der Gegenwart konstatieren (vgl. zudem Kondylis 1999, S. 50-56).

Vor dem Hintergrund von Kaubes Bericht ist allerdings eine auffällige Differenz zwischen den Strukturen, die zu Tönnies' Zeiten die Etablierung der bürgerlichen Gesellschaft *grosso modo* hervorbrachte, und jenen, die die *Deutsche Gesellschaft für Soziologie* unserer Tage kennzeichnen, zu vermerken. Denn während die öffentliche Meinung *dort* als geradezu *zerrissen durch widerstreitende Meinungen und Reden* sich erweist, gilt Kaube zufolge *hier*, dass *schon aus Gründen der Inklusion am Ende doch alles durchgeht*. Die Soziologie der Gegenwart organisiert sich demnach entlang *anderer* Präliminarien, als es eine Soziologie, die die bürgerliche Denk- und Lebensform adaptierte, täte – und wie z.B. noch die Soziologie der 1950er und 1960er Jahre in Gestalt von „Charismatikern des Anfangs" (Bude 2002), die als „massive Gegenspieler" einander in „Spannung" hielten (Koolwaay 2011, S. 150), es tat.

Tatsächlich bedeutet bei genauerer Betrachtung die Deklaration einer Wissenschaft, die sich selbst als ‚multiparadigmatisch' verfasst verstehen soll – und nicht etwa, wie Kaube intendiert, die Heterogenität der ‚Soziologie' denotierten Denkbewegungen zum Anlass nimmt, auf die Grundlegung eines professionellen Selbstbewusstseins hinzuwirken –, nichts anderes, als dass man darin sich einig weiß, sich hinsichtlich der Erkenntnisvoraussetzungen, von denen ausgehend man operiert, *nicht* einig sein zu müssen. Mit anderen Worten: Die Soziologie hat die *Ver*fassung der Gesellschaft, deren *Er*fassung in Form einer Geometrie des Heterogenen ihr ursprünglicher Grund war, eingeholt.

Die Soziologie verfügt heute über eine Öffentlichkeit von eigenen Gnaden und kann unbedingt postmodernekompatibel heißen, da sie als soziologisches Sein-sollen reproduziert, was ursprünglich nur der Gegenstand ihrer Analysen war. Ihre erfolgreiche Institutionalisierung gestattet es den gegenwärtigen Fachvertreter_innen, Fragen der „Substanzialität" beiseite zu lassen, um sich stattdessen ganz auf die Herausbildung der „Fähigkeit" zu konzentrieren, „zusammen mit anderen Punkten oder Atomen", die ebenfalls ‚Soziolog_innen' denotiert sein mögen, aber auch aus anderen Wissenschaften, aus Politik oder Medien sich rekrutieren können, „immer neue Kombinationen einzugehen" (Kondylis 1991, S. 16). So ist es ihnen möglich, dem „geschichtliche Novum", das die europäischen Gesellschaften der vergangenen Jahrzehnte prägte: der „Überwindung der Knappheit der Güter", die einherging mit der maßgeblichen Erweiterung des „tertiären Sektors", d.h. der „Dienstleistungen" (Kondylis 1991, S. 188 u. 205), so viel abzugewinnen, wie eine zu einem kollektiven Kürwillen geeinte Parteiung nur eben sich gewinnen kann: die Freiheit der Einzelnen, ihren ganz eigenen Zukunfts-Programmen nachzugehen. Für den Erhalt dieser Freiheit leisten die Fachvertreter selbst einige Dienste an der Öffentlichkeit. Gerade ihr ‚multiparadgmatischer' Konsens, gerade ihr heterogenes Personaltableau ermöglichen es der institutionalisierten Soziologie, dass sie es gleichermaßen versteht, die wissenschaftspolitischen Moden der Zeit zu bedienen, d.h. an der Umwidmung des Elfenbeinturms zur *entrepreneurial university* aus dem Geist des *new public management* mitzuwirken (Slaughter und Leslie 1997), verschiedene politische Parteien und Verbände mit Zahlen, Fakten und Argumenten zu wappnen, und der Tages- und Wochenpresse hin und wieder die eine oder andere halbe Seite mit ‚Interessantem' oder ‚Kritischem' zu füllen.

Es kann vor diesem Hintergrund betrachtet nicht überraschen, dass Kaubes Bericht vom Jubiläumskongress 2010 ohne sichtbare Wirkungen an der Soziologie vorbeigegangen ist. Und hätte Tönnies hier die Gründungsrede des Jahres 1910 wiederholen oder in vergleichbarer Weise wie seinerzeit im Geist der prinzipiellen Intervention agieren können, so hätte er vermutlich wohl ein zustimmendes Kopfnicken einiger der Anwesenden geerntet, doch nur auf deren Weg zurück ‚an die Arbeit', zur nächsten Sitzung, zur nächsten Kooperationsanbahnung, zum nächsten Medientermin. Deren Notwendigkeit im Dienst der Fortschreibung der Erfolgsgeschichte der Institutionalisierung der Soziologie steht nicht in Frage. Diese Erfolgsgeschichte ließe allerdings, so wie die Dinge liegen, nachweislich der schieren Bedeutungslosigkeit der Frage nach den Erkenntnisvoraussetzungen des Fachs angesichts seiner ‚multiparadigmatischen' Funktionalität, letztlich sogar dann ohne Weiteres sich fortschreiben, wenn keine Soziologie mehr existierte – so lange es nur weiter ‚Soziologie' gäbe. Ein Befund, der vielleicht ein wenig irritierend ist.

Literatur

Bude, Heinz. 2002. Die Charismatiker des Anfangs. Helmuth Plessner, René König, Theodor W. Adorno und Helmut Schelsky als Gründer einer Soziologie in Deutschland. In *Lebenszeiten. Erkundungen zur Soziologie der Generationen*, hrsg. Günter Burkart und Jürgen Wolf, 407-419. Opladen: Leske + Budrich.

Deichsel, Alexander, Fechner, Rolf, und Waßner, Rainer, 2002. Editorischer Bericht. In *Ferdinand Tönnies, Gesamtausgabe Band 14. Kritik der öffentlichen Meinung*, 683-697. Berlin, New York: de Gruyter.

Foucault, Michel. 1996. *Wahnsinn und Gesellschaft. Eine Geschichte des Wahns im Zeitalter der Vernunft.* Frankfurt am Main: Suhrkamp.

Fries, Jakob Friedrich. 1910. An die deutschen Burschen. Zum Wartburgfest am 18. Oktober 1817. In *Zwei politische Flugschriften 1814 und 1817*, 25-31. München: Buchhandlung Nationalverein.

Gadamer, Hans-Georg. 1986. *Gesammelte Werke 2. Hermeneutik II: Wahrheit und Methode – Ergänzungen, Register.* Tübingen: Mohr (Siebeck).

Gostmann, Peter. 2014. Grundlagen einer Intellektuellensoziologie. Theorie und Methodologie. In Peter Gostmann ,*Beyond the Pale'. Albert Salomons Denkraum und das intellektuelle Feld im 20. Jahrhundert und die Frage einer Soziologie der Soziologie*, 25-74. Wiesbaden: Springer VS.

Hegel, Georg Wilhelm Friedrich 1970. *Werke 7. Grundlinien der Philosophie des Rechts oder Naturrecht und Staatswissenschaft im Grundrisse. Mit Hegels eigenständigen Notizen und den mündlichen Zusätzen.* Frankfurt am Main: Suhrkamp.

Kantorowicz, Hermann. 1911. Rechtswissenschaft und Soziologie. In *Verhandlungen des Ersten Deutschen Soziologentages vom 19.-22. Oktober 1910 in Frankfurt a.M.*, 275-309. Tübingen: Mohr (Siebeck).

Kany, Roland 2004. Zitat. I. In *Historisches Wörterbuch der Philosophie* 12, hrsg. Joachim Ritter, Karlfried Gründer und Gottfried Gabriel, 1344-1355. Basel: Schwabe.

Kaube, Jürgen. 2010. Kein Werturteilsstreit beim Soziologentag. In *Frankfurter Allgemeine Zeitung*, 22. Oktober 2010, N3.

Kelsen, Hans. 1928. *Die philosophischen Grundlagen der Naturrechtslehre und des Rechtspositivismus.* Charlottenburg: Heise.

Kondylis, Panajotis. 1991. *Der Niedergang der bürgerlichen Denk- und Lebensform. Die liberale Moderne und die massendemokratische Postmoderne.* Weinheim: VCA, Acta Humaniora.

Kondylis, Panajotis. 1999. *Das Politische und der Mensch. Grundzüge der Sozialontologie.* Berlin: Akademie.

Koolwaay, Jens. 2011. Eine deutsche Soziologie? Eine These Albert Salomons und der Referenzrahmen der Nachkriegssoziologie in Deutschland. In *Verlassene Stufen der Reflexion. Albert Salomon und die Aufklärung der Soziologie*, hrsg. Peter Gostmann und Claudius Härpfer, 137-151. Wiesbaden: VS Verlag.

Kneer, Georg, und Schroer, Markus. 2009. Soziologie als multiparadigmatische Wissenschaft. Eine Einleitung. In *Handbuch Soziologische Theorien*, hrsg. Georg Kneer und Markus Schroer, 7-18. Wiesbaden: VS Verlag für Sozialwissenschaften.

Merz-Benz, Peter-Ulrich. 1995. *Tiefsinn und Scharfsinn. Ferdinand Tönnies' begriffliche Konstitution der Sozialwelt.* Frankfurt am Main: Suhrkamp.

Nau, Heino H. (Hrsg.). 1996. *Der Werturteilsstreit. Die Äusserungen zur Werturteilsdiskussion im Ausschuss des Vereins für Sozialpolitik (1913)*. Marburg: Metropolis.

Oraić Tolić, Dubravka. 1995. *Das Zitat in Literatur und Kunst. Versuch einer Theorie*. Wien: Böhlau.

Ritter, Joachim 1974. Genie. III. In *Historisches Wörterbuch der Philosophie* 3, hrsg. ders., 285-309. Basel: Schwabe.

Ritter, Joachim. 2003. Hegel und die französische Revolution. In *Metaphysik und Politik. Studien zu Aristoteles und Hegel.*, 183-255. Frankfurt am Main: Suhrkamp.

Robertson, George C. 1886. *Hobbes*. Edinburgh, London: Blackwood.

Schelsky, Helmut. 1965. Ist die Dauerreflexion institutionalisierbar? Zum Thema einer modernen Religionssoziologie (1957). In *Auf der Suche nach Wirklichkeit. Gesammelte Aufsätze*, 250-275. Düsseldorf: Diederichs.

Soeffner, Hans-Georg (Hrsg.). 2013. *Transnationale Vergesellschaftungen. Verhandlungen des 35. Kongresses der Deutschen Gesellschaft für Soziologie in Frankfurt am Main 2010*. Zwei Bände. Wiesbaden: Springer VS.

Slaughter, Sheila, und Leslie, Larry L. 1997. *Academic Capitalism. Politics, Policies, and the Entrepreuneurial University*. Baltimore: Johns Hopkins University Press.

Tönnies, Ferdinand. 1887a. *Gemeinschaft und Gesellschaft. Abhandlung des Communismus und des Socialismus als empirischer Kulturformen*. Leipzig: Fues (Reisland).

Tönnies, Ferdinand. 1887b. Rezension von ‚George Croom Robertson, Hobbes. Edinburgh and London, William Blackwood and Sons 1886'. In *Philosophische Monatshefte* 23, 287-306.

Tönnies, Ferdinand. 1911. Wege und Ziele der Soziologie. In *Verhandlungen des Ersten Deutschen Soziologentages vom 19.-22. Oktober 1910 in Frankfurt a.M.*, 17-38. Tübingen: Mohr (Siebeck).

Tönnies, Ferdinand. 1926. Einteilung der Soziologie. In *Soziologische Studien und Kritiken. Zweite Sammlung*, 430-443. Jena: Fischer.

Tönnies, Ferdinand. 1932. Hegels Naturrecht. Zum Gedächtnis an Hegels Tod († 14. November 1831). In *Schmollers Jahrbuch für Gesetzgebung, Verwaltung und Volkswirtschaft im Deutschen Reich* (1), 71-85.

Tönnies, Ferdinand. 1979. *Gemeinschaft und Gesellschaft. Grundbegriffe der reinen Soziologie*. Darmstadt: Wissenschaftliche Buchgesellschaft.

Tönnies, Ferdinand. 2002. *Gesamtausgabe Band 14. Kritik der öffentlichen Meinung*. Berlin, New York: de Gruyter.

Verhandlungen 1911. *Verhandlungen des Ersten Deutschen Soziologentages vom 19.-22. Oktober 1910 in Frankfurt a.M.* Tübingen: Mohr (Siebeck).

Der Wille und die Vernunft

4

Soziale Bindung bei Ferdinand Tönnies und Jürgen Habermas

Angelika Zahn

Ferdinand Tönnies und Jürgen Habermas haben mit unterschiedlichem Erkenntnisinteresse die Frage nach der Qualität/Art des sozialen Zusammenhalts bzw. der sozialen Bindung in modernen Gesellschaften aufgeworfen. Beide sind sich darin einig, dass mit der Auflösung herkömmlicher Sozialverhältnisse der öffentlichen Meinung eine zentrale Rolle in der Strukturierung menschlichen Miteinanders zukommt. Tönnies' Ausgangspunkt ist bekanntlich der menschliche Wille. Er konkretisierte mit seiner Unterscheidung von Gemeinschaft und Gesellschaft erstmalig in soziologischen Begriffen, dass mit der funktionalen Ausdifferenzierung der modernen Gesellschaft ein neuer Beziehungstypus entstand, dem eine qualitativ veränderte Motivationsstruktur zugrunde liegt. Seine Unterscheidung ist heute soziologisches Allgemeingut und hat – wie Tönnies besonders betont – u.a. bei Max Weber (Tönnies 1972, S. XLIV) seinen Niederschlag gefunden.[1] Jürgen Habermas hingegen problematisiert in erster Linie die Bedingungen, denen menschliches Handeln in der Moderne unterworfen ist. Ihm zufolge behindern systemisch bestimmte Formen der Handlungskoordinierung die Entfaltung einer kommunikativen Vernunft, indem sie den lebensweltlichen Diskurs zunehmend instrumentellen Interessen unterwerfen.

Auf den ersten Blick stechen vor allem die Ähnlichkeiten zwischen dem Denken von Ferdinand Tönnies und Jürgen Habermas hervor. So ist bereits von Ema-

---

1 Zur Geschichte des Gesellschaftsbegriffs vgl. Lichtblau 2005.

nuel Richter betont worden, dass die „Differenzierung zwischen Lebenswelt und System", wie sie Jürgen Habermas in seiner Theorie des kommunikativen Handelns entwickelte, „die Rückbesinnung auf Tönnies' Differenzierung zwischen Gemeinschaft und Gesellschaft" (Richter 1991, S. 191) wachrufe. Richter rückt in seinem Rekurs auf Habermas vor allem die Tönnies und Habermas gemeinsame Absicht in den Vordergrund, einen historischen Entwicklungsprozess aufzeigen zu wollen, dessen Telos eine zunehmende Rationalisierung der Denk- und Handlungsmuster beinhalte. Auch Perry A. Howard (Howard 1991) zieht die Parallele in der empathischen Betonung der Öffentlichkeit, deren Existenz an je spezifische Strukturen geknüpft wird. Er hebt hervor, dass sowohl Tönnies als auch Habermas der Ausweitung interessengeleiteter Handlungszusammenhänge in der modernen Gesellschaft skeptisch gegenüber stehen und nach Möglichkeiten zur Bewahrung zweckungebundener Sozialbeziehungen suchen.

Ich möchte einen anderen Ansatzpunkt wählen. Meines Erachtens implizieren die unterschiedlichen Ausgangspunkte ihrer jeweiligen Analysen zugleich die Vernachlässigung bestimmter Aspekte.

Tönnies denkt Sozialverhältnisse konsequent aus der Perspektive menschlicher Bedürfnisse. Er möchte eine Theorie der gesellschaftlichen Wirklichkeit entwerfen, die „aus einem Punkt" heraus die gegebenen Sozialverhältnisse begreift. Sein Ausgangspunkt sind die willentlichen Bejahungen der Sozialverhältnisse. Habermas hingegen konzipiert die gesellschaftliche Wirklichkeit aus der Perspektive des menschlichen Vermögens zur Vernunft. Der Wille interessiert ihn vor allem unter dem Aspekt des kommunikativen Handelns. Er bindet die Möglichkeit von Vernunft an die Motive, die die Sprechenden mit ihren Kommunikationsabsichten verfolgen. Relevant ist für Habermas vor allem das Ergebnis der Handlung, nicht ihr Ursprung, da er die Realisierung von kommunikativer Vernunft an spezifische Voraussetzungen knüpft. Dies hat allerdings zur Folge, dass er diese nicht hinreichend an die Motivation der Handelnden rückbinden kann und auf Idealisierungen zurückgreifen muss, welche das Verhalten der kommunikativ Handelnden bestimmen müssen, damit Vernunft sich überhaupt entfalten kann.

Ich werde zunächst auf einige zentrale Aspekte des soziologischen Verständnisses von Tönnies eingehen, um im Anschluss darzulegen, dass es eben jene Aspekte sind, deren Vernachlässigung ein empirisches Defizit der Theorie des kommunikativen Handelns begründen. Im Anschluss möchte ich aufzeigen, wie ein Anschluss beider Konzeptionen an poststrukturalistische Ansätze, insbesondere an den Subjektbegriff des französischen Psychoanalytikers Jacques Lacan und an den Begriff der Iteration des Philosophen Jacques Derrida, eine Möglichkeit bietet, die Stärken beider Theorien zu vereinen. Als Ergebnis möchte ich ein Modell entwickeln, in welchem ich die Realisierung einer kommunikativen Vernunft nicht an eine Ausklammerung strategischer Intentionen aus dem Interaktionszusammenhang knüpfe. Stattdessen möchte ich zeigen, wie sich das Erheben von Geltungsansprüchen aus dem Wollen der Subjekte heraus erklären lässt. Dies hat zur Folge, dass das normative Potential, welches sowohl Tönnies als auch Habermas an die Öffentliche Meinung knüpfen, sich in jedem Diskurs entfalten kann, in welchem die Individuen auf Sprache als Handlungskoordinierung zurückgreifen. Das sich im kommunikativen Handeln intersubjektiv vermittelnde Wollen bildet die Grundlage, so meine forschungsleitende These, auf der sich jene Normen und Werte entfalten, die in Form einer Öffentlichen Meinung gemeinsam geteilte Akzeptanz finden und unser gesellschaftliches Miteinander regulieren.

1 Wesen- und Kürwille bei Tönnies

Wesentliches Moment der Tönniesschen Soziologie ist der Gedanke, dass soziale Verhältnisse nur gegeben sind aufgrund der Tatsache, dass sie „empfunden, gefühlt, vorgestellt, gedacht und gewollt werden – und zwar *zunächst* von Individuen" (Tönnies 1907, S. 124). Soziale Realität ist für Tönnies also fiktiv. Zwar komme sozialen Gebilden eine „bestimmte empirische Realität zu". Da menschliche Verbindungen aber „ideeller Natur" seien, weil sie „ihr Wesen ganz und gar in den Seelen derer haben, die ihnen angehören", müsse ihre Erklärung auch auf jener Ebene des Ideellen ansetzen. Eine empirische Realität gewinnen soziale Verhältnisse einzig, so lässt sich Tönnies zusammenfassen, durch die Bejahung, die ihnen durch jene, die an ihr teilhaben, zukommt. Anders als die psychologische oder biologische Sichtweise habe es die Soziologie nämlich, so Tönnies, „wesentlich und in erster Linie mit den Tatsachen zu tun, die ich Tatsachen gegenseitiger Bejahungen nenne." (Tönnies 1907, S. 112)

Eine solche Perspektive betont, dass die Sozialwelt der Akzeptanz durch ihre Mitglieder bedarf. Tönnies schließt negative Sozialverhältnisse, die nicht zumindest neutraler Natur sind, als Untersuchungsgegenstand der Soziologie aus. Darin erinnert sein Ansatz im Kern an die kommunikative Vernunft: Für Tönnies können sich soziale Tatsachen nur entfalten, wenn zumindest in Form einer bewussten Enthaltung von Feindseligkeiten der Keim eines sozialen Verhältnisses vorliegt (Tönnies 1907, S. 116). Auch Habermas konzipiert die kommunikative Vernunft unter der Voraussetzung, dass Individuen bereit sind, mittels Sprache ihre Handlungen zu koordinieren und zu diesem Zweck auf Feindseligkeiten verzichten.

Wurzelt die Bejahung in den Seelen der Menschen, dann, so schlussfolgert Tönnies, sei es die Psyche, die den Ausgangspunkt für eine Erklärung des Soziologischen bilden müsse (vgl. Tönnies 1899, S. 102). Die Grundlage der sozialen Beziehung bildet für Tönnies die Überzeugung, dass der Mensch „zur Bejahung des Menschen und also zur Verbindung mit ihm von Natur ‚geneigt' [ist], nicht bloß durch ‚Instinkte', wenn sie auch die stärksten Antriebe ergeben, sondern auch durch ‚edlere' Gefühle und ein vernünftiges Bewusstsein" (Tönnies 1907, S. 112f). Allerdings bedeutet dies nicht, dass Tönnies der von vielen Romantikern vertretenen Ansicht, dass der Mensch in erster Linie als soziales Wesen zu begreifen sei, vorbehaltslos zustimmt. Auch das egoistische Interesse kann Tönnies zufolge eine soziale Bindung begründen. Die Neigung zur sozialen Bindung ist insofern zunächst wertneutral; sie bildet für den Menschen nur die Voraussetzung oder, genauer, die Prädisposition, sich mit Hilfe seines Willens in der Sozialwelt zu verorten. Eine normative Dimension ergibt sich erst mit der Intention von Tönnies, eine geschichtliche Entwicklung begrifflich fassbar machen zu wollen. Den Anknüpfungspunkt hierfür findet Tönnies in seiner Beobachtung, dass es zwei unterschiedliche Weisen gibt, die eine Bejahung sozialer Beziehungen motivieren können. Diese unterschiedlichen Formen der Bejahung situiert Tönnies in einem evolutionären Modell, mit dessen Hilfe er eine korrespondierende Entwicklung zwischen sozialen Strukturen und Bewusstseinsformen konstatiert. Die Herausbildung der Moderne aus traditionellen, archaischen Sozialformen ist Tönnies zufolge begleitet von einer Ausdifferenzierung und schließlich qualitativen Veränderung der willentlichen Bezugnahme auf die Sozialwelt. Beide Formen der Bezugnahme auf soziale Zusammenhänge ordnet Tönnies zwei unterschiedlichen Kategorien menschlicher Verbundenheit zu: Die Gemeinschaft zeichne sich durch den Wesenwillen, die Gesellschaft durch den Kürwillen aus.

In der Entgegensetzung der beiden Begriffe ‚Gemeinschaft' und ‚Gesellschaft' begründet sich der normative Gehalt der Tönniesschen Theorie. Ähnlich wie Habermas diagnostiziert Tönnies mit dem Entstehen der modernen Gesellschaft die Geburt einer instrumentalen Rationalität, die sich von den unmittelbaren Lebensbezügen der Menschen abkoppelt. Den in ihr vorherrschenden Typus der Motivation zur sozialen Bindung, den Kürwillen, skizziert Tönnies in enger Anlehnung an Karl Marx und Thomas Hobbes am Beispiel der Tauschgesellschaft. Seine Grundlage ist ein soziales Beziehungsgeflecht, „in der jede Person ihren eigenen Vorteil erstrebt und die übrigen nur bejaht, soweit und solange sie denselben fördern möge" (Tönnies 1979, S. 45). Als „nur gedachter Wille" (Tönnies 1899, S. 108) habe sich der Kürwillen von den ursprünglichen menschlichen Empfindungen abgelöst. Ihm ist die Vernunft äußerlich, das Denken dirigiert die Gesamtheit der willentlichen Bestrebungen, indem es diese auf eine bewusste

Zwecksetzung hin orientiert. Entscheidendes Merkmal jenes Beziehungstypus ist die vorgängige Vereinzelung des Individuums. Die kürwillig motivierte soziale Bindung entsteht erst als eine Wirkung gemeinsam verfolgter Zielsetzungen, sie fügt zusammen, was zuvor getrennt war.

Demgegenüber begründet der Wesenwille soziale Beziehungen, die ihre Zusammengehörigkeit nicht erst neu fundieren müssen, sondern sich auf der Basis des Vorgefundenen entwickeln. Er ist „Seiendes als Vergangenes, Gewesenes" und entfaltet sich als „psychologisches Äquivalent des Leibes" (Tönnies 1979, S. 109, 73). Er wurzelt in den unmittelbaren Empfindungen, die sich auf der Ebene des Zusammenlebens entwickeln. Es sind vor allem archaische Sozialformen, die auf familiären oder lokalen Beziehungen beruhen, die Tönnies hier im Blick hat. Zusammengehörigkeit wird nicht von seinem Zweck her gedacht, sondern von der Gemeinschaft aus, der man per se angehört.

Tönnies konzipiert die Begriffe ‚Gemeinschaft' und ‚Gesellschaft' als soziologische Kategorien. Sie bilden zusammen den systematischen Kern der ‚reinen Soziologie'. Mit ihrer Hilfe möchte Tönnies die Wirklichkeit „denk- und darstellbar" machen, um sie daraufhin erforschen zu können. Tönnies' Anliegen ist das Aufzeigen eines historischen Entwicklungsprozesses, in welchem die Reflektion zunehmend in die sozialen Beziehungen der Menschen hineingreift. Mit ihrer Situierung in einer historischen Abfolge entwirft Tönnies eine „Verlustgeschichte" (Walther 1991, S. 97), in der der Mensch den unmittelbaren Bezug auf seine Willenskräfte immer mehr verliert. Doch beide Aspekte, wesenwillige und kürwillige Momente, lassen sich nicht wirklich voneinander trennen; diese gehen aus jenen hervor. Tönnies betont, dass beide Aspekte „auf alle Arten der Verbundenheit anwendbar sind und angewendet werden sollen. Alle – sowohl Verhältnisse als Samtschaften, als Körperschaften – sind gemeinschaftlich in dem Maße, als sie in unmittelbarer gegenseitiger Bejahung, also im Wesenwillen beruhen, gesellschaftlich in dem Maße, als diese Bejahung rationalisiert worden, d. i. durch Kürwillen gesetzt worden ist." (Tönnies 1979, S. XLIII). Demgemäß trägt, wie Merz-Benz bemerkt, nach Auffassung von Tönnies „das vernunftbestimmte Zusammenleben, so autonom und nur seinen eigenen Bestehensbedingungen verpflichtet es auch erscheinen mag, die archaisch-gemeinschaftlichen Elemente, aus denen es hervorgegangen ist, als seine ‚Geschichte' doch noch immer in sich; und deshalb bedarf es zuhanden einer wissenschaftlichen Gesamtsicht der Sozialwelt folgerichtig des Miteinbezugs der historischen und der rationalistischen Ansicht." (Merz-Benz 1995, S. 38)

2   Habermas' Unterscheidung von Lebenswelt und System

Anders als Habermas vermag Tönnies mit seinem Rekurs auf den Willensbegriff ein Modell der sozialen Welt zu entwerfen, in welchem der Bezug auf die subjektiven Empfindungen der Menschen immer gewahrt bleibt. Habermas' Ausgangspunkt sind zwar gleichfalls die Intentionen, welche die Diskursteilnehmer zu ihren Äußerungen motivieren. Die terminologische Entgegensetzung von ‚Lebenswelt' und ‚System' (Habermas 1988) hat bei Habermas aber nicht die Funktion, ein unterschiedliches Wollen zu bezeichnen. Beide Begriffe stellen vielmehr Kategorien dar, mittels derer eine unterschiedliche (Forschungs-)Perspektive gegenüber der gesellschaftlichen Wirklichkeit beschrieben werden soll. Die Lebenswelt dient zur Erfassung der sozialen Realität aus der Sicht der handelnden Individuen, die systemische Dimension fokussiert die Perspektive des Beobachters. Eine Gemeinsamkeit zu Tönnies Begrifflichkeit von ‚Wesenwillen' und ‚Kürwillen' ergibt sich daher nur unter dem Aspekt einer entwicklungsgeschichtlichen Betrachtung instrumentaler Rationalität, nicht aber, wie Richter es andeutet, über die Gleichsetzung von ‚Lebenswelt' und ‚Wesenwille' (Richter 1991, S. 191).

Habermas interessieren die Bedingungen, die eine Entfaltung kommunikativer Vernunft ermöglichen. Er möchte eine Ethik begründen, in welcher er das in seinem *Strukturwandel der Öffentlichkeit* (Habermas 1990) aufgefundene normative Moment einer Verständigung unter Gleichen mit alleiniger Bezugnahme auf gute Gründe aufgreifen möchte. Hierzu entwickelt er einen Vernunftbegriff, welcher auf der Annahme beruht, dass sich Menschen in Sprechakten ein gegenseitiges Urteil über ihre Bezugnahmen auf die gesellschaftliche Wirklichkeit zugestehen und in Verständigungsprozessen zu gemeinsamen Situationsdefinitionen und Deutungsmustern gelangen. Habermas spricht in diesem Zusammenhang von der illokutionären Bindungskraft einer Äußerung, der Sprecher verpflichtet sich dem Hörer gegenüber, die in seiner Äußerung zum Ausdruck gebrachten Bezugnahmen auf die Welt gegebenenfalls zu begründen. Die Einbeziehung einer systemischen Perspektive in seine Gesellschaftstheorie ermöglicht es Habermas, die Abkoppelung gesellschaftlicher Bereiche aus jenem Prozess der lebensweltlichen Verständigung zu erfassen. Mit der Ausdifferenzierung der Moderne entstehen, so Habermas, systemische Zusammenhänge, in denen die kommunikative Verständigung partiell durch nichtsprachliche Kommunikationsmedien (Geld, Ämterhierarchie) ersetzt und damit von Kriterien der Rechtfertigung entlastet wird. Das Funktionieren dieser systemischen Zusammenhänge ist gewährleistet, ohne dass ihre Rückbindung an die lebensweltlichen Dimensionen intersubjektiver Urteilskraft noch zwingend erforderlich ist.

Tönnies' Perspektive ist – sofern man diese in der begrifflichen Terminologie von Habermas erfassen möchte – diejenige der Lebenswelt. Da er als Ausgangspunkt die psychische Disposition des wollenden Subjektes wählt, begreift er die Sozialwelt aus Sicht des sich hierin verortenden Individuums. Kürwille und Wesenwille bezeichnen lediglich zwei unterschiedliche Modi der Motivation, mit denen der Einzelne soziale Bindungen einzugehen vermag. Die verselbständigten Formen der Handlungskoordinierung, die Habermas dazu nutzt, um die Ambivalenzen einer gleichermaßen Freiheit wie Entfremdung versprechenden Moderne aufzuzeigen, kann Tönnies indessen nicht abbilden. Da eine solche Perspektive gerade jene Sozialverhältnisse in den Blick nimmt, die sich einer Kontrolle des handelnden Subjektes entziehen, besitzt ein voluntaristischer Ansatz wie derjenige von Tönnies hierfür keine Begrifflichkeit.

Auch Habermas konstatiert – ähnlich wie Tönnies – zwei Formen, mittels derer Menschen aufeinander Bezug nehmen können. Anders als Tönnies bindet Habermas diese zwei Modi der sozialen Bezugnahme aber nicht an spezifische Typen der sozialen Beziehung. Für Habermas ist der menschliche Wille vor allem relevant in Hinblick auf das Motiv, das den kommunikativ Handelnden zur Aufnahme eines Gesprächs motiviert. Sein Ausgangspunkt sind nicht die psychischen Dispositionen des handelnden Subjektes, sondern es sind die Voraussetzungen, die eine Realisierung kommunikativer Vernunft ermöglichen. Hierzu bedarf es Habermas zufolge einer Sprechsituation, die jedem die gleiche Chance zur Äußerung einräumt und eine vorurteilsfreie Überprüfung seiner Argumente gewährt. Um ein solches Diskursmodell entwerfen zu können, muss Habermas strategische Formen der Einflussnahme aus seinem Kommunikationsmodell ausschließen. Er ist daher – anders als Tönnies – gezwungen, von vornherein zwei sich unabhängig zueinander verhaltende Kategorien des menschlichen Wollens zu entwerfen: Neben einem kommunikativen Handeln, welches motiviert ist durch die Bereitschaft, sich mit dem Gegenüber zu verständigen, konstatiert er ein strategisches Handeln, welches sich zum Ziel setzt, den Interaktionspartner gemäß der eigenen Zwecke zu beeinflussen.

Beide Handlungsmodi sind dem Wissenschaftler aus der lebensweltlichen Perspektive des handelnden Subjektes zugänglich. Kommunikatives und strategisches Handeln bezeichnen in dieser Forschungsperspektive zwei qualitativ unterscheidbare Intentionen, die eine Kommunikation motivieren können. Habermas situiert beide Handlungsmodi – wie auch Tönnies seine Unterscheidung von Wesenwille und Kürwille – in einem evolutionären Modell. Ihm dient dieses Modell allerdings nicht dazu, das interessegeleitete Handeln als ein zentrales Merkmal sozialer Bezugnahme in der Moderne zu diagnostizieren. Für Habermas ist die Ausdifferenzierung dieser zwei Handlungsmodi vielmehr das positiv zu bewertende Ergebnis eines emanzipatorischen Prozesses. Während das strategische Handeln eine basale, von Anbeginn vorhandene Kompetenz voraussetzt, auf die Welt als Objekt Bezug zu nehmen, beinhaltet das kommunikative Handeln die sich historisch erst ausbildende Fähigkeit, zwischen einer objektiven Welt der gegebenen Tatsachen, einer sozialen Welt der Beziehungen und einer subjektiv gegebenen, inneren Welt unterscheiden zu können (Habermas 1988, S. 79ff). Nur sofern diese drei Ebenen unterschieden werden können, kann das Subjekt in seinen Äußerungen nicht nur über die Wahrheit von Aussagen (objektive Welt), sondern auch über deren Authentizität (subjektive Welt) und normative Richtigkeit (soziale Welt) urteilen, kurz gesagt, es kann sich kommunikative Vernunft entfalten. Für Habermas ist die Fähigkeit zum kommunikativen Handeln daher der Endpunkt einer emanzipatorischen Entwicklung, während Tönnies einen entgegengesetzt verlaufenden Entwicklungsprozess konstatiert: Das kürwillige, interessengeleitete Handeln gewinnt für ihn parallel mit der Herausbildung moderner Sozialformen an zunehmender Bedeutung. Das wesenwillig motivierte Handeln beschreibt hingegen herkömmliche Weisen der sozialen Bezugnahme in traditionellen, familiären oder nachbarschaftlichen Beziehungen.

Jene kritische Dimension der Moderne, die Tönnies mit seiner Unterscheidung von Wesen- und Kürwille zum Ausdruck bringen möchte, rückt für Habermas erst in den Blick, wenn der Forscher sich aus der begrenzten lebensweltlichen Perspektive des handelnden Subjektes löst und die Gesellschaft als Ganzes, aus systemischer Perspektive, in den Blick nimmt – also jenen Perspektivenwechsel vollzieht, der Tönnies aufgrund seines voluntaristischen Ansatzes verwehrt bleibt. Für Habermas wird erst dann sichtbar, dass sich mit der Moderne funktionale Zusammenhänge (insbes. Wirtschaft und Verwaltung) ausgebildet haben, innerhalb derer Handlungen nicht über Handlungsabsichten, sondern über die Handlungsfolgen, d.h. mittels Medien, die nicht auf Sprache zurückgreifen, koordiniert werden. Habermas lehnt diese Entwicklung nicht ab. Er sieht aber mit der Herausbildung moderner Formen von Wirtschaft und Verwaltung die Gefahr verbunden, dass die Entfaltung kommunikativer Vernunft unnötigen Einschränkungen unterworfen wird. Innerhalb funktionaler Zusammenhänge ist das kommunikative Handeln von den jeweiligen systemischen Zwecksetzungen motiviert und notwendig instrumentell verkürzt. Mechanismen, die für ein reibungsloses Zusammenwirken sorgen sollen, wie beispielsweise die Ämterhierarchie in der Verwaltung, bestimmen die Handlungsorientierungen und strukturieren hintergründig die erhobenen Geltungsansprüche. Aus systemtheoretischer Perspektive lassen sich daher solche Handlungszusammenhänge, so könnte man mit Tönnies argumentieren, als kürwillig motivierter Zweckzusammenhang begreifen, da die innersystemisch erhobenen Geltungsansprüche durch gesetzte Zwecke motiviert sind. Eine kommunikative Vernunft kann in diesen Zusammenhängen nur verzerrt zum Ausdruck kommen, denn sie bedarf Habermas zufolge einer Verständigungspraxis jenseits strategischer Intentionen. Eine Legitimation ihrer funktionalen Handlungsmuster können systemische Zusammenhänge folglich immer nur von außen, von ihrer Umwelt erhalten; die innersystemisch erhobenen Geltungsansprüche müssen an Diskurse rückgebunden werden, die nicht den gleichen systemischen Zwängen unterworfen sind. D.h. sie bedürfen der Vermittlung mit einer Öffentlichen Meinung, in der sich Normen und Werte ausbilden können, die – sofern sie auf der Grundlage von Geltungsansprüchen entstanden sind, die nicht durch strategische Absichten motiviert waren – den Anspruch erheben können, normativ rechtfertigbar und insofern vernünftig zu sein.

Falls eine solche Rückbindung der innersystemisch erhobenen Geltungsansprüche an die in der Öffentlichen Meinung entwickelten Normen und Werte nur unzureichend gelingt, zeigt sich dies, so meine Schlussfolgerung, an den Schnittstellen zwischen System und Umwelt, also dort, wo Interaktionszusammenhänge die innersystemisch erhobenen Geltungsansprüche mit jenen Geltungsansprüchen, die jenseits der systemischen Zwänge erhoben werden, vermitteln. Hier wird sichtbar, ob Differenzen bestehen zwischen dem, was in systemischen Zusammenhängen und dem, was jenseits dieser Zusammenhänge, also in der Öffentlichen Meinung, als vernünftig, d.h. als wahr, normativ richtig und/oder authentisch aufgefasst wird.

Daneben konstatiert Habermas die Gefahr, dass sich die instrumentell verkürzten Kommunikationsprozesse auf Lebensbereiche jenseits ihrer tatsächlichen Erfordernis, also jenseits des als legitim anerkannten systemischen Zusammenhangs ausdehnen und die lebensweltliche Verständigung auch da funktionalen Zwängen unterwirft, wo dies normativ nicht rechtfertigbar ist. Habermas spricht in dieser Hinsicht davon, dass die Lebenswelt kolonialisiert werde, indem funktionale Motive durch die Handlungsorientierungen der Subjekte hindurchgreifen und die lebensweltlich erhobenen Geltungsansprüche modifizieren. Dies hat zur Folge, dass die Öffentliche Meinung der ihr von Habermas zugesprochenen Aufgabe nicht mehr nachkommen kann: Die sich in ihr artikulierenden Normen und Werte können dann nicht mehr als diskursives Ergebnis einer kommunikativ sich realisierenden Vernunft gefasst werden, sie sind Habermas zufolge verfremdet, da die Bereitschaft zur diskursiven Verständigung durch strategische Intentionen motiviert ist.

Allerdings kommt eine derartige ideale Argumentationspraxis frei von individueller Vorteilsnahme, wie Habermas sie als Voraussetzung für ein verständigungsorientiertes Handeln entwirft, auch jenseits systemischer Zusammenhänge in der empirischen Wirklichkeit kaum vor. Hier zeigt sich die Problematik, dass

Habermas die Beweggründe, die das Sprechen der kommunikativ Handelnden begleiten, von ihrem Ergebnis her zu begreifen versucht – und nicht, wie Tönnies, aus dem Wollen der handelnden Subjekte heraus. Eine strikte Trennung von verständigungsorientiertem und strategisch motiviertem Handeln lässt sich auf empirischer Ebene nicht nachweisen, wie u. a. Gerhard Wagner und Heinz Zipprian am Beispiel von imperativen Sprechhandlungen aufgezeigt haben (Wagner/Zipprian 1988). Auch ist nicht einzusehen, warum ein strategisch motiviertes Handeln nicht auch die Bereitschaft zur Verständigung einschließen soll bzw. die Bereitschaft zur Verständigung nicht von einem strategischen Kalkül motiviert sein kann.

Besinnt man sich auf jene drei zentralen Aspekte, die das soziologische Verständnis von Tönnies bestimmen – er geht 1. davon aus, dass soziale Gebilde nur eine Realität besitzen, indem sie vorgängig bejaht werden, 2. dass die Verortung des wollenden Individuums in der Sozialwelt aus *einem* Prinzip heraus gefasst werden muss und 3. alle subjektive Tätigkeit psychisch begriffen werden muss – so lässt sich ein Begriff der kommunikativen Vernunft gewinnen, der seinen Ausgangspunkt in der empirischen Realität besitzt. Im Nachfolgenden werde ich aufzeigen, wie sich mit der Einbindung des psychoanalytischen Ansatzes von Jacques Lacan in die *Theorie des kommunikativen Handelns* und dem Rekurs auf Jacques Derridas Begriff der Iteration ein Begriff des Wollens gewinnen lässt, der den oben genannten drei Prämissen von Tönnies gerecht wird und das kommunikative Handeln nicht von einer strategischen motivierten sozialen Bezugnahme abkoppelt, sondern beides ‚aus einem Punkt heraus' erklärt.

Eine Ergänzung mit den poststrukturalistischen Ansätzen von Lacan und Derrida bietet sich darüber hinaus an, da es weder Tönnies noch Habermas gelingt, menschliches Handeln in aller Konsequenz als sozial Bedingtes zu erfassen. Tönnies' Konzeption des Willens bleibt metaphysisch, da er dessen Genese ausschließlich im Subjekt verortet. Habermas tritt zwar mit dem Anspruch auf, kommunikatives Handeln im intersubjektiven Prozess zu verankern. Da sein Ausgangspunkt allerdings die Sprechabsichten der Diskursteilnehmer sind, bleibt auch er in seiner Konzeptionalisierung der kommunikativen Vernunft dem Gedanken verhaftet, dass das Wollen seine Wurzel allein im Subjekt besitzt.

Ich werde im Folgenden zunächst auf den Identitätsbegriff von Lacan eingehen. Ihm zufolge richtet sich die Selbstwahrnehmung an den Deutungen des sozialen Anderen aus. Dies lässt vermuten, dass auch das subjektive Wollen seine Wurzel im intersubjektiven Prozess besitzt. An diese These anknüpfend, werde ich im Anschluss zeigen, wie sich die Geltungsansprüche, die laut Habermas im kommunikativen Handeln erhoben werden, mit Hilfe von Derrida und Lacan als Ergebnis eines Sinngebungsprozesses begreifen lassen, der sich auf der Folie einer

sich überschneidenden und überlagernden gegenseitigen Einflussnahme der beteiligten Interaktionsteilnehmer entfaltet. Dieser Prozess lässt sich zugleich lesen als eine Vermittlung zwischen Selbst- und Fremdwahrnehmung, auf deren
Grundlage sich das Wollen neu ausrichtet. Dies ist jener Moment, so meine These,
in dem sich unsere gemeinsam geteilten Werte und Normen herausbilden, die als
Öffentliche Meinung unser Miteinander strukturieren.

Abschließend werde ich thematisieren, wie sich unter Einbeziehung der vorangegangenen Ausführungen Wesen- und Kürwille im Rahmen einer (modifizierten) Theorie des kommunikativen Handelns für eine Analyse (post-)moderner
Gesellschaften fruchtbar machen lässt.

3   Lacans Konzeptionalisierung von Identität

Lacan problematisiert das grundlegende menschliche Begehren, das den Menschen überhaupt erst zur Aufnahme sozialer Beziehungen motiviert. Ihm zufolge
richtet sich das Begehren des Menschen auf das Begehren des anderen Menschen.
Gemeint ist das Begehrt-Werden durch den anderen Menschen, denn erst durch
die Anerkennung des eigenen So-Seins durch Andere ist es dem Menschen möglich, sich der eigenen Identität zu vergewissern. Dies bildet für Lacan den Ausgangspunkt, um zu fragen, wie der individuelle Wille mit den gesellschaftlichen
Erwartungen koordiniert wird.

Lacan zufolge ist die menschliche Psyche strukturiert wie eine Sprache, da sich
der Mensch sein Ich nur vermittelt über Sprache aneignen kann. Er greift auf den
Zeichenbegriff zurück, um die Ausbildung von Identität als einen sich stetig vollziehenden, unabschließbaren Prozess zu begreifen (vgl. Lacan 1986b). Ihm zufolge ist das, was sich in der eigenen Lebensgeschichte verwirklicht, „nicht die
abgeschlossene Vergangenheit (passé defini) dessen, was war, weil es nicht mehr
ist, auch nicht das Perfekt dessen, der in dem gewesen ist, was ich bin, sondern
das zweite Futur (futur antérieur) dessen, was ich für das werde gewesen sein,
was zu werden ich im Begriff stehe." Der Mensch situiert sich in der gesellschaftlichen Wirklichkeit, indem er sich mittels Sprache eine Bedeutung zuschreibt –
eine Bedeutung, die sein Selbstbild in Hinblick auf das, was war und was künftig
werden soll, idealisiert, und auf dessen Grundlage sich seine individuelle, aber
auch verzerrte Sicht auf die Welt bildet. Aufgrund der sprachlichen Verfasstheit
der Selbstbeschreibung ist der Zugang des Menschen zum eigenen So-Sein un-
aufhebbar verfremdet. Um dies zu verdeutlichen, konzipiert Lacan die Erfassung
des eigenen Ichs als einen Signifizierungsprozess, der „vor jeder gesellschaftlichen
Determinierung die Instanz des Ich (moi) auf einer fiktiven Linie situiert, die das

Individuum allein nie mehr auslöschen kann, oder vielmehr: die nur asymptotisch das Werden des Subjekts erreichen wird, wie erfolgreich immer die dialektischen Synthesen verlaufen mögen, durch die es, als ich (je), seine Nichtübereinstimmung mit der eigenen Realität überwinden muss." (Lacan 1986a, S. 64)

Lacan verknüpft den verzerrten Blick des Menschen auf sich selbst mit der motorischen Unzulänglichkeit des Kleinkindes. Zwischen dem 6. und 18. Lebensmonat erkennt sich das Kind in seinem Spiegelbild in einer Ganzheit, die ihm aufgrund seiner vorzeitigen Geburt (anders als beispielsweise bei Primaten) in der Realität noch nicht gegeben ist. In der jubilatorischen Aneignung seines Spiegelbildes liegt für Lacan der Moment der Identitätskonstituierung. Das kindliche Aha-Erlebnis des Selbsterkennens beruht von vornherein auf einer Illusion, da das Spiegelbild das Gefühl eines Mangels kompensiert. Das Empfinden der eigenen Zerstückeltheit wird durch ein Wunschbild ersetzt. Das Spiegelbild fungiert als ein erster Signifikant, der das Signifikat, das Subjekt, in jenem Augenblick, in dem sich das Kind erstmalig seiner Identität bewusst wird, ersetzt. Aufgrund des illusorischen Charakters seines Selbstbildes bedarf das Kind einer zweiten Person, welche die Übereinstimmung zwischen ihm und dem Spiegelbild bestätigt. Fortan ist das Kind, wie Lacan es formuliert, gefangen in der „unerschöpfliche[n] Quadratur der Ich-Prüfungen" (Lacan 1986a, S. 67) Das nur verdeckte Wissen über die Fragmentiertheit des eigenen Ichs erweckt das stetige, latent vorhandene Begehren, das eigene Selbstbild durch andere bestätigt zu bekommen.

Auch Habermas konzipiert Identität als eine Fiktion, mittels derer sich das Subjekt seiner sozialen Umwelt präsentiert. Anders als Lacan begreift er die Fragilität dieser Ich-Narration allerdings nicht unter dem Aspekt ihrer Auswirkung auf die psychische Verfasstheit des Individuums. Vielmehr drückt sich für ihn im kohärenten Selbstentwurf die Fähigkeit des handelnden Subjektes aus, sich im moralphilosophischen Sinn als verantwortlich für die eigene Biographie zu begreifen: „Eine Biographie verantwortlich zu übernehmen heißt, sich darüber klar zu werden, wer man sein will, und aus diesem Horizont die Spuren der eigenen Interaktionen so zu betrachten, als seien sie Sedimente der Handlungen eines zurechnungsfähigen Urhebers, eines Subjektes also, das auf dem Boden eines reflektierten Selbstverhältnisses gehandelt hat." (Habermas 1988, Bd. 2, S. 151). Die Ausbildung von Identität ist für Habermas zwar gleichfalls nur vorstellbar in der Bezugnahme auf den sozialen Anderen. Mit George Herbert Mead begreift er sie als Ergebnis einer Internalisierung von sozialen Rollen. Lacan geht allerdings insofern über Habermas (bzw. Mead) hinaus, als er die psychoanalytischen Konsequenzen betrachtet, die sich aus einer Identität ergeben, die durch ein unaufhebbares, dauerhaftes Abhängigkeitsverhältnis zum sozialen Anderen charakterisiert ist.

Folgt man Lacan, so basiert das subjektive Empfinden einer kohärenten Identität auf eben jenem Prozess der intersubjektiven Bezugnahme, den auch Habermas als Voraussetzung für die Ausbildung von Identität beschreibt. Doch Lacan zufolge beruht die Stabilisierung von Identität paradoxerweise auf ihrer permanenten Ent-stabilisierung, d.h. ihrer stetigen Neujustierung mit dem Ziel einer (nie wirklich erreichbaren) Angleichung von Selbst- und Fremdwahrnehmung im intersubjektiven Diskurs. Da die Selbstzuschreibung in Form einer Signifizierung erfolgt, die einer Einbettung in weitere Signifizierungen bedarf und somit auf weitere Deutungsmuster verweist, sei der Einzelne, so Lacan, gezwungen, seine Sinndeutungen immer wieder zu überprüfen und mit derjenigen anderer Menschen in Einklang zu bringen. Dies bedeutet für das handelnde Subjekt, dass die Intention, Sprache als Mittel der Handlungskoordinierung zu gebrauchen, immer begleitet ist von dem Bedürfnis, den unabschließbaren Prozess der Identitätsbildung durch die Anbindung eigener Deutungsmuster an diejenigen des sozialen Anderen zumindest punktuell zu einem vermeintlichen Abschluss zu bringen.

Ergänzt man die Theorie des kommunikativen Handelns von Habermas durch diesen Aspekt, so lässt sich ein Begriff des Wollens gewinnen, der *vor* jeder strategischen oder verständigungsorientierten Gesprächsabsicht eine spezifische Weise der Bezugnahme auf den sozialen Anderen motiviert.

Habermas konzipiert die Zurechnungsfähigkeit des Subjektes unter zwei Aspekten: Zum einen impliziert Zurechnungsfähigkeit für ihn das Entwerfen einer biographischer Kontinuität und damit die Übernahme von Verantwortung für die Kohärenz der eigenen Selbstdeutung. Sie ist die Grundlage, damit Subjekte für ihr Handeln respektive für das Erheben ihrer Geltungsansprüche im intersubjektiven Diskurs zur Rechenschaft gezogen werden können. Zum anderen konzipiert er die Zurechnungsfähigkeit als eine gegenseitige Unterstellung der kommunizierenden Subjekte, denn nur, wenn sich die Interaktionspartner auch gegenseitig zugestehen, begründbare Geltungsansprüche zu erheben, ist Habermas zufolge gewährleistet, dass sich die Interaktionspartner als Gleiche entwerfen und damit eine der Voraussetzungen für eine mögliche Verständigung erfüllen.

Diese zwei Aspekte der Zurechnungsfähigkeit des Subjektes lassen sich zusammenführen, wenn die Genese von Geltungsansprüchen konsequent als ein intersubjektiver Vermittlungsprozess entworfen wird und infolgedessen sowohl Identität als auch das individuelle Wollen als prozessuale Ergebnisse sozialer Bezugnahme zu denken sind.

Nachdem ich vorangehend den ersten von Habermas konzipierten Aspekt von Zurechnungsfähigkeit, ihre Rolle in der Identitätsausbildung, erörtert habe, möchte ich im nachfolgenden Abschnitt den zweiten Aspekt thematisieren und der Frage nachgehen, welche Konsequenz aus der Annahme von Habermas gezogen werden muss, dass sich Sprecher und Hörer in der Interaktion gegenseitig Zurechnungsfähigkeit unterstellen. Daran anknüpfend lässt sich dann mit Bezugnahme auf Lacan und Derrida zeigen, dass eben jene Erwartung (oder, um mit Lacan zu sprechen: das Begehren), als zurechnungsfähiges Subjekt wahrgenommen zu werden, die motivationale Grundlage bildet, auf der sich eine diskursive Verständigung über jene Normen und Werte vollzieht, die schließlich in Form einer Öffentlichen Meinung ihre emanzipatorische Kraft entfalten.

4 Zurechnungsfähigkeit als Voraussetzung für Verständigung

Habermas beruft sich auf Hans-Georg Gadamer, um seine Annahme zu begründen, dass sich Interaktionsteilnehmer gegenseitig als zurechnungsfähige Subjekte begreifen. Gadamer zufolge müsse ein Rezipient in der Textlektüre trotz einer etwaigen anfänglichen Unzugänglichkeit des Textes unterstellen, dass der Text eine vernünftige, das heißt unter bestimmten Präsuppositionen begründbare Äußerung darstelle. Erst das Scheitern des Versuchs, den Inhalt des Textes als wahr zu begreifen, führe dazu, den Textinhalt als die Meinung eines Anderen aufzufassen. Gadamer schlussfolgert, „[…] dass Verstehen primär heißt, sich in der Sache verstehen, und erst sekundär: die Meinung des anderen als solchen abheben und verstehen. Die erste aller hermeneutischen Bedingungen bleibt somit das Vorverständnis, das im Zu-tun-haben mit der gleichen Sache entspringt. Von ihr bestimmt sich, was als einheitlicher Sinn vollziehbar wird, und damit die Anwendung des Vorgriffs auf Vollkommenheit." (Gadamer 1986, Bd. 1, S. 299f) Für Habermas ergibt sich hieraus, dass sich Individuen in Diskursen gegenseitig Vernünftigkeit unterstellen und der Äußerung im Vorgriff einen kohärenten Sinn zuschreiben (Habermas 1988, Bd. 1, S. 191ff.; Habermas 2001, S.68). Ihm zufolge ist eine Äußerung stets bestimmt durch die Bezugnahme auf eine gemeinsam geteilte Lebenswelt. Die Lebenswelt stellt Wissensbestände bereit, die das Handeln von Menschen leiten, sofern nicht die Erfahrung einer Krise dieses Wissen problematisch erscheinen lässt und zu seiner Infragestellung führt. In einer Äußerung kann notgedrungen nur ein Ausschnitt aus dieser Lebenswelt explizit zum Gegenstand des Gesprächs avancieren. Der größte Teil der lebensweltlich gebildeten Wissensbestände bestimmt als Hintergrundwissen zwar die Bezugspunkte der Äußerung, diese Bezugspunkte bleiben aber in der Äußerung unthematisiert. Das heißt: eine Äußerung ist immer gekennzeichnet durch Auslassungen und implizit Mitgedachtes; ihr Sinn ist nie zur Gänze bestimmt. Auch das Verstehen einer Äußerung basiert also, so muss gefolgert werden, auf dem vorläufigen Entwerfen eines Sinngehalts.

Habermas konzipiert die soziale Bindung, die sich zwischen Sprecher und Hörer aufgrund eines Sprechaktes entfaltet, als Zugeständnis des Sprechers gegenüber dem Hörer, in Form einer Ja-/Nein-Stellungnahme über seine Bezugnahme auf die objektive, die soziale und die subjektive Welt zu urteilen.

Der Sprecher setzt sich, so der Grundgedanke von Habermas, in eine Beziehung zu dem Hörer, weil er mit seiner Äußerung vor dem Hintergrund einer geteilten Lebenswelt eine Perspektive auf die Welt in ihren für den Menschen erfahrbaren drei Dimensionen – die objektive Welt der gegebenen Tatsachen, die soziale Welt der menschlichen Beziehungen sowie die subjektive Innenwelt – behauptet. Dem Hörer gesteht er das Recht zu, mit einer Stellungnahme über seine Äußerung zu urteilen. Dies setzt voraus, dass sich der Sprecher in seinen Bezugnahmen auf die Welt als zurechnungsfähiges Subjekt entwirft, denn nur, wenn sich die von ihm erhobenen Geltungsansprüche durch Kohärenz auszeichnen, kann seine Äußerung einem Urteil unterworfen werden und die Äußerung ihre soziale Bindungskraft entfalten, das heißt, eine Verständigung zwischen Sprecher und Hörer motivieren. Insofern stellt der Sprecher, so lässt sich folgern, mit der Erhebung von Geltungsansprüchen immer auch sein Selbstbild der intersubjektiven Überprüfung anheim.

Das heißt: Zum einen erwartet der Hörer, dass der Sprecher sich als zurechnungsfähiges Subjekt erweist. Diese Erwartung motiviert ihn dazu, von der Annahme auszugehen, dass der gehörten Äußerung ein rationaler Sinn zukommt. Demgemäß verleiht er der gehörten Äußerung im Vorgriff einen vorläufigen kohärenten Sinngehalt, den er gegebenenfalls im weiteren Fortgang der Kommunikation modifiziert. Zum anderen geht auch der Sprecher davon aus, dass er als eben dieses zurechnungsfähige Subjekt wahrgenommen wird. Denn nur, wenn der Hörer anerkennt, dass seine Äußerung Ausdruck eines kohärenten Selbstbildes ist, kann er den Hörer zu einer Stellungnahme über seine Geltungsansprüche motivieren und mit seiner Äußerung eine soziale Bindung zum Hörer herstellen.

Habermas zufolge vollzieht sich das Urteil des Hörers in Form einer Bejahung oder Zurückweisung der vom Sprecher erhobenen Geltungsansprüche. Mit einer Stellungnahme, die eine Entweder/Oder-Struktur aufweist, kann, so meine Kritik, der Hörer allerdings keine eigene Deutung der Welt zum Ausdruck bringen. Für Habermas realisiert sich die soziale Bindung zum Hörer in einer antizipierenden Vorwegnahme einer Begründungsverpflichtung des Sprechers gegenüber dem Hörer, die mögliche Zurückweisung der Geltungsansprüche durch den Hörer ist sozusagen in der Sprechabsicht mitgedacht: Mit seiner Äußerung verpflichtet sich der Sprecher, die von ihm erhobenen Geltungsansprüche gegebenenfalls zu rechtfertigen. Eine Stellungnahme des Hörers, die über das bloße Nein oder Ja hinausgeht, muss in dem Modell von Habermas Teil einer neuen Äußerung sein, nämlich einer Äußerung des Hörers, in der dieser (nach einer Ablehnung der Perspektive des Sprechenden) seine eigene subjektive Deutung der Welt zum Ausdruck bringt. Kommunikation bzw. Verständigung vollzieht sich für Habermas insofern über den Transfer von subjektiv entwickelten Vorstellungen, welche bejaht oder abgelehnt werden können – auch, wenn er deren Verstehen nicht an das Erkennen intentionaler Zustände, sondern an die Regeln und die Konventionen des Zeichengebrauchs gebunden sehen will.

Verständigung in der empirischen Wirklichkeit vollzieht sich allerdings fast nie in der bloßen Akzeptanz oder Zurückweisung einer Perspektive auf die Welt, sondern vielmehr in Form eines modifizierenden Aufgreifens der geäußerten Inhalte durch das Gegenüber. Dieses modifizierende Aufgreifen kann, so meine These, als jener „eine Punkt" begriffen werden, aus dem heraus sich das Wollen der Individuen entfaltet. Es ist jener Moment, in dem sich Sprecher und Hörer aufeinander beziehen und sich das sprachliche Handeln des Sprechenden mit dem urteilenden Verstehen des Hörers vermittelt und das Wollen des Subjektes seinen empirischen Ausdruck findet.

Habermas verweist indirekt selbst darauf, dass sich die soziale Bindungskraft einer Äußerung nicht darin erschöpfen kann, dass dem Hörer eine Stellungnahme in Form einer möglichen Zustimmung oder Ablehnung der erhobenen Geltungsansprüche zugestanden wird. Verfolgt man seine Annahme, dass der Hörer dem Sprecher Vernünftigkeit unterstellen muss, dann zeigt sich, so meine These, dass sich ein solches Vorab-Entwerfen eines Sinns, wie Gadamer es beschreibt, nur erklären lässt, wenn dem Hintergrundwissen des Hörers eine zentrale Rolle in der Sinnproduktion zugestanden wird. Dies heißt, der Sprecher bindet sich nicht nur an den Hörer, indem er diesem zugesteht, die in seiner Äußerung erhobenen Geltungsansprüche zu bejahen oder abzulehnen. Darüber hinaus gesteht der Sprecher dem Hörer zu, die erhobenen Geltungsansprüche in dem Bemühen, die Äußerung zu verstehen, mit Hilfe seines Hintergrundwissens so zu modifizieren, dass ihm der Sinngehalt der Äußerung rational erscheint. Dieses Zugeständnis bildet die Grundlage, auf welcher sich im Folgenden eine Verständigung zwischen Sprecher und Hörer entwickeln kann.

Um zu zeigen, wie dieser Prozess konkret zu verstehen ist, möchte ich im Folgenden auf Derrida zurückgreifen. Mit dem Rekurs auf seine Vorstellung der Entstehung von Sinn werde ich ein Modell entwickeln, dass das Erheben von Geltungsansprüchen an das Wollen der Subjekte zurückbindet und strategische Intentionen nicht, wie Habermas, aus der Realisierung einer kommunikativen Vernunft ausgrenzt. Dies bedeutet, dass sich das emanzipatorische Potential der

Öffentlichen Meinung unabhängig von der Motivation der Interaktionspartner entfalten kann, es hat seinen Ursprung, wie von Tönnies gefordert, ‚in einem Punkt'. Dieser ‚eine Punkt' ist jener Ort, in dem sich das individuelle Wollen der kommunizierende Subjekte miteinander vermittelt und eine neue Fundierung erfährt, sich also die Grundlage für eine mögliche nachfolgende Verständigung entfaltet.

5 Verständigung als Prozess der Angleichung von Signifizierungen

Derrida löst die von Husserl konstatierte Identität zwischen innerer Vorstellung und Intention des Sprechenden auf. Ihm zufolge ist die innere Vorstellung auch dem Sprechenden selbst nur als Vermitteltes, d. h. als Bedeutetes in Form einer Signifizierung zugänglich. Wie Derrida ausführt, muss die Intention des Sprechenden durch das Allgemeine im Außerhalb der eigenen Innerlichkeit hindurchgehen, um sich der eigenen Innerlichkeit zu vermitteln. Zugleich ist dieses Allgemeine einem stetigen Veränderungsprozess unterworfen und konstituiert sich mit jeder Wiederholung mit neuer Besonderheit (Derrida 2003). Die Wiederholbarkeit des Zeichens impliziert, dass das Zeichen auch in Abwesenheit des Sprechers seine Funktion erfüllen kann, doch bleibt es sich in der Wiederholung niemals gleich. Daher wohne dem Zeichen, so Derrida, die strukturelle Möglichkeit inne, mit seinem Kontext zu brechen, also eine Bedeutung jenseits seines üblichen Gebrauchs erhalten (Derrida 2001). Sinn ergibt sich für Derrida somit rein kontextual ohne jede fixe Verankerung.

Dies bedeutet, dass ein Sprecher nicht, wie Habermas annimmt, die volle Kontrolle über die Sinnzuschreibung besitzt, die ein von ihm kommuniziertes Zeichen erfährt, sondern es wesentlich im Verstehen des Hörers mitbegründet ist, welche Intention er dem Sprechenden unterstellt. Verständigung kann sich insofern nicht in einem Nachvollzug der gegenseitigen Sprechabsichten realisieren. Das Verstehen des Hörers vollzieht sich vielmehr auf jener Spur, die dem Zeichen, um ihm seine Wiedererkennung zu sichern, eine minimale Bleibe in einem grundsätzlich unabschließbaren Verweisungszusammenhang der Zeichen gewährt. Diese Spur bildet den Pfad, auf dem sich das Verstehen des Hörers gemäß seinem aus seinem Hintergrundwissen gespeisten Hintergrundverständnis entwickeln kann.

Was bedeutet dies nun für eine Konzeption von kommunikativer Vernunft? Anknüpfend an meine vorangehenden Ausführungen zu Derrida und Lacan lässt sich das Diskursmodell von Habermas jetzt folgendermaßen reformulieren:

Der Hörer ergänzt in seinem Versuch, das Gesagte in einen kohärenten Sinn-zusammenhang einzuordnen, die Äußerung des Sprechers mit Signifizierungen in Form von Verweisen auf andere Signifizierungen/Signifikanten, die er seinem Hintergrundwissen entnimmt. Sein modifizierendes Aufgreifen der vom Spre-cher erhobenen Geltungsansprüche impliziert immer zugleich sein Urteil über diese Geltungsansprüche. In der kommunikativen Reaktion des Hörers erlebt der Sprecher neugebildete Sinnverweisungszusammenhänge, die ihm alternative Per-spektiven auf die Welt in ihren für uns erfahrbaren drei Dimensionen (objektiv, subjektiv und sozial) aufzeigen. Sein Selbstbild erfährt der Sprecher in der er-sehnten Ganzheit, die selbst empfundene eigene Zerstückelung, die laut Lacan das individuelle Begehren bestimmt, hebt sich für ihn momenthaft auf, da der Hörer die vom Sprecher erhobenen Geltungsansprüche in seinem Bemühen, diese als Äußerungen eines zurechnungsfähigen Subjekt zu deuten, in einem ihm ko-härent erscheinenden Sinnzusammenhang einbettet. Die Erfahrung einer kohä-renten eigenen Identität gelingt dem Sprecher allerdings nur um den Preis ihrer Dekontextualisierung. Geleitet von dem Begehren, jenen Moment der Ganzheit dauerhaft fixieren zu können, bindet der Sprecher die neu erfahrenen Sinnverwei-sungszusammenhänge nun seinerseits dergestalt in sein eigenes Hintergrundwis-sen ein, dass sich für ihn ein kohärenter Zusammenhang zwischen seiner Selbst-und der soeben erfahrenen Fremddeutung ergibt. Sofern der Diskurs fortgesetzt wird und der Sprecher sich erneut äußert, generieren sich die in seiner jetzigen Äußerung erhobenen Geltungsansprüche auf der Grundlage eines Selbstbildes, welches sich auf jenem modifizierten Hintergrundwissen entfaltet, in das die Ver-weisungen, die der Sprecher der Äußerung des Hörers entnommen hat, integriert sind. Damit hat sich auch das Wollen des Subjektes verändert – seine Bedürfnisse entwickeln sich nunmehr auf der Grundlage einer neuausgeloteten Selbstbezie-hung. Eine Modifizierung des Hintergrundwissens erfolgt unabhängig davon, ob sich der Sprecher nunmehr in bejahender oder ablehnender Haltung der Reaktion des Hörers gegenüber äußert. Strategische Motive stehen daher einer Verständi-gungsbereitschaft nicht entgegen, sie müssen vielmehr als integrativer Bestandteil jener kohärenten Selbstbeschreibung verstanden werden, die in jedem intersub-jektiven Diskurs in Form von Geltungsansprüchen zur Diskussion gestellt wird.

Auch wenn sich aus dem obigen Modell folgern lässt, dass der Rekurs auf Sprache als Modus der Handlungskoordinierung bereits eine Entscheidung der Kommunikationsteilnehmer impliziert, sich gegenseitig zu verstehen und soweit möglich, in der Folge sich auch verständigen zu wollen, also nach Möglichkeit zu einem Einverständnis zu kommen, impliziert dies nicht, dass jede Interaktion auch eine gelungene Verständigung nach sich zieht.

Verständigung kann in Anlehnung an Derrida als ein steter Prozess der immer tiefer greifenden und sich dennoch nie vollendenden, da in immer neue Differenzierungen und Besonderheiten sich aufspaltende Annäherung gefasst werden. In der wiederholten Kontextualisierung von Geltungsansprüchen konstituieren sich gemeinsame Bezugspunkte zwischen Sprecher und Hörer, die in vorangehenden Diskursen mit bestimmten Konnotationen versehen wurden und in das Hintergrundwissen der Gesprächsbeteiligten integriert wurden. Mit jeder wiederholten Thematisierung erfahren die Bezugspunkte neue Konnotationen, die sich an die vorangegangenen anbinden, diese möglicherweise in den Hintergrund drängen und/oder ehemals periphere Signifizierungen bzw. Assoziationen wiederbeleben. Die Annäherung der Gesprächsbeteiligten vollzieht sich als ein stetiges Kreisen um jene Bezugspunkte, die die Beziehung zwischen den Gesprächspartnern motivieren und daher einem wiederholten Aufgreifen ausgesetzt sind. Eine Verständigung zeigt sich folglich in einer immer tieferen Verästelung der Signifizierungen in Form eines zunehmend verdichteten Signifikantennetzes, in der diese Bezugspunkte eingelagert werden und auf das Sprecher und Hörer gleichermaßen in ihren gemeinsamen Diskursen zurückgreifen. In ihrer wiederholten Bezugnahme aufeinander loten sie die Kontextualisierungen der Signifikanten in diesem Signifikantennetz immer wieder neu aus. Umgekehrt bedeutet dies: je mehr ein Diskurs auf der Ebene des Verstehens verbleibt, desto weniger gleichen sich die Signifikantennetze, auf die die Gesprächsbeteiligten zurückgreifen. Um der Äußerung des jeweiligen Gegenübers einen kohärenten Sinn unterstellen zu können, greifen die Hörer in solchen Fällen auf Signifizierungen zurück, die dem Sprecher fremd sind oder die er womöglich gänzlich ablehnt. Die Diskurse kreisen daher trotz einer etwaigen wiederholten Bezugnahme um die immer gleichen wenigen Signifikanten. Diese können im gemeinsamen Gespräch keine Ausdifferenzierung erfahren, da ihr Verstehen für den jeweiligen Hörer nur möglich ist über ihre fortwährende Deplatzierung. Die alternativen Perspektiven, die sich Sprecher und Hörer mit ihren Kontextualisierungen jeweils anbieten, werden nicht oder nur flüchtig in die eigenen Deutungsmuster eingebettet; die mit ihnen verbundenen Konnotationen werden an die Peripherie der eigenen Signifizierungen verwiesen, da sie den Hörenden keine sinnhafte Kohärenz der Äußerung versprechen.

Je weniger die Gesprächsteilnehmer also in der Lage sind, ihre eigenen Signifizierungen an die Signifizierungen ihrer Gegenüber zu knüpfen und mit diesen zu vernetzen, desto geringer ist, so lässt sich mit Derrida folgern, das Maß an Verständigung, das sie erreichen. Verständigung erfolgt somit in einem mehr oder weniger ausgeprägten Maß in nahezu allen Diskursen, in welchen Menschen sich darauf einlassen, mittels Sprache ihre Handlungen zu koordinieren.

Nachfolgend werde ich die bisherigen Ergebnisse an die Kategorien von Lebenswelt und System bzw. Wesen- und Kürwille zurückbinden. Dabei wird sich zeigen, dass die Rückführung der Geltungsansprüche ‚auf einen Punkt' und der damit einhergehende Verzicht auf die Gegenüberstellung eines strategischen und kommunikativen Handelns nicht zugleich eine Einebnung der von Habermas eingeführten Unterscheidung der Forschungsperspektiven (Lebenswelt versus systemische Perspektive) beinhaltet (auch wenn Habermas seine Unterscheidung an genau diese Gegenüberstellung des strategischen bzw. funktional bestimmten und kommunikativen Handelns bindet).

6 Öffentlichkeit im Schnittpunkt zwischen Wesen- und Kürwille bzw. Lebenswelt und System

Wie ich eingangs betonte, bezeichnen ‚Wesenwille' und „Kürwille' zwei unterschiedlich motivierte Formen der sozialen Bezugnahme, die sich nicht mit den von Habermas gebildeten Kategorien der ‚Lebenswelt' und des ‚Systems' gleichsetzen lassen. Das heißt, es lassen sich sowohl aus der Perspektive des handelnden Subjektes als auch in der systemtheoretischen Perspektive wesen- und kürwillig motivierte soziale Beziehungen unterscheiden.

Die bislang explizierte Perspektive ist die des sich in der Lebenswelt handelnd verortenden Subjekts. Sie verlässt (sofern man sich auf die Kategorien ‚Lebenswelt' und ‚System' von Habermas bezieht) nicht jene Ebene, die auch Tönnies in seiner Konzeption der Sozialwelt als Anknüpfungspunkt für seine Betrachtungen wählt. Aus der Sicht des handelnden Subjektes (also aus der lebensweltlichen Perspektive) erleichtern wesenwillige Sozialformen, die konstituiert sind in bereits gegebenen, selbstverständlich erscheinenden Sozialbeziehungen, die Verständigung. Zu erwähnen sind hier insbesondere die – nach dem Ausdruck von Tönnies – „angeerbte[n] und überlieferte[n] Formen, [die] Gewohnheit und Pflicht" (Tönnies 1979, S. 182). In der Regel sind in derart bestimmten Beziehungen bereits umfangreiche Spuren von vorangegangenen Verständigungsprozessen vorhanden – so beispielsweise durch Sozialisation in der familiären Bindung oder in geringerem Maß in langjährigen Freundschaften oder Nachbarschaftsbeziehungen. Dies bedeutet, dass sich neue Interaktionen auf der Grundlage von zahlreichen, mehr oder weniger bereits geteilten Deutungszusammenhängen entfalten.

Ein ähnlicher Effekt lässt sich indessen auch bei kürwillig motivierten Beziehungen beobachten, sofern die Bindung durch eine gleiche Interessenlage hervorgerufen wird. Derartige Verständigungsprozesse können zwar zumeist nur in einem eingeschränkten Maß an die Vergegenwärtigungsprozesse früherer gemeinsamer Interaktionen anknüpfen. Die Homogenität der Interessen legt allerdings nahe, dass sich vor allem jene Signifizierungen, welche die Beziehung motivieren, bereits vor Aufnahme der Interaktion durch ähnliche Verweisungszusammenhänge auszeichnen.

Eine Unterscheidung zwischen wesen- und kürwillig motivierter Beziehung zeigt sich daher aus lebensweltlicher Perspektive vor allem daran, ob die Interaktionspartner, im Fall wesenwillig bestimmter Sozialformen, über zahlreiche gemeinsam geteilte Fixpunkte verfügen, die eine Einbindung nachfolgender Signifizierungen weitestgehend vorstrukturieren, so dass sich ein bereits vorhandenes dichtes Netz von gleichartigen Verweisungszusammenhängen in jeder neuerlichen Interaktion stabilisiert und verfestigt, oder ob sie, bei kürwillig motivierten Bindungen, nur einen partiellen, von anderen Verweisungszusammenhängen abgegrenzten Vorrat an gemeinsam gelagerten Signifizierungen in Anspruch nehmen, sie also, ähnlich wie in missglückten Verständigungsversuchen, nur auf einige wenige gemeinsam geteilte Verweisungszusammenhänge zurückgreifen können, die keine tiefreichende Verankerung in ihrem Hintergrundwissen einnehmen. Sofern sich eine Beziehung, die auf gleichgelagerten Interessen beruht, nicht durch wesenwillig motivierte Bande weiterentwickelt (über Gewohnheit, Freundschaft), ist daher anzunehmen, dass sich bei Auflösung der gemeinsamen Interessen kaum dauerhafte Spuren in den Signifikantennetzen der Interaktionspartner finden.

Was bedeuten die vorangehenden Ausführungen nun mit Blick auf die von Habermas eingeführte Unterscheidung von ‚Lebenswelt‘ und ‚System‘?

Habermas muss, wie ich zu Beginn bereits ausgeführt habe, zwei unabhängige Kategorien des Wollens entwerfen, da er die kommunikative Vernunft aus der Perspektive der idealen Bedingungen zu ihrer Realisierung konzipiert. Daher muss er das strategische Handeln aus der Realisierung kommunikativer Vernunft ausklammern. Auch die Konzepte von Lebenswelt und System verdanken sich der Annahme von Habermas, dass sich das soziale Miteinander in der Moderne über zwei strukturell voneinander zu scheidenden Formen der Handlungskoordinierung bestimmt. Lebensweltliche Verständigungsprozesse koordinieren Handlungen, so Habermas, über die (individuellen) Handlungsabsichten, in systemischen Zusammenhängen koordiniert sich das Handeln über die Handlungsfolgen (welche die individuellen Handlungsabsichten hintergründig strukturieren). In beiden Fällen, ob aus lebensweltlicher oder aus systemischer Perspektive, bilden also die Intentionen des handelnden Subjektes den Ausgangspunkt. Die Unterscheidung zweier Formen der Handlungskoordinierung fußt auf der Annahme, dass in systemtheoretischer Perspektive deutlich wird, dass Handlungsintentionen innerhalb systemischer Zusammenhänge funktional durch die systemischen

Zwecksetzungen verfremdet werden, da sich die Handlungsintentionen an den Handlungsfolgen ausrichten. Jenseits dieser Zusammenhänge sind es hingegen die unmittelbaren, durch keinerlei von außen auferlegten Zwänge beeinflussten individuellen Handlungsabsichten, die die Handlungskoordinierung bestimmen. Eine solche, an die Intentionen des Subjektes gebundene kategoriale Trennung (strategisch bzw. funktional gebundene vs. kommunikative Handlungsintention) lässt sich allerdings nicht aufrechterhalten, wenn, wie mit Lacan und Derrida gezeigt, individuelles Wollen sich erst in der intersubjektiven Vermittlung realisiert – Handlungsabsichten sind immer begleitet von nicht-intendierten Handlungsfolgen bzw. lebensweltliche Verständigungsprozesse schließen eine strategisch motivierte Verständigung, die sich an den Handlungsfolgen orientiert, nicht aus.

Wie lässt sich eine Unterscheidung von lebensweltlichen und systemischen Verständigungsprozessen stattdessen begrifflich fassen? Und was bedeutet dies für eine Konzeptualisierung der Öffentlichen Meinung?

Mit Lacan lassen sich systemische Zusammenhänge als Handlungsbereiche fassen, die sich nicht durch eine strukturell andersartige Handlungskoordinierung, sondern vielmehr durch verkürzte Formen der Verständigung auszeichnen. Verständigung erfolgt in systemischen Zusammenhängen nicht unmittelbar aus dem intersubjektiv vermittelten Wollen der handelnden Subjekte heraus, sondern auf der Grundlage von fixierten Signifizierungen, die, indem sie jede Interaktion hintergründig strukturieren, das Handeln der Subjekte auf den systemischen Zweck hin ausrichten. So ist beispielsweise die von Habermas erwähnte Ämterhierarchie nur dann funktionsfähig, wenn die einem Amt jeweils zugeordnete Funktion über eine dauerhafte Situierung in einem Netz von fixierten Bedeutungszuschreibungen/Signifizierungen ihre symbolische Verankerung erhält.

Lacan nennt die gemeinsame Ebene der Wirklichkeitsdeutung, die sich in den Interaktionen der Menschen realisiert, die symbolische Ordnung. In ihr konstituiert sich über intersubjektiv geteilte Bedeutungszuweisungen eine gemeinsame Perspektive auf die Welt. Sie ist jener Ort, in dem eine kommunikative Vernunft in Form von Öffentlichkeit ihr normatives Potential entfalten kann. Hier können die alltäglichen, unvermittelten Meinungsäußerungen, die immer individuellen Bedürfnissen und Idealen entspringen, in Form einer öffentlichen Meinung objektive Geltungskraft erlangen. Wenn diese alltäglichen Meinungsäußerungen zeitlich überdauernden Charakter entwickeln und, so Tönnies' wie auch Habermas' idealistische Erwartung, sich ihr normativer Sinn an vernünftigen Maßstäben gemessen hat, strukturieren sie sich zu einer symbolischen Ordnung mit autoritativer Kraft und regulieren die Strukturen des menschlichen Miteinanders.

Tönnies zufolge erhebt die Öffentliche Meinung den Anspruch auf allgemeine Geltung – als ein modernes Analogon der Religion (Tönnies 1979, S. 200ff.). Insofern löst die Öffentliche Meinung in der modernen Gesellschaft die Religion in ihrer Aufgabe ab, die Strukturen des gesellschaftlichen Miteinanders zu regulieren. In ihr verkörpern sich die weithin akzeptierten Normen und Werte einer Gesellschaft. Anders als die mit Leidenschaft geäußerten flüchtigen Tagesmeinungen entwerfe sich die Öffentliche Meinung als „Subjekt einer wesentlich, insbesondere politisch verbundenen Gesamtheit, die darüber einig geworden ist, so zu meinen und zu urteilen und die eben dadurch wie von selber der Öffentlichkeit, dem öffentlichen Leben angehört (Tönnies 2002, S. 159). Ihre Autorität verdankt die Öffentliche Meinung also, so Tönnies, einer Verfestigung der in ihr zum Ausdruck gebrachten Ansicht; sie tritt mit der Gewissheit auf, den Willen einer Gesamtheit in sich zu verkörpern. Ihre relative Dauerhaftigkeit verleiht ihr, so Tönnies, den Anschein von Wahrheit.

Tönnies zufolge gerät die feste Öffentliche Meinung „in Fluss, wenn ihr Bewegung zugeführt wird, und dies kann durch irgendwelche Wahrnehmung, irgendwelche Gedanken, irgendwelche Erfahrung geschehen, von der die Gesamtheit, die wir als Subjekt der Öffentlichen Meinung vorstellen, ergriffen wird" (Tönnies 2002, S. 163). Für Habermas ‚verflüssigt' sich – so könnte man einen Bezug zu Tönnies herstellen – die Öffentliche Meinung in jedem Diskurs, in welchem die Interaktionspartner sich mittels der von ihnen erhobenen Geltungsansprüche über ihre Perspektiven auf die Welt in ihren drei Dimensionen (d. h. über die Wahrheit von objektiven Gegebenheiten, die Normen und Werte, die unsere sozialen Beziehungen bestimmen sollen, und die Authentizität von Aussagen über die nur subjektiv zugängliche innere Welt) verständigen, sofern ihre Intentionen nicht strategisch motiviert sind. In meinem oben entwickelten Modell radikalisiere ich Habermas' Konzept insofern, als ich davon ausgehe, dass unabhängig von der Intention der kommunizierenden Subjekte die Möglichkeit zur Verständigung und in Folge zur Entfaltung von kommunikativer Vernunft potentiell immer dann gegeben ist, wenn Menschen auf Sprache als Mittel zur Handlungskoordinierung zurückgreifen.

Voraussetzung für die Entfaltung von kommunikativer Vernunft ist allerdings, so meine Behauptung, die Möglichkeit eines freien Verweisungsspiels der Zeichen. Nur dann kann eine Öffentliche Meinung mittels erhobener und gegebenenfalls verworfener Geltungsansprüchen in beständige Bewegung gesetzt und neu situiert werden. Systemische Zusammenhänge stehen einer solchen Verflüssigung der Öffentlichen Meinung entgegen. Da ihre Existenz an die Aufgabe gebunden ist, die Koordinierung komplexer Handlungszusammenhänge zu erleichtern, indem die Formen der Zusammenarbeit normiert werden, sind sie auf eine Verstetigung systemrelevanter Bedeutungszuschreibungen angewiesen.

Systemische Zusammenhänge, so meine Annahme, bilden eigenständige symbolische Ordnungen aus. Die auf Funktionalität ausgerichtete Handlungskoordinierung hat zur Folge, dass jene Bedeutungszuschreibungen, die relevant für die Zwecksetzung des jeweiligen Systems sind, instrumentell verkürzt und fixiert werden.[2] Die in ihnen lebensweltlich gebildeten Bedeutungszuweisungen erlangen Geltungskraft vor allem in der zweckgebundenen Interaktion. Während sich aus lebensweltlicher Perspektive das Individuum in der gesellschaftlichen Wirklichkeit über sein Bedürfnis nach Selbstbestätigung verortet und in der Verständigung mit anderen ideal mit der vollen Vielfalt möglicher Bedeutungszuschreibungen konfrontiert ist, so ist innerhalb des Systems das freie Verweisungsspiel der Zeichen von vornherein Begrenzungen unterworfen. Die in einem Subsystem handelnden Menschen verbleiben in Bedeutungszuschreibungen, die sich für die systemischen Zielsetzungen als zweckmäßig erweisen, denn der Grad der Zweckmäßigkeit ihres Handelns bestimmt das Maß der Anerkennung, dass sie erhalten werden.

Lebenswelt und System sind – um dies noch einmal in Erinnerung zu rufen – zwei Forschungsperspektiven, die Habermas als notwendig erachtet, um gesellschaftliche Wirklichkeit sowohl aus der Sicht des handelnden Subjektes als auch aus der Perspektive des Beobachters in den Blick zu bekommen. Nur, wenn sich der Forscher aus der Deutungsperspektive des Subjektes löst, werden Phänomene sichtbar, die sich dem unmittelbaren Einfluss der handelnden Subjekte entziehen. Hierzu zählt Habermas vor allem die Ausbildung moderner Formen von Wirtschaft und Verwaltung. Aus lebensweltlicher Perspektive, so habe ich bereits festgestellt, bezeichnen Wesen- und Kürwille wie auch die Unterscheidung von Habermas zwischen strategischen und kommunikativen Handeln zwei unterschiedliche Modi der sozialen Bezugnahme. Die jeweiligen Unterscheidungen sind allerdings nicht deckungsgleich: Zum einen assoziiert Tönnies seine Unterscheidung mit zwei unterschiedlichen Typen einer sozialen Beziehung (durch Pflicht und Tradition bestimmte Beziehungen vs. rein zweckgebundene Beziehungen der Moderne), während Habermas seine Unterscheidung allein an die Intention des kommunizierenden Subjektes, nicht aber an die soziale Beziehung bindet, die die interagierenden Subjekte miteinander verbindet. Zum anderen konstatiert Habermas einen – gegenüber den Ausführungen von Tönnies – gegenläufigen Entwicklungsprozess: das soziale Handeln erfährt eine historische Ausdifferenzierung und mündet in der Fähigkeit, sowohl in strategischer als auch kommunikativer Absicht zu handeln, wohingegen Tönnies den Kürwillen

---

2   Diesen Gedanken verdanke ich Homi K. Bhabha (2007)

an die Entwicklung der modernen Gesellschaft knüpft und den Wesenwillen als ursprüngliche Form der sozialen Bezugnahme begreift.

Wie lässt sich nun aber Tönnies' Unterscheidung zwischen Wesen- und Kürwille in die systemtheoretische Perspektive eingliedern? Aus lebensweltlicher Perspektive kann das Subjekt auch in systemischen Zusammenhängen sowohl wesen- als auch kürwillig motivierte Beziehungen (oder Mischformen) aufnehmen. Zum einen sind wesenwillige Beziehungen dort möglich, wo keine systemrelevanten Bedeutungszuschreibungen berührt werden. Zum anderen sind, wie bereits thematisiert, innersystemisch relevante Bedeutungszuschreibungen zwar notwendig instrumentell verkürzt, da die in Interaktionen erhobenen Geltungsansprüche durch die jeweilige Zwecksetzung des Funktionszusammenhangs eine untergründige Strukturierung erfahren. Doch können aus der lebensweltlichen Perspektive des handelnden Subjektes diese innersystemisch gebildete Bedeutungszuschreibungen, auch wenn sie über Reflektion und daher ursprünglich über kürwillig motivierte Bezugnahme entstanden sind, im Nachhinein wesenswillige Wirkung entfalten. Dies geschieht, wenn sie zu Normen verdichtet und derart von dem handelnden Subjekt verinnerlicht werden, dass sie als unhintergehbar wahrgenommen werden. Das ist insbesondere dann der Fall, wenn systemische Zusammenhänge das Selbstbild der gemäß ihrer Prämissen handelnden Subjekte maßgeblich durchstrukturieren und damit Einfluss nehmen auf ihr Wollen jenseits der systemischen Zwecksetzungen. Dann zeigt sich jener Effekt, den Habermas als ‚Kolonialisierung der Lebenswelt' zu fassen versuchte; die instrumentell verkürzten (Handlungs-)Motive gewinnen jenseits systemischer Zwänge Einfluss auf die Art und Weise, in der Geltungsansprüche erhoben werden und behindern die Entfaltung einer kommunikativen Vernunft.

Dies gerät indessen erst in den Blick, wenn sich der Forscher aus systemtheoretischer Perspektive der gesellschaftlichen Wirklichkeit nähert. In einer systemtheoretischen Perspektive, aus der Perspektive des Beobachters, müssen systemische Zusammenhänge als ein kürwillig motivierter, d. h. von gesetzten Interessen bestimmter Handlungszusammenhang begriffen werden. Von einer systemischen Umwelt aus bedürfen die systemisch gebildeten Bedeutungszuschreibungen der Rückbindung an lebensweltliche Verständigungsprozesse. Erst mit ihrer Einbettung in Kommunikationszusammenhänge jenseits der systemischen Zwänge kann den funktionalen Bedeutungszuweisungen „Bewegung" im Sinne Tönnies zugeführt werden, das heißt, sie werden losgelöst von ihrer innersystemischen Fixierung an spezifische Zwecksetzungen und dem intersubjektiven Urteil einer kommunikativen Vernunft unterworfen.

Hier zeigt sich das Defizit, dass Tönnies ausschließlich die lebensweltliche Perspektive abbilden kann. Kürwillig motiviertes Verhalten, welches selbstgesetzten Zwecken folgt, unterliegt keiner Schließung potentieller Verweisungszusammenhänge, Geltungsansprüche werden erhoben einzig auf der Grundlage einer intersubjektiven Vermittlung der willentlichen Bestrebungen mittels Sprache. Sieht sich das Subjekt hingegen eingebunden in systemischen Zusammenhänge, folgt also nicht eigenen Zwecksetzungen, sondern unterwirft sich einer Handlungskoordinierung, die zur Steigerung der Effizienz auf eine Verstetigung von Signifizierungen zurückgreifen muss, sieht sich das Subjekt mit einer (ihm bewussten oder unbewusst bleibenden) Verfremdung der von ihm erhobenen Geltungsansprüchen konfrontiert, das freie Spiel der Zeichen ist Beschränkungen unterworfen.

Aus systemtheoretischer Perspektive zeigt sich daher an den Schnittstellen von System und Umwelt eine Vermittlung zwischen Wesen- und Kürwillen. Die kürwillig motivierten Formen der Bedeutungszuschreibung werden jenseits systemischer Erfordernisse aus ihrer Zweckgebundenheit herausgerissen und in der lebensweltlichen Verständigung dem freien Spiel der Signifikanten unterworfen. Da sie innersystemisch nur in verstetigter Form existieren und ihnen dort ‚keine Bewegung zugeführt wird', laufen sie nicht synchron mit den lebensweltlich gebildeten Bedeutungszuschreibungen jenseits systemischer Zwänge, die einer ständigen Deplatzierung unterliegen. Diese innersystemische Verfremdung von Bedeutungszuschreibungen, also ihr kürwilliger Charakter, tritt umso stärker hervor, je geringer die Zahl an Schnittstellen ist, die eine Rückbindung der instrumentell verkürzten Bedeutungszuschreibungen an freie Verweisungszusammenhänge ermöglichen. Aus systemtheoretischer Perspektive bedürfen die kürwillig motivierten, innersystemischen Bedeutungszuschreibungen somit der wesenwilligen Rückbindung an die Normen und Werte eines übergeordneten Ganzen jenseits des Zweckzusammenhangs.

Dies impliziert allerdings nicht, darauf möchte ich noch einmal nachdrücklich hinweisen, dass sich jenseits systemischer Zusammenhänge nur wesenwillig motivierte Bezugnahmen finden. Der kürwillige Charakter der innersystemischen Bedeutungszuschreibungen hebt sich aus systemtheoretischer Perspektive nur deswegen derart deutlich von seiner Umwelt ab, weil die Handlungskoordinierung nicht der unmittelbaren Vermittlung des intersubjektiven Wollens der handelnden Individuen entspringt. Weil die innersystemisch erhobenen Geltungsansprüche durch eine Zwecksetzung jenseits der willentlichen Bestrebungen der Subjekte vorstrukturiert sind, entsteht ein Verfremdungseffekt, der in systemtheoretischer Perspektive an den Schnittstellen zwischen System und Umwelt in Erscheinung tritt. Dies ist nicht der Fall, sofern kürwillig motivierte Geltungsansprüche erhoben werden, die sich den unmittelbaren willentlichen Bestrebungen der interagierenden Subjekte verdanken. Ihnen steht von vornherein die unendliche Fülle des Zeichenvorrats zur Verfügung, daher kann kein Verfremdungseffekt entstehen. Sie bedürfen somit auch nicht der Rückbindung an lebensweltlich gebildete Normen und Werte, sie sind vielmehr – ebenso wie wesenwillig bestimmte Interaktionen – konstitutiv für die Realisierung einer kommunikativen Vernunft. Diese bedarf – auch dies möchte ich noch einmal betonen – zu ihrer Entfaltung nicht einer Verbannung strategischer oder kürwillig motivierter Formen der sozialen Bezugnahme aus den Interaktionen. Voraussetzung für ihre Realisierung ist allerdings ein ungehindert nutzbarer und unabschließbarer Verweisungszusammenhang des Zeichens.

Abschließend möchte ich noch einmal zusammenfassen:

Tönnies rückt ins Blickfeld, dass Sozialverhältnisse der Akzeptanz durch ihre Mitglieder bedürfen. Mit seinem Rekurs auf den Willensbegriff begründet er eine Soziologie, die ihren Ausgangspunkt, die subjektiven Empfindungen der handelnden Subjekte, nie verlässt. Die Integration des Willensbegriffs in eine Theorie des kommunikativen Handelns ermöglicht es, soziale Prozesse in der postmodernen Gesellschaft zu beschreiben, die – je nach Perspektive, die der/die soziologische Forscher/-in einnimmt – über Handlungsabsichten oder Handlungsfolgen koordiniert werden, ohne auf kategorial unterschiedliche Formen der Handlungskoordinierung zurückgreifen zu müssen. Hierzu bedarf es allerdings der Ergänzung durch poststrukturalistische Ansätze, denn erst sie ermöglichen eine Verlagerung des Willens in die Intersubjektivität und damit eine Entkoppelung zwischen der Intention der Handelnden einerseits und die Form der Handlungskoordinierung andererseits. Mit dem von mir vorgeschlagenen erweiterten Modell eines urteilenden Verstehens ist Verständigung nicht allein abhängig von der Motivation, die der Sprechende mit seiner Äußerung verfolgt, sondern realisiert sich in der Kontextualisierung, die der Hörer in seinem urteilenden Verstehen vornimmt. Die möglichen Kontextualisierungen sind in funktionalen Zusammenhängen begrenzt – Entlastungsmechanismen wie beispielsweise Hierarchien in Form von Machtzuschreibungen schließen potentielle Verweisungszusammenhänge und strukturieren die Verständigungsprozesse mit Blick auf die jeweilige Zwecksetzung des Funktionszusammenhangs. Grundlegendes Strukturierungsmerkmal jeder Interaktion ist aber – sowohl in lebensweltlicher als auch systemischer Perspektive – die Anbindung der Selbst- an die Fremdwahrnehmung, geleitet von dem Begehren, sich im Anderen als Ganzheit wiederfinden zu können. Der sich auf dieser Folie entfaltende, intersubjektiv vermittelte Wille, auf die soziale Welt

Bezug zu nehmen, lässt sich als jenes eine Prinzip fassen, welches Tönnies zufolge den Ursprung jedes soziologischen Verstehens bilden solle. Wesen- und Kürwille bilden hierbei unterschiedliche Modi der sozialen Bezugnahme, sie sind nicht identisch mit den von Habermas gebildeten Kategorien ‚Lebenswelt' und ‚System', sondern können aus beiden Perspektiven heraus konstatiert werden. Aus systemtheoretischer Perspektive erscheinen systemische Zusammenhänge als kürwillig motivierte Zweckzusammenhänge, da innersystemisch relevante Bedeutungszuschreibungen nicht dem freien Verweisungsspiel des Zeichens unterworfen sind und einer Einbettung in die Verständigungsprozesse einer außersystemischen Umwelt bedürfen. Der Öffentlichen Meinung kommt dann die Aufgabe zu, die innersystemischen Bedeutungszuschreibungen aus ihrer instrumentellen Verkürzung zu lösen und die Formen der sozialen Bezugnahme neu auszurichten. Sie besitzt insofern aus systemtheoretischer Perspektive eine wesenwillige Funktion. Aus lebensweltlicher Perspektive ist eine solche Neuausrichtung sowohl auf wesenwilliger als auch auf kürwilliger Grundlage möglich – sofern die kürwillige Motivation an die in der unmittelbaren Intersubjektivität gebildeten willentlichen Bestrebungen der handelnden Subjekte geknüpft bleibt.

Literatur

Bhabha, Homi K. 2007. *Die Verortung der Kultur*. Tübingen: Stauffenberg Verlag.
Clausen, Lars und Schlüter, Carsten (Hrsg.). 1991. *Hundert Jahre ‚Gemeinschaft und Gesellschaft'. Ferdinand Tönnies in der internationalen Diskussion*. Opladen: Leske + Budrich.
Derrida, Jacques. 2003. *Die Stimme und das Phänomen*. Frankfurt am Main: Suhrkamp.
Derrida, Jacques . 2001. *Limited Inc*. Wien: Passagen Verlag.
Gadamer, Hans-Georg. 1986. *Wahrheit und Methode. Grundzüge einer philosophischen Hermeneutik*. Tübingen: Mohr.
Habermas, Jürgen. 1988. *Theorie des kommunikativen Handelns*. Frankfurt am Main: Suhrkamp.
Habermas, Jürgen. 1990. *Strukturwandel der Öffentlichkeit*. Frankfurt am Main: Suhrkamp
Habermas, Jürgen. 2001. *Kommunikatives Handeln und detranszendentalisierte Vernunft*. Stuttgart: Reclam.
Howard, Perry H. 1991. Tönnies und Habermas: The Telos of Community, Public Opinion and the Public Sphere. In *Hundert Jahre ‚Gemeinschaft und Gesellschaft'. Ferdinand Tönnies in der internationalen Diskussion*, hrsg. Lars Clausen und Carsten Schlüter, 419-438. Opladen: Leske + Budrich.
Lacan, Jacques. 1986a. Das Spiegelstadium als Bildner der Ichfunktion, wie sie uns in der psychoanalytischen Erfahrung erscheint. In Jacques Lacan. *Schriften I,* hrsg. Norbert Haas, 61-70. Weinheim und Berlin: Quadriga Verlag.

Lacan, Jacques. 1986b. Das Drängen des Buchstabens im Unbewussten oder die Vernunft seit Freud. In: Jacques Lacan. *Schriften II,* hrsg. Norbert Haas, 15-55. Weinheim und Berlin: Quadriga Verlag.

Lichtblau, Klaus. 2005. Von der „Gesellschaft" zur „Vergesellschaftung". Zur deutschen Tradition des Gesellschaftsbegriffs. In *Weltgesellschaft. Theoretische Zugänge und empirische Problemlagen,* hrsg. Bettina Heintz, Richard Münch und Hartmann Tyrell. *Zeitschrift für Soziologie, Sonderheft 'Weltgesellschaft':* 68-88.

Merz-Benz, Peter-Ulrich. 1995. *Tiefsinn und Scharfsinn. Ferdinand Tönnies' begriffliche Konstitution der Sozialwelt.* Frankfurt am Main: Suhrkamp.

Richter, Emmanuel 1991. Erkenntniskritik versus kritische Ontologie. Gemeinschaft und Gesellschaft bei Kant und Tönnies. In *Hundert Jahre ‚Gemeinschaft und Gesellschaft'. Ferdinand Tönnies in der internationalen Diskussion,* hrsg. Lars Clausen und Carsten Schlüter, 189-214. Opladen: Leske + Budrich.

Tönnies, Ferdinand. 1899. Zur Einleitung in die Soziologie. In Ferdinand Tönnies. 2012. *Studien zu Gemeinschaft und Gesellschaft,* hrsg. Klaus Lichtblau, 101-110. Wiesbaden: Springer Fachmedien.

Tönnies, Ferdinand. 1907. Das Wesen der Soziologie. In Ferdinand Tönnies *Studien zu Gemeinschaft und Gesellschaft,* hrsg. Klaus Lichtblau, 111-130. Wiesbaden: Springer Fachmedien.

Tönnies, Ferdinand. 1922. *Kritik der öffentlichen Meinung.* Berlin: Verlag von Julius Springer.

Tönnies, Ferdinand. 1979. *Gemeinschaft und Gesellschaft. Grundbegriffe der reinen Soziologie.* Neudruck der 8. Auflage von 1935. Darmstadt: Wissenschaftliche Buchgesellschaft.

Wagner, Gerhard und Zipprian, Heinz. 1988. Macht und Geltung. Bemerkungen zu Jürgen Habermas' sprechakttheoretischer Grundlegung der Theorie des kommunikativen Handelns. *Leviathan* 16: 395-405.

Walther, Manfred. 1991. Gemeinschaft und Gesellschaft bei Ferdinand Tönnies und in der Sozialphilosophie des 17. Jahrhunderts oder Von Althusius über Hobbes zu Spinoza – und zurück. In: *Hundert Jahre ‚Gemeinschaft und Gesellschaft'. Ferdinand Tönnies in der internationalen Diskussion,* hrsg. Lars Clausen und Carsten Schlüter, 83-106. Opladen: Leske + Budrich.

Politik ist demokratisch, öffentlich und diskursiv

5

Tönnies' Entwicklung eines ‚starken' Politikbegriffs – und die Rolle der öffentlichen / Öffentlichen Meinung

Carsten Schlüter-Knauer

Ferdinand Tönnies hat seine Jugend und sein Mannesalter im deutschen Kaiserreich verbracht. Den Beginn der Weimarer Demokratie erlebte er an der Schwelle zum Rentenalter, als Greis schließlich die Präsidialkabinette und letzten Endes erlitt er die ersten Jahre der NS-Diktatur. Lebenslang begriff er sich als entschiedener Demokrat und verhielt sich auch als Bürger so. Dennoch wandelten sich sowohl seine wissenschaftliche Auffassung von der Politik als auch – jetzt wieder in Hinblick auf seine bürgerschaftliche Teilhabe – diejenige von der Art und Weise der von ihm für richtig gehaltenen Politik.

Da ein einheitlicher wissenschaftlicher Begriff von der Politik bei Tönnies also nicht vorliegt und sein Politikbegriff vielmehr mehrfach variiert, gilt es hier, dem auf die Spur zu kommen. Der Wandel ist dabei besonders deutlich abzusehen an den von ihm vorgeschlagenen Veränderungen der demokratischen Konstellation von demotischer (bürgerschaftlicher) politischer Steuerung, Regierung, Verfassungsgerichtsbarkeit, Öffentlicher Meinung, Sozialreform und Sozialpolitik in seinem Verfassungsentwurf von 1926. Methodisch soll jetzt erst einmal so begonnen werden, daß wir – nach einer Theorieskizze zum Zweck einer ersten inhaltlichen Vorverständigung – dem Gegenstand Konturen dadurch verleihen, indem *exemplarische* politische und politiktheoretische Antworten Tönnies' in den unterschiedlichen Staatsformen und gesellschaftlichen Lagen angeschaut werden, die er durchlebte. Natürlich ist der politische Denkstil des jungen Tönnies dabei nicht in gleichem Maße begrifflich elaboriert (und kann es auch gar nicht sein) wie sein erfahrungsgesättigtes politisches Denken in der Weimarer Zeit, dem zugleich schon ein Großteil seines soziologischen, politikwissenschaftlichen sowie auch schließlich seines politischen Lebenswerks zugute kommt. Und das nun ausdrücklich als ein demokratisches politisches Denken begrifflich und wissenschaftlich expliziert wird und dabei grundsätzlich anders ist als das Denken und Handeln vieler politisch rechter und linker deutscher Menschen in dieser Zeit, wenn und insofern diese gleichsam in der Spur eines quasi-monarchischen Denkens und Handelns verharren, was schließlich bei sehr vielen sogar im Führerprinzip und damit einer modernen Variante des Kadavergehorsams endet, aber für gar nicht wenige auch im Kadergehorsam terminiert. Von einem Kadermodell der Politik wendet sich Tönnies dezidiert ab und entwickelt einen diskursiven und dabei grundkonsensorientierten Politikbegriff (in dem der politische Agon formal und inhaltlich durch gemeinsame Überzeugungen über die Willensbildung im Medium der politischen Öffentlichkeit gebunden ist). Schon daran ist zu sehen, daß dieser Begriff nicht nur einfach dasjenige aufgreift, was jeweils vorliegt, sondern in Tönnies' Verfassungsentwurf in der Weimarer Republik Vorgriffe auf spätere, nachnationalsozialistische demokratische Antworten expliziert werden und er außerdem Rückgriffe insbesondere auf den normativen aufklärerischen und demokratietheoretisch relevanten Anspruch der Öffentlichkeit wie etwa bei Immanuel Kant vornimmt. Öffentlichkeit in diesem politisch-normativen Sinn ist von diesem Politikbegriff nicht zu trennen, in dem eine Arkan'politik' recht eigentlich gar nicht mehr politisch ist. Erst von daher wird Tönnies' demokratische politische Kritik an herrschaftlichen Elementen des Parlamentsbetriebs verständlich, wie er sie etwa am Beispiel Englands, des ‚Mutterlands des Parlamentarismus', gewinnt. Wobei er zwar zu einer systematisch ‚anderen Bestimmung' des Parlaments gelangt, die vom repräsentativen Parlamentarismus jedoch auch nicht Abschied nimmt, wie so viele seiner Zeitgenossen, sondern ihn originell in seiner Konzeption der Konstellation demokratischer Institutionen verortet.

1 Die Antworten von Tönnies' Politeia und die Öffentliche Meinung

1.1 Prinzipien der Politik oder ‚Der Begriff der Politik'

Ferdinand Tönnies' politische Vorstellungen verändern sich also mit dem Wandel der Staatsform in Deutschland von der Monarchie zur Weimarer Demokratie. Dies ist aber nun anders als bei Vielen keineswegs eine opportunistische Anpassung an die neuen Gegebenheiten. Denn Tönnies hat bereits im Kaiserreich eine entschieden kritische Haltung zu dessen Herrschaftssystem eingenommen, wenn auch seine politische Denkform – jedenfalls bis kurz vor Ende des 19. Jahrhunderts – nicht zu verkennende paternalistische Züge trägt und insofern von den in diesem Umfeld dominierenden Denkstilen zumindest beeinflußt ist (diese ‚erste' politische Vorstellung Tönnies' erscheint fortan unter der Sigle *Tönnies 1*).

Die weitere Entwicklung seiner politischen Ideen löst sich sukzessive – und auch nicht ganz ohne Widersprüche – vom Paternalismus und führt ihn schließlich zu einer Neukonzeption der Demokratie, die er in den Debatten der Weimarer Republik um Demokratie und Parlamentarismus ganz explizit zu einem Strukturmodell für eine alternative demokratische Verfassung verdichtet (diese ‚zweite' politische Vorstellung Tönnies' erscheint fortan unter der Sigle *Tönnies 2*). Sie beschränkt sich dabei keineswegs auf die seit etwa zweihundert Jahren vorherrschenden Muster der modernen repräsentativen (westlichen) Demokratie, sondern vereint quer durch die Zeiten schon erprobte Elemente *bürgerschaftlicher Politik* und *korporativ-genossenschaftliche, thermidorianisch-republikanische* sowie *antik-demotische Grundzüge* mit einer *kritischen Konzeption der Öffentlichen Meinung* und der *gesellschaftlichen Verantwortung der Wissenschaft*.

Responsivität, Bürgerbeteiligung, Diskursorientierung[1] *und* funktionale Effektivität *sowie* Verstetigung der demokratischen Staatsordnung könnten Erfolge

---

1 Gespräch und Verständigungsprozesse ermöglichen bei konfligierenden Interessen und politischen Positionen in seinem Sinne auch *in* der Gesellschaft öffentliche rationale Kompromißbildungen, setzen aber zumindest den Feindschaft zivilisierenden Verständigungswillen voraus, den in einem politischen Körper *gesellschaftlich* zu implementieren und zu habitualisieren nicht nur ein pazifizierendes Kalkül der Politischen Wissenschaft seit Hobbes sei, sondern auch eine gesellschaftsverändernde und -kritische *ethische Aufgabe* – vgl. dazu unten seine Auseinandersetzung mit Franz Mehring um den angeblich illusionären und romantischen Charakter (*Mehring*) oder um die ausstrahlende Wirkung der universalistischen Ethik und der dementsprechenden Bildungsanstrengungen der ‚Deutschen Gesellschaft für ethische Kultur' (*Tönnies 1*). Wobei die paternalistischen geistesaristokratischen Züge zu *Tönnies 1* gehören und von *Tönnies 2* überwunden werden, die Reflexion auf Sprache und Verständigung

dieses Modells sein und finden sich auch im Fokus der ihm zugrundeliegenden demokratietheoretischen Überlegungen Tönnies', die mit seinen politiksoziologischen Vorschlägen zur Stabilisierung der Weimarer Republik korrespondieren. Denn auch wenn er die Regelungen der Weimarer Verfassung für weithin klug entworfen hielt und sie ebenso wie die demokratische Republik als Bürger immer verteidigte, so beobachtete er doch in den zwanziger Jahren die teilweise Dysfunktionalität der neuen demokratischen Institutionen und die häufige Instabilität der Regierungen vor dem Hintergrund der besonderen ökonomischen und politischen Schwierigkeiten Deutschlands aufgrund der Folgen des 1. Weltkrieges und des Versailler Vertrags sowie einer gleichzeitig durch den vorhergehenden Obrigkeitsstaat belasteten Sozialisation vieler Bürgerinnen und Bürger mit lange nachwirkenden Konsequenzen für ihre politische Subjektivität – welche sich auch in der veröffentlichten Meinung niederschlugen und sogar die Öffentliche Meinung stark beeinflußten.

Diese Probleme und Faktoren leiten Tönnies 1926 (vgl. 1927a) bei seinem mehrdimensionalen Alternativvorschlag der *Integration von historisch bereits gut bewährten demokratischen Instrumenten und vielfältigen und differenzierten partizipativen Verfahren in das politische System*, um in der für die junge demokratische Republik extrem schwierigen Lage jedenfalls die durch klügere institutionelle Gestaltung vermeidbaren Unsicherheiten weiter abzubauen und das Institutionen- und Funktionenarrangement im Sinne eines lebensfähigen und verläßlichen demokratischen Staates weiter zu entwickeln, der als solcher und auch mit seinen Einzelpolitiken wirklich Allen und nicht nur Einigen dauerhaft nützt[2] und den

---

vom eher aristotelischen *Tönnies 2* jedoch beibehalten und sogar ausgebaut wird (*vgl. unten Abschnitt 4*). Sie zielt damit zwar *auch* auf einen potentiell gemeinschaftsbildenden Kern in der Gesellschaft – wobei es *primär* um Gemeinschaftsbildung etwa *zwischen* Gewerkschafts- oder Genossenschaftsmitgliedern geht (was wiederum deren gesellschaftliche Macht generiert), die *sekundär* inner- und gesamtgesellschaftlich ausstrahlen mag –, allerdings *im Grundsatz* ebenfalls auf eine *dauerhafte Kooperation ermöglichende friedliche Grundhaltung* von Interessengegnern *in* der Gesellschaft, worin wahrscheinlich der eigentlich visionäre und zukunftsgerichtete Akzent von Tönnies' politischer Theorie liegt.

2   Tönnies führt als Gegenbeispiel exemplarisch das Politikfeld der (hyper-)inflationären „Geldpolitik" an, „die doch in letzter Linie auf dem Entgegenkommen gegen die Ansprüche des Kapitals beruht" (1923a; 2000, TG 15, S. 582). [Die Ferdinand Tönnies Gesamtausgabe wird hier und im Folgenden immer durch die Sigle TG und die Bandzahl nachgewiesen.] So wurde die finanzielle Unterstützung für die gegen die französisch/belgische Besetzung des Ruhrgebiets Streikenden durch den Druck von Geld finanziert, anstatt dazu die Vermögenden heranzuziehen. Was dem „Wirtschaftssystem" ebenso wie auf lange Sicht auch der demokratischen Politik und dem Staat, wenn sie

materiell weniger Begünstigten (und nicht nur den Eliten) grundsätzlich gleiche politische Mitsprache sowie soziale Teilhabe und auch reale (dazugehörig: politische) Bildungschancen als Möglichkeitsbedingungen ihres politischen Handelns und ihrer sozialen Kampffähigkeit zusagt. Tönnies' umfassendes Politikverständnis fokussiert dafür auch die politischen Subjekte, die politische Kultur, die Meinungsbildung und die Öffentlichkeit. Die Modifikation seiner früheren, linksliberal-sozialistischen Staatsauffassung mit expertokratischen, am politischen Platon orientierten Zügen (*Tönnies 1*) hin zu einem plebiszitär-radikaldemokratischen Politikverständnis, das sich mehr an den politikbeschreibenden Teilen des komplexen politischen Werks Aristoteles' ausrichtet (*Tönnies 2*), den er in diesem Fokus eher – wie man derzeit zu sagen pflegt – sozialdemokratisch-kommunitaristisch auslegt,[3] bekommt dabei ihre besondere Zuspitzung zur alternativen de-

---

die Allgemeininteressen derart hintanstellen würden, Legitimation entziehe. Sein Verfassungsmodell wird deshalb der legitimen Vertretung von Sonderinteressen durchaus einen systematischen und öffentlichen Platz im politischen System zuweisen, der aber dem Überspielen der proportionalen Repräsentation durch jedenfalls arkanes ‚Lobbying' vorbeugt.

3 Hier soll der Hinweis genügen, daß derartige Anleihen aus dem Demokratielabor der klassischen Antike nicht für Tönnies' politisches Denken allein kennzeichnend und also keineswegs nur Randaspekte oder gar bloß schmückendes Beiwerk sind, sondern auch heute noch anderen politiktheoretisch relevanten Autorinnen und Autoren für demokratietheoretische Fragestellungen denkbar und sogar substantiell sinnvoll erscheinen, denen er vorangegangen ist. Denn Tönnies nimmt in der Diktion des politischen Soziologen eine demokratietheoretische Orientierung vorweg, die für die politische Philosophie der Gegenwart *etwa* Martha Craven Nussbaum vorgelegt hat oder in der Bundesrepublik Deutschland Dolf Sternberger mit der ersten seiner drei ‚Wurzeln der Politik', der sich auf Aristoteles beziehenden ‚Politologik', beide jedoch mit jeweils unterschiedlichen Grundlagen. Die ‚Politologik' wird ebenfalls im Sinne eines kommunikativen Politikbegriffs als verständigungsorientierter innerer Agon der Bürger expliziert; konsequent nimmt Sternberger hier einen bürgerschaftlichen Staatsbegriff auf, keinen etatistischen, und entwickelt damit auch die Unterscheidung von Herrschaft und Politik und Krieg und Politik, führt mithin gleichzeitig eine dementsprechende Auseinandersetzung mit Carl Schmitts Grenzbegriff des Politischen. Solche partiellen Korrespondenzen sollen die deutlichen Differenzen solchen Denkens nicht überdecken, sind aber von theoretischer, ideengeschichtlicher und methodischer Relevanz, weil bei allen Dreien, Nussbaum, Sternberger und Tönnies, *die alte für die moderne Demokratie wieder fruchtbar* gemacht werden soll und sie in letzterer so Züge bürgerschaftlicher politischer Gemeinschaft *in* der Gesellschaft – d.h. partizipativ und nicht regressiv sowie Vielfalt anerkennend – freiheitlich zu vitalisieren suchen (vgl. Nussbaum 1986/2001, S. 346ff.; Nussbaum 1999, insbs. S. 62ff.; Sternberger 1978/1984, S. 46ff., 102ff., 112f., 134 passim). Andere wären zu addieren, sicher Hannah Arendt und der späte Michel Foucault…

mokratischen Verfassung in der produktiven Auseinandersetzung mit seinerzeit führenden Staatsrechtlern wie Hans Kelsen und Carl Schmitt.

Die *Öffentliche Meinung* erlangt im Rahmen der kommunikativen Konzeption der Politik Tönnies' eine *institutionelle Relevanz und Funktion* sowie sogar *normative Geltung*,[4] wobei auch ihre Genese in die Politikprozesse explizit einbezogen wird. *Öffentliche Meinung wird nun auch eine öffentliche Aufgabe.* Ein volksgewähltes Verfassungsgericht – das *Ephorat* – soll nämlich neben seinen richterlichen Aufgaben im politischen System einen zweiten Senat stellen mit der Aufgabe, durch öffentliche Publizität, Anregung umfassender Debatten *und insofern durch politische Bildung und Ermunterung zur Selbstbildung die Urteilskraft der politischen Subjekte* zu fördern. Darüber hinaus hält Tönnies insgesamt die politische Kommunikation, Beratung und Meinungsbildung ‚von unten' für wesentlich im demokratischen politischen System und gesteht *den Bürgerinnen und Bürgern bei zentralen strittigen Fragen sogar den Letztentscheid per Volksentscheid* im demokratischen Entscheidungsprozeß zu. Wobei dieser Rang der politischen Subjektivität und eines folgenreichen Bürgereinflusses gegen Abkopplungstendenzen der politischen Eliten auch im politischen Alltag wiederum bereits durch die präventive Wirkung der u.U. *aufschiebenden Vetoinstanz des ersten Senats der Verfassungsgerichtsbarkeit und natürlich durch diese selbst* gesichert werden soll, als deren – damals einsamer und weitsichtiger – politischer Vordenker Ferdinand Tönnies somit gesehen werden muß, was heute kaum noch bekannt ist. Wirksamen direktdemokratischen ‚Input' vereinigt er mit demokratischer Responsivität und ernsthafte Verfassungsgerichtsbarkeit mit politischer Stabilität und hoher Handlungsfähigkeit, – und dies als Systemanforderungen, nicht nur in Krisenzeiten. Wofür er also breitestmögliche politische Beratung, politische Bildung, politische Öffentlichkeit und Ephorat als einander ergänzende Struktur- und Kontrollelemente eben auch explizit – und nicht nur wie in der Bundesrepublik Deutschland eher partiell und in mancher Hinsicht informell[5] – *institutionell koppelt.*

---

4 Der demokratietheoretischen Relevanz letzterer ist erstmals Martin Poske, dem ich viele Anregungen verdanke, in ‚Die Öffentliche Meinung in der Demokratiekonzeption von Ferdinand Tönnies' (1999) umfassend nachgegangen.

5 Informell, aber eben nur informell und sukzessive, zeichnet sich jedenfalls hinsichtlich der Wechselwirkungen von Verfassungsgericht und Qualitätspresse ein in gewisser Weise funktional vergleichbares Handlungsmuster in der Bundesrepublik Deutschland ab (vgl. dazu jetzt die Chronik des Bundesverfassungsgerichts von Rolf Lamprecht, Lamprecht 2011). Eine breite und folgenreiche funktional äquivalente Bürgerpartizipation und -diskussion im von Tönnies angestrebten systematischen Wirkungszusammenhang mit dem Gericht ist – jedenfalls als Alltagserscheinung – im

Insofern gehört die Öffentliche Meinung bei ihm in ein kommunikatives Konzept der Politik mit immanenten Wechselwirkungen, das sowohl auf Reifungsprozesse der politischen Subjekte setzt als auch auf die Bindung der Institutionen und politischen Eliten an den durch Wahlen und Abwahlen und durch Abstimmungen zu kontroversen Sach- und gegebenenfalls Personalfragen mehrheitlich artikulierten Willen einer breitestmöglichen Zahl *bei gleichzeitiger realer Stärkung der zwanglosen Kraft des politischen Arguments und einer durch Blick auf die Realitäten die Leidenschaften sowohl einbeziehenden als auch sie mäßigend-moderierenden und insofern konsens- und reflexiv-gemeinschaftsstiftenden Vernunft.*

Diese Korrelationen sind nunmehr – zusammen mit seinen sozialpolitischen Ideen zu den sozialen Ermöglichungsbedingungen politischen Handelns auch für die sogenannten ‚einfachen oder kleinen Leute' (die Arbeiterklasse sowie „Proletaroide" [Ferdinand Tönnies 1926a, S. 84f.] und, aus dem von ihm sogenannten ‚alten Volk', die Handwerker und Bauern) – unverzichtbare Voraussetzungen, um sowohl die direktdemokratischen Möglichkeiten als auch die anderen – regionalen, körperschaftlichen und berufsständischen – Partizipationsmöglichkeiten seines Verfassungsvorschlags und das erweiterte – gewissermaßen intergenerative und gleichzeitig den familialen gemeinschaftlichen Kern stärkende – Wahlrecht folgenreich mit einem *politischen Leben* zu erfüllen, das ihn erst realisieren und auf Dauer stellen könnte. Das ist ein bürgerschaftliches Politikmodell, welches bei aller plebiszitären Zuwendung *die Parteien und die als politischen Agon gehegte Auseinandersetzung um die richtigen Entscheidungen explizit als tragenden Kern für Meinungsbildung und Entscheidungsfindung beinhaltet* – denn die arbeitende Bevölkerung in modernen Flächenstaaten würde sich nicht ständig versammeln können. D.h. die Parteien und der in Tönnies' Perspektive *gesellschaftlich notwendige politische und soziale Kampf* werden nicht zugunsten der Hypostasierung einer sogenannten neutralen Staatsgewalt oder anderer expertokratischer oder/

---

politischen System Deutschlands allerdings noch mehr oder weniger ausgeblieben. Vielleicht aber könnten die durch Experten unterstützten öffentlichen und von den Medien breit übertragenen Schlichtungsgespräche zu Stuttgart 21 unter Leitung des Schlichters Heiner Geißler im Kontext des Bürgerprotests als ein erstes größeres Experiment unter Realitätsbedingungen in diesem Sinne gesehen werden (trotz aller in der wissenschaftlichen Diskussion retrospektiv festgestellten Defizite des Verfahrens), zwar ohne Bezug zu einem ‚*Ephorat*' oder höchstem Gericht, aber auch als – jedoch repräsentative – Gesprächsforen oder Anhörungen mit einem im Ergebnis konfliktpazifizierenden gerichtsähnlichen Schlichterspruch Geißlers im Vorfeld des schließlich folgenden Volksentscheids (vgl. dazu z.B. den Kommentar von Winfried Thaa in der *Politischen Vierteljahresschrift* [2013, S. 3, 7f.], der den Komplex von Protest, Schlichtung und Volksentscheid zu Stuttgart 21 auch auf mögliche Ansätze einer „Repolitisierung der repräsentativen Demokratie" politikwissenschaftlich befragt).

und harmonisierender etatistischer Wunschvorstellungen, wie sie maßgeblich bis über den Beginn des zweiten Weltkriegs in deutschen Eliten zirkulierten – selbst bis in ‚bürgerliche‘ Widerstandskreise gegen die Nazis hinein – exkludiert. Die Parteien präsentieren also dem Wahlvolk sowohl das Personal für die Regierung als auch politisch divergierende Positionen (vgl. Tönnies 1927b, S. 183ff., 205f. [S. 11ff., 33f.] /1929, S. 42f., 52f., 74; Tönnies 1920, S. 338f. [S. 22f.] /1926, S. 296f.), die sich wiederum in den durch den zweiten Senat des *Ephorats* gleichsam wissenschaftlich angeregten Arenen der politischen Diskurse immer wieder neu bewähren müssen. Außerdem sind sie damit selber wichtig für die Meinungsbildung in der Bevölkerung, die nach der zuerst von Carl Joachim Friedrich (vgl. 1937, S. 16-18; 1963, insbesondere S. 203f.; 1970, S. 71f.) theoretisch formulierten, aber in der politischen Praxis sowohl der alten – mehr oder weniger ‚direkten‘– als auch der modernen – mehr oder weniger repräsentativen – Demokratien lange bekannten Regel der antizipierten Reaktion wiederum auf die Parteien zurückwirkt, die Mehrheiten für ihre Vorschläge und Programme sowie für ihre Kandidatinnen und Kandidaten gewinnen wollen und für ihre Bestandserhaltung auch müssen, was besonders wirksam in einem demokratischen politischen System mit vielen plebiszitären Rückkopplungen wie dem Tönniesschen Vorschlag ist. Zumal ohne diese Rückkopplungen Friedrichs Regel alleine nicht ausreicht – Tönnies analysiert schon 1920 Herrschaftselemente in einer reinen Parteiendemokratie, die den Wählerwillen gegenüber dem eigenen Fortkommen der Abgeordneten in den Hintergrund rücken (vgl. 1920, S. 339 [S. 23]/1926, S. 297).

Seine kommunikative Konzeption der Politik antwortet auch auf drei Grundprobleme der damaligen demokratisch-politischen Integration in Deutschland, die zugleich grundsätzliche Bedeutung für die politische Theorie haben bzw. an denen Fragestellungen der politischen Theorie anknüpfen können. Wenigstens einen theoretischen Aspekt des ersten Grundproblems werden wir an dieser Stelle mit einem Exkurs vertiefen.

1.1.1 Tönnies' kommunikative Konzeption der Politik als Antwort auf drei Grundprobleme der demokratisch-politischen Integration in Deutschland

Erstens: Tönnies' modifiziertes politisches Modell in der Zeit der Weimarer Republik (*Tönnies 2*) und seine kritische Sicht auf die Öffentliche Meinung und ihre systemnormative Aufgabe nahm realistisch die damalige politische Kultur ins Auge und verklärte die autoritären Haltungen vieler Menschen nicht. Die entsprechenden Dispositionen in der Arbeiterschaft und im Volk überhaupt verleugnete der Soziologe Tönnies keinesfalls, sondern nahm in dieser Hinsicht sehr nüchtern, auch als ‚Arbeiterfreund' im allerdings weitesten Sinne,[6] einige der untersuchungsleitenden Hypothesen und Diagnosen der ‚Studien über Autorität und Familie' des Frankfurter Instituts für Sozialforschung vorweg (vgl. Horkheimer et al. 1936).

Die so sozialisierten Menschen wären – hätte es denn Tönnies' kommunikativer Konzeption der Politik funktionsadäquate politische Einrichtungen und eine kräftige aufklärerisch-kritische öffentliche Publizistik mit umfänglicher Vermittlungswirksamkeit sowie entsprechender Agendasetzung gegeben – dem hegemonialen Denken obrigkeitsstaatlicher Provenienz und besonders den dies nochmals festigenden Blättern und Pressediensten des Hugenbergkonzerns – der 1928 schließlich „eine bis dahin unvorstellbare Pressemacht" besaß und etwa die Hälfte der Presselandschaft beherrschte (Büttner 2008, S. 323; vgl. Wehler 2003, S. 478) – nicht so weitgehend wie geschehen überlassen worden. Tönnies bedenkt dies in der gegebenen Situation und Problematik einer Demokratie, die nach anfänglich breiter Zustimmung auf Dauer und auch in schwierigen Lagen doch nur über wenige für sie engagierte und untereinander kompromißfähige Demokraten

---

6 Seine ‚Arbeiterfreundlichkeit' versteht Tönnies allerdings eher als eine allgemeine
   Menschenfreundlichkeit im Horizont der ‚ethischen Kultur' und macht sie in seiner
   Schrift „Sozialreform ehedem und heute" explizit zum Thema, denn Heinrich Herkner – mit dem Tönnies sich hier auseinandersetzt – hatte die Arbeiterfreundlichkeit
   der sogenannten Kathedersozialisten gewissermaßen als deren Voreingenommenheit
   kritisch angemerkt, denen Herkner einst selbst zugehörte: „Ich bin nicht mehr arbei-
   terfreundlich als ich menschenfreundlich bin, und meine Menschenfreundlichkeit
   war niemals unbedingt [...]" (Tönnies 1923a/2000, TG 15, S. 572; vgl. Herkner 1923,
   S. 34). Trotz einer solchen persönlichen Grundeinstellung als Bürger möchte Tönnies
   politische Stellungnahmen oder Sympathiebekundungen von der streng wissenschaftlichen Analyse der Sachverhalte trennen. Gleichwohl konzediert er realistisch Wechselwirkungen von wissenschaftlichen Einsichten und Beurteilungen und der Entstehung
   politischer Absichten, weil es „sehr starke Rückwirkungen der Ueberzeugungen, die
   aus Lehren und Erkenntnissen der Tatsachen gewonnen wurden, auf die Gefühle und
   Gesinnungen und also auf die politische Stellung [gibt]" (S. 584, vgl. S. 575). In diesem
   Sinne bekennt er, „seit früher Jugend ein *lebhafter Freund entschiedener Sozialreform*
   gewesen" zu sein (S. 583). Insofern könne eine Politikberatung durch Wissenschaftler
   sinnvoll sein, die „das Ringen der industriellen Arbeiterklasse um ihr Koalitionsrecht,
   überhaupt um die Gleichberechtigung und um die Verbesserung ihrer materiellen und
   moralischen Lage mit Gründen" unterstützen, ohne daß diese Gründe nun „wissenschaftlich zwingend" sein können oder sollen (S. 578), da aus der Tatsachenkenntnis
   allein die Sollensentscheidung noch nicht folge, die aber nach seiner Auffassung ebenfalls rational, d.h. gut begründet sein müsse (vgl. zur Frage der Wertfreiheit und des
   politischen Engagements sowie der Politikberatung bei Tönnies auch Anm. 32 und 57
   in diesem Beitrag [Anm. 57 auch zu Heinrich Herkner] sowie Schlüter-Knauer 2013,
   2.1., S. 277-280).

zählen konnte, und entwickelt deshalb sein elaboriertes institutionelles Modell, das die politische *Selbsterziehung* der Bürgerinnen und Bürger ohne die gewohnte paternalistische Bevormundung mit gewissermaßen sozialwissenschaftlicher Unterstützung ermöglichen würde. Dies verdeutlicht zudem, daß *politische Gemeinschaft in der Gesellschaft* für Tönnies *eben nicht – wie häufig unterstellt – auf eine vorausgesetzte oder imaginierte Homogenität* abstellt, sondern daß er die *Konstruktion des demokratischen Konsenses als eine fortdauernde Aufgabe dieses politischen Verständigungsprozesses* versteht, der auch im altgriechischen Sinn und an ihm orientiert ein Pazifizierungskonzept und gegen den Bürgerkrieg gerichtet ist, was bei seinen macht- und herrschaftsanalytischen Einsichten nun ganz und gar nicht schwärmerisch gemeint ist. Die Differenzen der demokratischen politischen Subjekte sind Voraussetzungen und unter material-formalen Gesichtspunkten auch Bestandelemente eines solchen dynamischen politischen Konsenses, der in Tönnies' Sinn also keineswegs deren ideologische Nivellierung *etwa* zur nazistischen Volksgemeinschaft bedeutet (dazu siehe unten Abschnitt 1.2 und grundsätzlich Abschnitt 3.).

Exkurs zu Carl Schmitts ‚Begriff des Politischen' und zu Tönnies' kommunikativer Konzeption der Politik

Bezüglich der Differenzen der demokratischen politischen Subjekte ist schon der Carl Schmitt des Jahres 1923 Tönnies' politikwissenschaftlicher Antipode[7], bereits weitaus bevor dieser das antiparlamentarische Präsidialsystem und die unter Franz von Papen und Kurt von Schleicher agierenden Präsidialkabinette präferierte und lange bevor sich Schmitt mit den Nazis jedenfalls zeitweise gemein machte (von Heinrich Brüning hingegen – der für ein noch gemäßigtes Präsidialsystem steht – hatte sich Tönnies politisch auch noch einiges erhofft). Tönnies setzt auf das Zustandebringen demokratischer Grundeinigungen bei fortbeste-

---

7   Tönnies und Schmitt schätzten sich als Hobbes-Forscher, kannten und lasen sich in der Weimarer Republik, wovon etwa Tönnies' lange und wesentliche Rezension von Schmitts Parlamentarismusschrift (Tönnies 1927b/1929) oder aber die vielen Tönnies-Referenzen in Schmitts ‚Verfassungslehre' (1928) zeugen. Auch in Schmitts Schrift über den ‚Begriff des Politischen' (1932/1963) finden sich mehr oder weniger sinnvolle Tönnies-Bezüge. Noch 1938 läßt Schmitt es sich in seinem Buch über Hobbes' Leviathan nicht nehmen, den mittlerweile verstorbenen, aber vorher von den Nazis aus dem Beamtenverhältnis entlassenen und verfemten Tönnies anzuführen. Vgl. zu Tönnies' und Schmitts fundamentalen politikwissenschaftlichen Differenzen neben dem folgenden aber meine ausführliche Darstellung auf dem Pariser Tönnies-Symposion 2007 (Schlüter-Knauer 2008, insbes. S. 67ff.).

hender Vielfalt der Interessen, d.h. auf die klug kalkulierte Konstruktion hand-
lungsfähiger Heterogenität, die aber nicht nur aus realpolitischer Einsicht in
schwieriger Lage für die Demokratinnen und Demokraten in Weimar resultiert,
sondern eine grundlegende Wertentscheidung dafür ist, Pluralität, gerade auch
die Mannigfaltigkeit von Interessen in der Bevölkerung vorauszusetzen, anerken-
nen und beibehalten zu wollen (vgl. hierzu unten 1.2). In politischer Applikation
ist dies der substantielle Hauptunterschied zum archaisierenden und homogeni-
sierenden Politikbegriff Carl Schmitts, der in der Freund-Feind-Unterscheidung
den Grenzbegriff des Politischen sehen will (vgl. 1932/1963, S. 26, 28, 30ff.) und
der im Zeitalter der Parteiapparate als eine der „Konsequenzen der modernen
Massendemokratie" die Einebnung der Vielfalt in angeblich „demokratische
Homogenität" unterstellt (Schmitt 1923/1926, S. 23), wobei er den zunächst diag-
nostizierten Aspekt der Homogenität dann für seine Zwecke wiederum affirmativ
aufgreift (vgl. Schlüter-Knauer 2008, S. 75). Eine gesellschaftliche Homogenisierungstendenz in der Moderne (Einheit auch gegen Differenz) wird Tönnies nicht
leugnen, allerdings sie nicht wie Schmitt befürworten. Tönnies sieht hingegen
Ungleichzeitigkeiten, an die angeknüpft werden könnte, etwa wenn der genossenschaftliche Zusammenschluß der arbeitenden Menschen immer wieder auch gemeinschaftliche Kooperation in der modernen Gesellschaft ermögliche. Was wiederum eine konkrete Erscheinungsweise von Gemeinschaft in Gesellschaft ist,
welche ihrerseits angesichts der gesellschaftlichen Homogenisierungstendenz
eine der Grundbedingungen der Fortexistenz von wirklicher Vielfalt darstellt.
Weshalb solche Kooperationen in meiner Lesart Tönnies' zu realer Pluralität führen können, wenn sie insbesondere den Interessen arbeitender Menschen reale
Kraft, Macht und dadurch Geltung verschaffen. Insofern wäre es bei gleichsam
liberaler „Vielheit" zwar nicht einfach zu belassen, weil diese ob der Handlungsfähigkeit in der Konstruktion des souveränen Volkes als politischer „Einheit" aufgehoben, aber eben auch anerkannt und vermittelt werde (z.B. Tönnies 1927a, S.
13, 31ff.; vgl. Rudolph [~1964] 1997, S. 14ff.), was inhaltlich zu den Differenzen der
Parlamentarismuskritik Schmitts und Tönnies gehört. Die Übereinstimmung
hingegen über *Regeln der friedlichen sozialen und politischen Auseinandersetzung
anstelle der inneren Kriegserklärung* (letztere beobachtete Tönnies immer wieder
nicht nur in Deutschland, sondern generell in Kernländern der westlichen Welt
seiner Zeit wie den USA), der *Konsens über Dissens*, ist ein dafür unverzichtbarer
gesellschaftlicher Zivilisierungsschub. Wobei es für den Hobbesianer Tönnies
gänzlich klar ist, daß gerade dessen „Gedanke und Wille [..] nur in Streit und
Kampf sich behaupten" lassen (Tönnies 1928a, Sp. 152). Dies ist für einen Denker

evident, der affirmativ und kritisch[8] zugleich am rationalen Naturrecht Thomas Hobbes' anknüpft, woraus aber nicht existenzialontologisch im militant stilisierten Vokabular zu folgern ist, daß „nun einmal das ganze menschliche Leben ein ‚Kampf' und jeder Mensch ein ‚Kämpfer' ist" und dies auf die „reale Möglichkeit der physischen Tötung Bezug haben und behalten" müsse und also nicht zur politischen „Konkurrenz" und „Diskussion" verharmlost werden dürfe (Schmitt 1932/1963, S. 33). Jedoch soll das epistemologische Naturzustandskonstrukt Hobbes' das Gegenteil politischer Auseinandersetzung vor Augen führen und damit eben gerade keine Grenzbestimmung des Politischen, sondern eine Grenzbestimmung *zur* Politik sein, die für Hobbes und Tönnies überhaupt erst nach Überwindung des Naturzustands denkbar ist durch die rational nachvollziehbare Einigung eines jeden mit jedem: „This is more than Consent, or Concord; it is a reall Unitie of them all, in one and the same Person, made by Covenant of every man with every man, in such manner, as if every man should say to every man, *I Authorise and give up my Right of Governing my selfe, to this Man, or to this Assembly of men, on this condition, that you give up thy Right to him, and Authorise all his Actions in like manner"* (Hobbes 1651, 2, 17, S. 87/1909, S. 131f.). Diese Voraussetzung des politischen Wettbewerbs reflektiert der konsens- und öffentlichkeitsorientierte Politikbegriff Tönnies': Der Verzicht auf das Recht auf alles ist nämlich nichts weniger als die Möglichkeitsbedingung für die politische und soziale Auseinandersetzung über die jeweilig geltenden kollektiven Regelungen und Entscheidungen, über die Art der jeweils geltenden Konsense, die ja nicht ein für alle Mal festgeschrieben sind, was sowohl für einzelne Aspekte der grundsätzlichen Regelungen des Konsenses über Dissens als auch für konkrete kollektive Regelungen wie etwa für den Achtstundentag im Arbeitsrecht der Weimarer Republik zutrifft. Dies sollte nach Tönnies' Auffassung ebenfalls für den sozialen Klassenkampf mit dem mehr oder weniger machtvollen Instrument genossenschaftlicher Verbindung in Gewerkschaften gelten. Weshalb er nur scheinbar paradox vom friedlichen Klassenkampf der Arbeit spricht (vgl. Tönnies 1925a, S. 197), wobei er gelegentlich auch, jedoch selten gewerkschaftliche Forderungen vor dem Horizont des gesellschaftlichen Gesamtinteresses des politischen Körpers kritisiert. Im Unterschied zur Begrifflichkeit, die Carl Schmitt etwas später in der Weimarer Republik prominent entwickeln wird, ist die politische Auseinandersetzung, auch wenn Tönnies dezidiert vom Klassenkampf spricht, damit keinesfalls der steten Möglichkeit nach als Feindschaft zugespitzt und grundsätzlich nicht auf das meist

---

8   Kritisch hinsichtlich der Option, auch eine von Gefallen und Gefühl geleitete willentliche Begründung von Kooperation – Gemeinschaft – als bindungsfest und in ihrem Rahmen als stabil anzusehen, vgl. Schlüter-Knauer 2013, S. 268ff.

xenophobe Freund-Feind-Schema archaischer Gemeinschaften bezogen. Schmitt hingegen will, wie schon angeführt, den politischen Kampf immer vor der Folie des Krieges und der mit ihr verbundenen politischen Entscheidung über den öffentlichen Feind verstehen, d.h. grundsätzlich im Modus antagonistischer Militanz anstatt einer bloßen Gegnerschaft (vgl. Schmitt 1932/1963, S.34 f.). Wenn Ernst-Wolfgang Böckenförde in einem klugen Aufsatz zu dem Thema anmerkt, daß die geläufige Kritik der Freund-/Feindfolie des Schmittschen Begriffs dem „Fehlschluß" unterläge, den Grenzbegriff auf die Innenpolitik zu übertragen, wohingegen es dort doch um „abgefriedete" „Abschichtungsgrade vom Politischen" gehe, die aber „den logischen Bezug zu ihm" nicht aufgäben (Böckenförde 1991, S. 346f.), so verkennt er wiederum die fundamentale Differenz von Gegnerschaft und Konkurrenz einerseits, die beide auf den politischen Raum positiv bezogen bleiben, den sie gemeinsam konstituieren, zu den Feinden, die ihn bekämpfen und liquidieren wollen, andererseits. Das Wort Logik wird hier doch deutlich überstrapaziert: Zwischen ihnen und politischer Gegnerschaft / Konkurrenz gibt es eben gerade kein ‚logisches' oder begriffliches Kontinuum[9]; dies nicht erkannt zu haben und unter demokratischen Gegnern nicht ausreichend mäßigungs- und konsensfähig gewesen zu sein, war einer der Grundfehler der Weimarer Demokratinnen und Demokraten. Diese Differenz von Gegnerschaft und Feindschaft zeigt sich bereits in der Tendenz der Liberalismuskritik von Tönnies und Schmitt. Zwar lehnen beide in der Weimarer Republik eine Reduktion der Demokratie auf ein bloß liberales Verständnis ab und beanspruchen ihr Vollbild im Blick zu haben, von dem aus sie kritische Korrekturen einbringen. Die aber gehen in diametral entgegengesetzte Richtungen – Tönnies zielt auf eine allgemeinere politische Partizipation und auf Universalisierung der liberalen Impulse zur gleichen Freiheit, Schmitt aber tendiert zur Einebnung des Gegensatzes von Demokratie und Diktatur und zur radikalen Einschränkung der Bürgermitwirkung im Staat auf bloße Akklamation, denn für ihn ist der Liberalismus ein abgelebtes Konzept des 19. Jahrhunderts, das mit seinen Formeln wie Parlamentarismus und Gewaltenteilung die Menschen angesichts der politischen Realität nur verwirre. Von Dialektik ist dabei zwar gelegentlich die Rede, aber die Aufhebung spart Schmitts Liberalismuskritik im Unterschied zu derjenigen Tönnies' aus.

---

9 Zwiespältig, wie sich Menschen durchaus erwiesen haben, ist es aber durchaus möglich gewesen, daß sich Demokraten zu Feinden der Demokratie entwickelt haben und umgekehrt. Mit Logik hat dies Kontinuum in den Menschen aber nichts zu tun, sondern mit gesellschaftlichen Bedingungen menschlichen Handelns und Denkens wie insbesondere ihrer jeweiligen Sozialisation sowie mit den Ausprägungen und Auswirkungen etwa von Propaganda, Gewalterfahrung, Herrschaft usw.

Dem könnte entgegengehalten werden, daß sich in dem schon angeführten Aufsatz Tönnies' von 1920 ‚Die große Menge und das Volk' Passagen finden lassen, die auf einen gleichursprünglichen Politikbegriff abzuzielen scheinen, indem er nämlich auf die Gleichurspünglichkeit der Entstehung von Politik aus der machtvollen und immer machtbewußteren Beratung in der Heeresversammlung einerseits und der politischen Beratung über die Gemeinde(Polis)angelegenheiten andererseits verweist, welch letzteren ich soeben der Grenzbestimmung Schmitts kontrastiert und entgegengestellt habe. Hier spricht Tönnies schon vor Schmitt im Kontext mit Politik explizit vom Feind und implizit vom Freund. Als gleichursprüngliche antike „Urformen" der Politik bestimmt Tönnies: Versammlungen der „Menge, wenn es gilt einen gemeinsamen Feind abzuwehren oder ihn anzugreifen" als „eine rohe ursprüngliche Art des Heerwesens" und als „ebenso ursprünglich [...] die Versammlung wehrhafter Männer – zuweilen auch der Frauen – zur Beratung der Angelegenheiten ihrer Gemeinde – Urform geordneter und regelmäßiger politischer Versammlungen" (Tönnies 1920, S. 327 [S. 11]/1926, S. 286). Erster und zweiter Fall koinzidieren in der Genese der Beratung aus der Heeresversammlung. Der *genuin politische Zweck* ist genau aus diesem Grund auch im ersten Fall eben nicht der Krieg selber – so verstehe ich zumindest Tönnies, wenn er schreibt, „zu politischen Zwecken versammelt sich die Menge, wenn es gilt, einen gemeinsamen Feind abzuwehren oder ihn anzugreifen". Sondern der politische Zweck ist eben auch diesem Fall *primär die Beratung und die Verständigung der Bürger* und *ihre mit demokratischer Mehrheit und im Konsens über die Entscheidungsverfahren erfolgende Entscheidungsfindung* über den eventuellen Angriff auf einen Feind oder über die Abwehr eines Kollektivfeindes. Wie im zweiten Fall war dies die im demokratischen Verfahren sich stets erneuernde politische Begründung, Selbstvergewisserung und Bewahrung einer Bürgerschaft, womit die Bürger sich selber zu politischen Subjekten machten. Sie ermöglichte in einem ihre historisch so besonders akzentuierte Vereinigung zu einem auch militärischen Kollektivkörper in ihrem Eigeninteresse und unter ihrer Kontrolle. Dieser Körper hat sich in jedenfalls in der klassischen Antike zeitweilig als besonders schlagkräftig erwiesen (was man sich in der Phalanx oder später auch auf und in den Trieren ganz praktisch vorstellen muß). Insofern waren Politik und Demokratie damals auch regelrecht militärische Faktoren, denn die Beratenden und Beschließenden hatten in der Regel auch die Kämpfe zu führen, was sie neben anderen Aspekten der antiken Kriegsführung offensichtlich noch entschiedener als andere für die tatkräftige militärische Selbstbehauptung motiviert hat. Den politischen Zweck in der Beratung und der demokratischen Entscheidung selbst zu erkennen, das ist ein Unterschied ums Ganze zu Carl Schmitts Auffassung, die uns nahelegen will, den politischen Kampf stets vor dem Hintergrund (und auch dem Vorrang) des (möglichen, denkbaren) Krieges zu verstehen, was bei Schmitt – trotz ihres generativen Zeitkolorits – wohl auch ideologiekritisch gemeint ist. Meine Lesart Tönnies' in diesem Punkt wird dadurch erhärtet, daß er die machtbewußte Koalition aus Freiheit *und* die kollektive zivile Beratung als gleichurspüngliche – er schreibt wörtlich: „ebenso ursprüngliche"– Urformen der Politik verortet und sie zudem beide, was für unser Thema wichtig ist, von vornherein als öffentlich versteht und auf die Öffentlichkeit bezieht, denn sie sind von einer öffentlichen Meinungsbildung und Entscheidung im beratenden Kollektiv der Menge schließlich a priori nicht zu trennen.

Der Krieg wiederum bestimmt hierbei also gerade nicht die Politik (als ihre „äußerste Konsequenz") und ihm kommt auch gar keine ‚logische' und durchschlagende Priorität als der „extremsten Möglichkeit" zu, von der her, wie Schmitt meint, „das Leben der Menschen seine spezifisch *politische* Spannung [gewinnt]" (1932/1963, S. 35). Denn *die Politik in der Selbstermächtigung zur demokratischen Entscheidung und Verständigung zu konstituieren*, das *übergreift* als ihre Gemeinsamkeit in Tönnies' Perspektive ganz offensichtlich *beide* von ihm vorgestellten Urformen der Politik, weshalb in dieser Perspektive eben nicht eine konstitutiv für die andere ist.[10] Allerdings kann die militärische Selbstbehauptung einer Ge-

---

10 Hieran wird ein grundsätzlicher Unterschied auch in methodischer Hinsicht sichtbar. Schmitt „[definiert] … vom Ausnahmezustand her" (Rüthers 2002, S. 66). Tönnies hingegen ist der Denker des Normalbegriffs. Und die inhaltliche Konsequenz der Methodendifferenz ist: Anstelle der stetigen Folie der „realen Möglichkeit der physischen Tötung", durch die für Schmitt die Freund-Feind-Dichotomie seiner Grenzbestimmung des Politischen erst „ihren realen Sinn" erhält (Schmitt 1932/1963, S. 33), modelliert Tönnies gegenteilig in der keinesfalls nur kampflosen *Herbeiführung von Kooperation, Verständigung und Konsens über Dissens* den politischen Wesenszug (zu dem auch die innergesellschaftliche Friedensstiftung durch Vertragskonstruktionen gehört): in kooperativer, letztlich gleichberechtigter Beratung und Entscheidung der politischen Subjekte. Solche Politik könne in der Moderne sogar das Ziel einer umfassenden Politik der Freundschaft implizieren! Dann würde eine so verstandene Politik von „Volksregierung[en], die wirklich im Namen und Auftrage der großen Menge der (bis dahin) wirtschaftlich Abhängigen regieren", auf sogar nationenübergreifende „Vereinbarung[en] unter Freunden […], die sich in der gemeinschaftlichen Idee der natürlichen und friedlichen Wirtschaft verbunden fühlen", abzielen (Tönnies 1926c, S. 69). Mit solchen skizzenhaften Bemerkungen will Tönnies nun aber nicht vom entgegengesetzten Extrem her denken, sondern das auch *utopische Potential demokratischer Politik* veranschaulichen, deren Realität er nüchtern analysiert (vgl. unten 1.2). Mit seinem weiter beibehaltenen methodisch-inhaltlichen liberalen Grundzug, der ihn dazu verleite, im Staat nur den verabredeten Verein und in der Verwiesenheit des Menschen auf den politischen Körper keine existenzialontologische Bestimmung oder ein „fundamentales Anthropologikum" zu sehen, verliere Tönnies jedoch anders als Schmitt „die Möglichkeit einer substantiellen Bestimmung des Politischen", meint jedenfalls der Schmitt-, Tön-

meinschaft oder Gesellschaft durch die politische Einigung unter Umständen auch besonders gut ermöglicht werden. In der Antike hat sich gezeigt, daß hieraus auch eine besondere militärische Potenz erwachsen konnte. Demokratie und Politik haben insofern selbst auch eine militärische Relevanz. Die Selbstbehauptung von Kollektiven im Krieg ist jedoch keineswegs nur politischen Körpern eigentümlich, sondern wurde in der Menschheitsgeschichte weit überwiegend bei Herrschaftsverbänden beobachtet, die in ihr ohnehin dominieren. Dabei sollte nicht übersehen werden, daß die antiken und auch die neuzeitlichen demokratischen Stadtstaaten keineswegs genuin friedlich waren: ihnen ging es mitnichten nur um Selbstverteidigung, sondern im Interesse ihrer Mehrheiten häufig auch um Raub und Unterdrückung. *Insofern können politische Kollektive zwar gleichfalls eine herrschaftliche Außenseite haben, die aber dennoch nicht mit Politik zu verwechseln ist.* Außerdem war die Tönniessche Bestimmung hier auf die kollektive Freund-Feind-Bestimmung archaischer Gemeinschaften bezogen: Die ‚rohe ursprüngliche Art des Heerwesens' wäre aber noch weit vor der klassischen Polis

---

nies- und Hobbeskenner Bernhard Willms (1991, S. 400, vgl. 402). Willms hat, wenn auch mit einer Wertung, die ich nicht mitvollziehe, den Unterschied beider Autoren präzise getroffen, da es sich, wie schon gesagt, bei der gemeinsamen Liberalismuskritik um einen gänzlich anderen Umgang mit dem *liberalen Erbe handelt, das Schmitt verwirft, das Tönnies dialektisch aufhebt und bewahrt* – und damit eben wirklich auch um eine Fundamentaldifferenz in der Konzipierung des politischen Diskurs- und Handlungsraumes. Letzteres aber unternimmt eben auch Tönnies – allerdings ganz anders als Schmitt – mit dem *Modell eines Normalbegriffs der demokratischen Politik* und des demokratischen Staates (vgl. methodisch ausführlich *gegen* idealische und wertende Übersteigerung und damit – implizit – das Denken vom Extrem Tönnies [1927a, S. 26 f.; in Tönnies 1923d, S. 541/1926, S. 306, vgl. dazu im Vorgriff auch die passende Erwähnung des Begriffs der ‚reinen Demokratie'] sowie ausführlich Schlüter-Knauer 2008, S. 77f., 52-56). Außerdem verkenne Tönnies mit seiner gesellschaftlichen Engführung der Politik ihre konstitutive Leistung auch für die Möglichkeit der Sozialform Gemeinschaft überhaupt, so Willms weiter (vgl. 1991, S. 403). Hier wird allerdings einerseits, wie geläufig, der herrschaftliche Kollektivkörper mit dem politischen Körper konfundiert, während wir andererseits, wie ich seit mehreren Jahren meine zeigen zu können (vgl. z.B. Schlüter-Knauer 2011a, S. 235-Anm.2, insbes. S. 249ff.), zu einer präzisen Bestimmung der Politik erst mit der weiteren Differenzierung von Politik und Herrschaft gelangen (die bei Tönnies allerdings nicht explizit ist), und zwar hinsichtlich von Gemeinschaft und Gesellschaft. Gemeinschaft sieht Tönnies auch als demokratische Gemeinschaft möglich und denkbar vor der Folie des Genossenschaftsgedankens an, dies dann ebenso ausdrücklich im Fokus ihrer Ermöglichung durch Politik, wie umgekehrt als gemeinschaftliches Movens der partizipativen Erweiterung und Stabilisierung des demokratischen Staates und der gemeinschaftlichen Veränderung oder ‚Umwälzung' der kapitalistischen Wirtschaft und der Gesellschaft (!); das ist in Tönnies' Werk klar nachweisbar (vgl. z.B. 1926c, S. 56ff., 66; weiter dazu unten).

anzusiedeln. Daß die Erfindung der Politik jedoch der politischen Ordnung so prozessual vorausgeht und die Genese des Status civilis im Kontrast zum Status naturalis ermöglicht, dürfte evident sein, soviel Probleme des Übergangs damit auch immer theoretisch und historisch verbunden sind. *Dementsprechend ist in Tönnies' Sicht schon die klassische Polis alles andere als eine archaische Gemeinschaft – und die Modifizierung gemeinschaftlicher Züge in der Moderne akzentuiert im Durchgang durch gesellschaftliche Zivilisierungsschritte freiwilliges Einverständnis jenseits von Unterwerfung.*

Nach dem *Ende dieses Exkurses* kommen wir nun mit dem zweiten und dritten Grundproblem der demokratisch-politischen Integration in der Weimarer Republik auf die Antworten des Tönniesschen kommunikativen Politikkonzepts zurück.

Zweitens greift Tönnies mit den Responsivitätsanforderungen und der politischen Partizipation wiederum die dem Rätegedanken mit zugrundeliegenden oder zumindest auf ihn projizierten politischen Selbstbeteiligungsansprüche insbesondere der sozial ‚unteren' Menschen auf, wobei er selbst jedoch das revolutionäre Rätesystem sowohl in Rußland als auch für Deutschland entschieden ablehnt, das in Deutschland Ende 1918 zugunsten des parlamentarischen Systems unterlag. Er zeigt aber, wie diese Partizipationsimpulse in ein demokratisches politisches System produktiv zu integrieren gewesen wären anstatt sie auszugrenzen, was den demokratischen Kern der von vornherein bedrohten Weimarer Republik entscheidend gestärkt hätte. *Drittens*: Die Konzeption seines Verfassungsgerichts – des *Ephorats* – mit starken Anklängen an die liberale Theorie des pouvoir neutre wird mit der institutionellen Bereitstellung von Diskursarenen zur Meinungsbildung in der Bevölkerung *verknüpft*, der die Wissenschaft in der öffentlichen Publizistik objektivierend (*werturteilsfrei, insofern auch quasi richterlich*) zuarbeiten soll. Dies war abermals ein demokratisches Inklusionsangebot für viele, jetzt insbesondere für bürgerliche Menschen mit expertokratisch-paternalistischen Leitvorstellungen, von denen es in Weimar eine Menge gab, um wiederum auch diese gleichsam ‚heimatlosen gebildeten Obrigkeitsstaatler', zumal in den Institutionen der Republik, nicht der politischen Rechten anheimzugeben. Wären aus ihnen so allmählich demokratische Republikaner geworden, dann hätten die Nationalsozialisten möglicherweise auf weniger Zuspruch und Unterstützung aus diesen Kreisen bauen können und vor allem auf weniger Leitungspersonal.

Insofern bilden sowohl soziale und politische Voraussetzungen als auch Funktionsprobleme der real existierenden Weimarer Demokratie die Folie für die von

Tönnies entwickelte komplexe politische Theorie in den zwanziger Jahren des 20. Jahrhunderts.

So konsensorientiert und politisch integrativ diese politische Theorie in der Zeit der Weimarer Republik auch gedacht ist, so entschieden und konsequent verteidigt der naturrechtlich orientierte Tönnies dabei die demokratische Basis, auf der überhaupt erst die herausgestellten politischen Dissense und Konsense als solche möglich sind – insofern gewissermaßen einen ‚demokratischen‘ und, wie gleich gezeigt wird, sogar einen ‚sozialen Grundkonsens‘ (der eben auch die Regeln und Regime der innerdemokratisch möglichen und erforderlichen politischen und sozialen Auseinandersetzungen umfaßt) und als deren einzige Möglichkeitsbedingung unter den gegebenen Verhältnissen eben die demokratische Republik von Weimar. Konsequent postuliert er unter politikwissenschaftlichem Gesichtspunkt eine plebiszitär starke *und* wehrhafte Demokratie, die Republik- und Demokratiefeinde gar nicht erst an öffentliche Ämter und Mittel lassen dürfe, sie erst recht nicht an der Regierung hätte beteiligen sollen. Vom Grundkonsens der Demokratinnen und Demokraten – Tönnies fokussiert hier die Einigkeit darüber, „gewisse Kardinalpunkte *unbedingt* zu vertreten" (1929a, S. 196; Hervorh. von mir, CSK) – wird man im Übrigen weitgehend parteiübergreifend erst nach dem zweiten Weltkrieg in der Bundesrepublik Deutschland sprechen (und ihn so manches Mal gerade linker Gesellschaftskritik vorhalten). Den Begriff der *wehrhaften Demokratie* hat Tönnies zwar nicht zur Verfügung, jedoch *hält er in der Sache entschiedene Exklusion für geboten, aber eben von denjenigen, die die egalitär-demokratische Basis gleicher politischer Beteiligungsrechte negieren und die für ihn damit außerhalb des politischen Raums und der Politik überhaupt stehen, denen gegenüber sich der demokratische Staat und seine Bürgerinnen und Bürger mit Hobbes gesprochen im Naturzustand und eben nicht in der Arena des politischen Agons befinden* (vgl. etwa Tönnies 1929a, S. 194ff.; dazu Poske 1999, S. 60ff.).[11] Mit den ausgewiesenen Feinden der Demokratie geht man dem-

---

11 Denn auch wenn Tönnies der Wissenschaft und der politischen Öffentlichkeit 1926 in Wien ein als Verfassungsvorschlag entwickeltes Demokratiemodell vorlegt, das über die üblichen parlamentarischen Demokratien des Westens integrierend hinausgeht und damit sowohl auf grundsätzliche Probleme der repräsentativen Demokratien reagiert als auch mit seinen Lösungsvorschlägen implizit konkrete funktionale Probleme der Weimarer Demokratie und ihrer Voraussetzungen anspricht, so gehört er persönlich – als engagierter Bürger – und theoretisch – als Wissenschaftler – von vornherein überhaupt nicht zu den Vielen auch unter den Gelehrten der Zeit, die die Demokratie der Weimarer Republik angreifen oder sie verächtlich machen, sondern ganz im Gegenteil zu denjenigen, die sie in Wort und Schrift gegen ihre insonderheit autoritären und faschistischen Feinde entschieden verteidigen und die sich auch nach der Machtübergabe an die Nazis den Mund nicht verbieten lassen. *Etwas* anders akzentuiert Niall

gemäß gar nicht im engeren Sinne politisch einander beratend und zumeist mit der Mehrheitsregel entscheidend um. Sondern versucht sie zu bilden oder / und sie machtvoll in die Schranken zu weisen. Auch ein möglicher und gegebenenfalls durchaus sinnvoller taktischer Umgang mit ihnen findet nach Tönnies seine Grenze in ihrer Förderung oder gar in ihrer Zulassung zu Regierungsämtern. *In seinem originären Demokratiemodell von 1926 hätten deshalb ohnehin nur verfassungstreue Parteien das Präsentationsrecht. Politik* endet *also im Umgang mit den Feinden.* Gegen die Feinde der Politik und der Demokratie geht es um die Selbstbehauptung des politischen Raums, wobei die Militanz oder Nichtmilitanz der wehrhaften Demokratinnen und Demokraten von vielen Bedingungen abhängig ist, vom Selbstbehauptungswillen, von den Selbstbehauptungsmöglichkeiten und -mitteln, vom humanen Umgang mit den Feinden der Demokratie, die vielleicht ja auch zu gewinnen wären und vielen anderen situativen Faktoren mehr und von deren Einschätzung. *Womit die Politik dennoch nicht ihren Bezugspunkt in der Freund-Feind-Abgrenzung hat,* denn diese ist systematisch vorpolitisch – sie ist kein Grenzbegriff oder keine Grenzbestimmung, sondern markiert die Grenze *zur* Politik. *Stattdessen kann der Bezugspunkt der Politik jetzt insbesondere im Grundkonsens über möglichen Dissens aufgefunden werden.*

1.2 Naturrechtlich fundierte Realpolitik und Sozialreform anstelle von Nationalromantik

Außerdem macht Tönnies mit seiner Orientierung am Konzept der sozialen Demokratie als Grundlage einer positiv verstandenen Massendemokratie auch einen ganz explizit an die alte ‚Weimarer Koalition' von Sozialdemokratie, Zentrum und Deutscher Demokratischer Partei gerichteten konsensualen Vorschlag, der in der politischen Realität der Weimarer Republik ohne Konzessionen an ‚Rechts' hätte mithelfen können, eine solch breite politische Basis für demokratische Regierungen und überhaupt für die Republik mit einer gewissen Wahrscheinlichkeit auch auf Dauer wiederzugewinnen, wie sie anfangs bei der Wahl zur Nationalversammlung zustande kam. „Wenn sie zusammen noch jene Mehrheit besäs-

---

Bond zwar Tönnies' Politikmodell im Verhältnis zur Weimarer Demokratie, verkennt jedoch keinesfalls dessen Engagement für die Verteidigung der demokratischen Institutionen und der Verfassung (vgl. Bond 2008, S. 156ff.; zu Tönnies' „Kampf gegen die anti-demokratischen Mächte, die die Zerstörung der Weimarer Republik betreiben", vgl. Carstens 2013, S. 262; Carstens 2005, S. 265; vgl. zudem gesamthaft die eindringliche Darstellung in Carstens' Tönnies-Biographie [Carstens 2013, S. 262-302; Carstens 2005, S. 265-300]).

sen, der die Weimarer Verfassung zu verdanken ist, so würden sie auch über eine gewisse mittlere Linie der sozialen Reform, insbesondere der Bodenreform, des Arbeiterschutzes, einig werden, und also für die Erhaltung des gesetzlichen Acht-stundentages mit klarem Erfolg wirken können" (Tönnies 1925a, S. 198). Für eine derartige demokratische „Regierung der Sozialreform", die auch die bäuerliche Bevölkerung und die Kriegsheimkehrer mit einer überfälligen „Bodenreform" auf ihre Seite ziehen und „das *bäuerliche* Eigentum [...] durch finanzielle Be-günstigung in der Steuer und Wirtschaftspolitik" fördern würde, sieht er näm-lich dann die realistische Möglichkeit „bleibender Mehrheiten" und die ausstrah-lende Notwendigkeit zur Schaffung und Bewahrung breiter Konsense unter den Demokraten und zur Einübung und Habitualisierung der dafür erforderlichen politischen Haltungen: „unter Umständen die steigende Wahrscheinlichkeit [..] des *Umschlagens* zur Mäßigung, also zu behutsamem und besonnenem Handeln" auch unter den gegebenen Voraussetzungen (Tönnies 1926b, S. 19).

Noch 1928 (1928a, Sp. 151) wird Tönnies sein praktisches Engagement im Bund deutscher Bodenreformer unterstreichen, das freilich gegenüber demjeni-gen in der Deutschen Gesellschaft für ethische Kultur weniger ‚lebhaft' ausge-fallen sei. Sein realpolitischer Vorschlag im Jahr 1925, die nach den erheblichen Stimmenverlusten bei den Wahlen zum 1. Reichstag 1920 beendete ‚Weimarer Koalition' um eine konsensfähige ‚mittlere Linie der sozialen Reform' zu erneu-ern, versucht deren verloren gegangene Zustimmung unter den Wählerinnen und Wählern wieder zurückzugewinnen und die politische Mitte gerade dadurch zu stärken, daß die diesbezüglichen Reformversprechen der Weimarer Verfassung zum ‚Wirtschaftsleben' (Art. 151 ff.) umfassender als bisher – wenngleich stets mit Augenmaß, d.h. auf die wesentlichen sozialen Errungenschaften konzent-riert – vitalisiert würden, um somit mehr als bis dahin auch als republikanischer Aktivposten zu wirken. Wofür er ganz explizit an den sozialen Interessen der ‚kleinen Leute' und an denjenigen der in der Hyperinflation 1922/23 ebenfalls zu weiten Teilen verarmten Mittelschichten anknüpft. Insofern ist es auch inhaltlich bezeichnend für diese Bemühung um eine stabile demokratische Basis über das Interessenkalkül der ‚Unteren', welches er mit demjenigen der ‚Mittleren' stabil zu verbinden sucht, daß er in dieser Zeit namentlich die Bodenreform wieder auf-greift und sie 1926 sogar voranstellen will, der er schon zwanzig Jahre vorher ein geradezu klassenübergreifendes sozialreformerisches Potential konzediert hatte, so daß das Bewußtsein ihrer „Notwendigkeit" „schon weit in die Kreise der mittle-ren und sogar der oberen Volksschichten" eingedrungen sei (Tönnies 1915a/2000, TG 9, S. 570). Außerdem erinnert er damit die Bevölkerung zugleich an die Unter-stützung der Bodenreform durch die Parteien der Weimarer Koalition. Immer-hin war es der Sozialliberale Friedrich Naumann, dem es mit Unterstützung der

‚Damaschkianer' unter den Abgeordneten der Nationalversammlung „gelang [...], ein bodenreformerisches Grundbekenntnis in die Verfassung zu bringen", den Art. 155 (Heuss 1937/1968, S. 502).[12] Womit Tönnies gleichzeitig die über-parteilich agierenden Bodenreformer und insbesondere deren Anhängerinnen und Anhänger für eine Neuauflage der ‚Weimarer Koalition' zu erwärmen suchte; besagte Bodenreformer waren 1919 immerhin so stark gewesen, ihren Vorsitzen-den Adolf Wilhelm Ferdinand Damaschke – den Tönnies ebenfalls schätzte – für die erste Wahl zum Reichspräsidenten ins Spiel zu bringen, hätte es denn eine Volkswahl anstelle einer Wahl durch die Nationalversammlung gegeben.[13] Das zielte wiederum in der Tönniesschen Akzentuierung nicht nur auf die städtische Bodenreform (vgl. dazu Tönnies 1922a, III.IX.3.7.4, S. 477f./2002, TG 14, S. 533, im folgenden wird für beide die Sigle KÖM verwendet), sondern hätte z.b. durch den Vorschlag für eine entschiedene Förderung des bäuerlichen Eigentums ganz zentral dafür sein sollen, auch die häufig konservative und in vordemokratischen Habitualisierungen und Denkhaltungen verharrende Landbevölkerung – was in der Weimarer Republik aber nicht nur auf die Landbewohner, sondern ebenfalls auf weite Kreise der Bevölkerung unter Einbezug der ‚Eliten' zutraf – zahlreich dauerhaft für die Demokratie einzunehmen (vgl. hierzu Tönnies 1923a/2000, TG 15, S. 584). Tönnies' grundlegender Aufsatz ‚Ethik und Bodenreform' von 1919 – den er sicherlich nicht zufällig in diesem Jahr in Damaschkes ‚Jahrbuch für Bodenreform' plaziert – bietet übrigens eine Anwendung des Gemeinschafts-und-Gesellschaftstheorems auf die Frage der Bodenreform, die den sozialethi-schen Kern der Gemeinwohl- bzw. der Sozialpflichtigkeit des Eigentums – Art. 153 der Weimarer Verfassung, der in Art. 14 des Grundgesetzes der Bundesrepu-blik Deutschland wieder aufgenommen wurde – begründet und als „umgestal-tende sittliche Forderung" (Tönnies 1919, S. 216) für die Instrumente des Rechts wie das Sachenrecht des BGB expliziert, damit die „Sätze mehr bedeuten [..] als eine wohlklingende Redewendung" (Tönnies 1919, S. 212). So daß mit ihrer Hil-fe das „Privateigentum dem Gemeineigentum" real untergeordnet werden könne (Tönnies 1915a/2000, TG 9, S. 570) und sie konkret etwa dazu beitragen würden, die Spekulation mit Land oder auch – in ökologischer Hinsicht – die qualitative Verschlechterung des Landes unter der Vorherrschaft des kurzfristigen ökonomi-

---

12 „Naumanns Sache", also dessen sozialliberale Grundlinie, sagt Tönnies, habe er da-mals inhaltlich und praktisch unterstützt, obwohl er dem ‚Nationalsozialen Verein' (1896-1903) lediglich wegen Naumanns Eintreten für die Flottenpolitik und den Kaiser Wilhelm II. nicht beizutreten vermochte (Tönnies 1928a, Sp. 151; vgl. auch Tönnies 1922c, Sp. 990).

13 Vgl. hierzu mit einer Quelle Bousset 1920, S. 56ff.; grundlegend Hugler 2005, S. 24f.; zu Damaschke weiterhin Wikipedia 2013: passim; Heuss 1937/1968, S. 138.

schen Gewinns zu Lasten der Bevölkerung bzw. auch nachfolgender Generationen – z.b. durch Unfruchtbarmachung der Böden oder aber durch Schadstoffbelastung des Grundwassers – wirklich hinreichend zu unterbinden. Was auch für Tönnies eine zugleich intergenerativ explizierte und gut begründbare naturrechtlich-demokratische Norm als kritisches allgemeinpolitisches Maß für Verwertungsinteressen und -ansprüche von (in diesem Text explizit und besonders auch internationalen) Finanzinvestoren und Spekulanten ist. Insofern greift Tönnies hier die Idee der Allmende und diejenige der Allgemeingüter modernisiert und modifiziert auf, wenn er es als genuine Aufgabe zumal des demokratischen Staates „als Repräsentant eines Volkes" ansieht (Tönnies 1919, S. 210), hier dem Markt als Ideologie und dem realen Marktzugriff definitiv entgegenzutreten, um den Boden vor Verschlechterung und für nachfolgende Generationen zu bewahren (vgl. Tönnies 1919, S. 202, 206, 215), welche Einschränkung er normativ mit dem übergeordneten Recht auf Leben begründet. Der Boden ist dementsprechend „das natürliche und wesentliche Eigentum einer Gemeinschaft, weil eine solche nur durch ihn, auf ihm und mit ihm leben kann; [er ist, CSK] für das Zusammenleben ein so unentbehrliches Gut, wie die Luft und das Licht für das Einzelleben ..." (Tönnies 1919, S. 211, vgl. S. 215).

Tönnies' Aufsatz ‚Ethik und Bodenreform' aus den Anfangstagen der Demokratie von Weimar zeigt übrigens sehr gut auf, daß ihm keineswegs, wie es sogar in der Forschung noch gelegentlich auftaucht, eine nationalromantische Homogenitätsfiktion des Volkes unterschoben werden sollte. Vielmehr koinzidiert seine politische Applikation mit dem Theorem von der gemeinschaftlichen Einheit des Differenten, die hier residual anzutreffen ist, bzw. der gesellschaftlichen Einheit trotz Differenz, welche in theoretischer Relevanz mit Peter-Ulrich Merz-Benz unten betrachtet werden. Eine Homogenitätsfiktion wird hingegen von Carl Schmitt zum folgenreichen Theorem gemacht und zum Element seiner Grenzbestimmung des Politischen, wie oben gezeigt wurde (Schmitt 1923/1926, S. 47). Für die *politische Konstruktion* von „Eintracht" bzw. der jeweiligen Konsense unter den Bedingungen der Gegenwart, so aber Tönnies, müsse die Vielfalt der „streitenden Leidenschaften und Interessen" bedacht und, das ist die *spezifische Aufgabe demokratischer Politik, politisch klug vermittelt werden* (Tönnies 1919, S. 197), damit die Mehrheitsinteressen tatsächlich vertreten und durchgesetzt werden können. Homogenitätsfiktionen hingegen dekonstruiert er fast polemisch als Glaubensannahmen, während er statt dessen einen synthetischen Begriff des Volkes entwirft, „das eben als solches die Mannigfaltigkeit und Verschiedenheit zu ertragen vermag" (Tönnies S. 198, vgl. 201). Insbesondere dieser politikwissenschaftliche Ertrag seiner Überlegungen und Analysen zeigt, daß Tönnies mit der vagabundierenden Ideologie der völkischen Bewegung der Zeit nichts zu schaffen hat. Außerdem bemüht er sich in diesem sachlich-fachlichen Zusammenhang auch um weitere begriffliche Differenzierungen und Neologismen, indem er etwa „volkheitlich' zur Präzisierung von national [gebraucht]", damit ebenfalls terminologisch eine „Abschirmung gegen ‚völkisch'" vorgenommen wird, wie Jacoby anmerkt (Jacoby 1971/2013, S. 260, Anm. 31; Tönnies 1918/2008, TG 10, S. 431; Tönnies 1926c, S. 1). Dem entsprechen sein politiktheoretisch und naturrechtlich fundierter realpolitischer Ansatz und sein Bemühen darum, stabile Bündnisse und politische Konsense der breiten Mehrheit der Bevölkerung herbeizuführen, die der Demokratie eine stabile Verankerung auf republikanisch-freiheitlicher Basis ermöglicht hätten.

Das sind also zugleich alles nicht nur idealistische politische Forderungen und Theoreme im ‚luftigen' Raum der politischen Ideen und ihrer Geschichte, denn sie haben in Tönnies' Konzeption von vornherein ein komplementäres und unmittelbar zugehöriges soziales Fundament, auch wenn er in der ‚sozialen Frage' seine Ideen ebenfalls entsprechend zur ‚politischen Frage' sukzessiv modifiziert[14]. Bereits im 19. Jahrhundert unterstützt der junge Tönnies politisch integrative soziale Reformen, die auf sozialen Ausgleich zielen, und wirbt im Bürgertum etwa für den Achtstundenarbeitstag, gehört insofern zur Linken in der Deutschen Gesellschaft für ethische Kultur und im Verein für Socialpolitik. Er verteidigt den Kampf für die Verbesserung der Lebensbedingungen der arbeitenden Menschen und ihre Organisation in starken Gewerkschaften[15] und auch das Streikrecht entschieden mit naturrechtlichen Argumenten und wurde darob vom Unternehmerlager und seiner ‚Presse' erbittert angegriffen. Eine gerechtigkeitsorientierte Sozialreform und an den Bedürfnissen der lohnabhängigen ‚kleinen Leute' ausgerichtete Sozialpolitik ist – so seine Position in der Weimarer Republik – in seinen Augen die Basis der modernen Demokratie, die mit aktivierenden und nicht passivierenden gewerkschaftlichen und betrieblichen Mitbestimmungs- und genossenschaftlichen Selbstorganisationselementen angereichert und komplementiert wird (und diese auch in die Sozialversicherung selbst eingliedert, wo deren Willensbildung ebenfalls gefragt sein soll, was als Errungenschaft der Revolution

---

14 Vgl. dazu näher – mit durchaus unterschiedlichen Akzenten und Lesarten – Erdozain 2005, S. 215-226; Erdozain 2006, S. 183-188; Clausen 2006, S. 12-16; Lauermann 2006, S. 126-130; Bond 2006, S. 379-385, 395, 399-402.

15 Der „friedliche [...] Klassenkampf der Arbeit" zeichne sich vor anderen Interessenkämpfen dadurch aus, „dass er nicht um Reichtum und Rang, nicht um eine üppige Lebensweise, sondern um das gesunde und gesicherte Familienleben, um ein ethisch gefördertes, humanes Dasein – wenn nicht gar um das Dasein überhaupt, um das tägliche Brot, das Obdach, die notdürftige Bekleidung von Weib und Kind – geführt wird" (Tönnies 1925a, S. 197).

auch in die Weimarer Verfassung Eingang gefunden hat, Art. 161 WRV spricht
von „maßgebender Mitwirkung der Versicherten").

1.3 Urteilskraft, Selbstorganisation und soziale Grundsicherung

Die sozialpolitisch aktive Rolle des Staates in Tönnies' Sinne soll also – korrespondierend zur Modifikation seiner politischen Konzeption vom verständnisvol-
len linksliberal-bildungsbürgerlichen politischen Paternalismus hin zum kommunikativen Politikmodell – die den Bismarckschen Sozialreformen immanente
obrigkeitsstaatliche Entmündigung der Arbeiterschaft (und den damit korrespondierenden Versuch ihrer expliziten Ausschaltung als politische Kraft im Volk
durch das Sozialistengesetz und die Polizei) gerade nicht fortführen. Aktivierung
meint für Tönnies jedoch nicht staatlichen ‚Druck' auf die Arbeitslosen. Und
machtvolle kooperative Selbstorganisation in Produktions- und Konsumgenossenschaften meint auch nicht individuelle Eigenvorsorge(ideologie) statt oder ergänzend zur kollektiven Rentenversicherung. Sondern bei der Aktivierung geht es
ihm *um sozialpolitische Beteiligung und die kollektive Mitsprache im wohlverstan-
denen Eigeninteresse der ‚sozial Unteren'* und generell der lohnabhängigen Menschen auch im Betrieb[16] und ebenso um die Ausbildung ihrer wirtschafts- und
sozialpolitischen Urteilsfähigkeit, die sie wiederum *sowohl* besonders *kampf- als
auch* – nach der von ihnen selbst (und nicht von sie entmündigenden ‚Experten'
aus dem Industriellenlager) beurteilten wirtschaftlichen Situation oder auch nach
ihrer Einschätzung der jeweiligen Kräfteverhältnisse – *konsens- und koopera-
tionsfähig* im Sinne der Lebensfähigkeit des gesamten politischen Körpers und
von Wirtschaft und Gesellschaft machen sollte.

Dementsprechend legt Tönnies – nach dem eklatanten Versagen der Arbeits-
losenversicherung der Weimarer Republik (vgl. Tönnies 1935a, S. 77/1998, TG
22, S. 440) und gleichsam als Gegenmodell zum geistigen Diebstahl von Sym-
bolen und Formen der Arbeiterbewegung (inkl. Genossenschaften und Gewerkschaften) und zur inhaltlichen Entkernung seiner Begriffe von Gemeinschaft und

---

16 Im Unterschied zur Herr-im-Haus-Ideologie bzw. zum „Herrenstandpunkt" (Ferdinand Tönnies [nach 1922]/2005, TG 23.2, S. 216), den sehr viele deutsche Kapitalis-
   ten noch in der Mitte der Weimarer Republik trotz ihrer Zugeständnisse nach 1918
   dann doch wieder durchsetzen wollten (vgl. hierzu Ursula Büttner 2008, S. 230f.). Zur
   „gleichberechtigten" Mitwirkung im Betrieb Art. 165 der Weimarer Verfassung, der
   die Bildung von „Betriebsarbeiterräten" vorsieht, die in der Weimarer Republik auch
   umgesetzt wurde, vgl. Büttner 2008, S. 118f..

Gesellschaft durch das Volksgemeinschaftspathos der Nazis (und schon vorher u.a. durch sogenannte konservative Revolutionäre) – noch 1935 in der in Paris erscheinenden Zeitschrift des exilierten Instituts für Sozialforschung einen derartige sozialpolitische Instrumente integrierenden Organisations- und Finanzierungsvorschlag für eine soziale Grundsicherung der arbeitenden Menschen vor. Er ist gewissermaßen als seine zweite – diesmal sozialpolitische – ‚Flaschenpost‘ für eine neue nachnationalsozialistische Demokratie zu verstehen, die mit der Entlastung der Mehrheit der Menschen von der Sorge um ihre Existenz und ihr physisches Überleben zugleich die soziale Basis für die Demokratie sichern soll. Seine erste Botschaft – wie sich herausgestellt hat: auf lange Sicht – hatte er ja bereits mit seiner kommunikativen Konzeption der Politik (*Tönnies 2*), mit Verfassungsgerichtsbarkeit, öffentlich-rechtlicher Publizistik (wie sie sich funktional und inhaltlich ähnlich im Bildungsauftrag für Rundfunk und Fernsehen der Bundesrepublik Deutschland wiederfindet), politischer Bildung, plebiszitären Kontrollelementen in den politischen und wissenschaftlichen Diskurs eingespeist. Diese war allerdings noch nicht vornehmlich für spätere Generationen gedacht, sondern sollte nach der Hyperinflation und der zeitweiligen ökonomischen Stabilisierung zehn Jahre früher schon den Demokratinnen und Demokraten in der Weimarer Republik politische Denk- und auch Überlebenshilfe geben. Daß er den Nachfolgenden nunmehr diesen zweiten – 1935 sehr gewagten (denn der von den Nazis sofort aus dem Amt entfernte Tönnies lebte nicht im Exil, sondern weiterhin in Kiel) – wissenschaftlichen Vorschlag unterbreitet, nachdem er in der Weimarer Republik bedeutende sozialpolitische Veröffentlichungen vorgelegt und fortgeführt hatte, zeigt, wie wichtig ihm dieses Anliegen für die Lebensfähigkeit der später kommenden Demokratie war, die er allerdings keinesfalls mit Sicherheit erwartete, denn die *Kontingenz der Ordnungsformen* und ihre Abhängigkeit von Möglichkeitsbedingungen, zu denen die Ausformung entsprechend bewußter politischer Subjektivität und willentlicher Subjektdispositionen gehört, war ihm sehr wohl bewußt.

Tönnies‘ politisches Denken war also an der Zeit und diagnostizierte viele Probleme der Weimarer Institutionen und der politischen Kultur und schloß auf Erfordernisse, die erst die Nachkriegsdemokraten der *Bonner Republik* sich – mit Ausnahme der plebiszitären Kontrollen der Eliten und der breiten einflußreichen politischen Willensbildung in der Bevölkerung – neu erarbeiteten: Grundkonsens der Demokraten, Beteiligung der arbeitenden Menschen am gesellschaftlichen Wohlstand, ein politisch-sozialer Geist des Kompromisses als Bedingung der Demokratie und der kommunikative Wille zur Verständigung und Mäßigung im Interesse der breiten Mehrheit der Gesellschaft und Verfassungsgerichtsbarkeit zur judikativen Elitenkontrolle.

1.4   Übersicht

Die weitere Gliederung meiner Ausführungen gestaltet sich wie folgt:

Im *zweiten Teil* wird hier der politische Publizist Tönnies als ein Sozialwissenschaftler vorgestellt, der sein Wissen auch für seine Mitbürger und die Öffentlichkeit popularisiert, und als ein Bürger, der in wichtige gesellschaftspolitische Auseinandersetzungen publizistisch eingreift, der öffentlich wirken will. Dafür wird exemplarisch eine für sein späteres Denken zentrale Episode seines politischen Veröffentlichungswesens während des Kaiserreichs herausgegriffen mit allerdings einigen Querverweisen auf seine Stellung zum parteipolitischen Engagement und zur Wertfreiheit und auch einigen wenigen vertikalen Ausblicken (eine Gesamtbetrachtung hätte beträchtlich mehr zu addieren, insbesondere sein öffentliches Wirken gegen den aufkommenden Nationalsozialismus, besonders, aber nicht allein, seine auf ein breites Publikum zielenden Zeitungsartikel). En passant werden in diesem Kontext, der für ihre Genese bedeutsam ist, einige zentrale Begriffe und Motive seiner *Kritik der öffentlichen Meinung* von 1922 (Tönnies 1922a) erläutert. Denn die erfolgreiche politische Kampagne gegen die ‚Umsturzvorlage' Wilhelms II. und seiner Kamarilla bietet eine persönliche Hintergrunderfahrung für die gesellschaftskritische Dimension seines Begriffs der *Öffentlichen Meinung* (i.f.=ÖM).

Der umfassende *dritte Teil* stellt die politischen Grundkonzepte Tönnies' nun differenzierter als bisher vor. Das erste Politikkonzept (*Tönnies 1*) entwickelt er 1878, nicht ganz zehn Jahre vor *Gemeinschaft und Gesellschaft* 1887[17], vornehmlich diskursiv zur Selbstverständigung – und zwar in der epistelographischen Auseinandersetzung mit seinem Mentor, Freund und Weggefährten Friedrich Paulsen, der sich, bei aller späteren Distanz zu Wilhelm II., dennoch als Vernunftmonarchist geriert[18]. Bereits die Aristoteles-Rezeption in GuG, vollends aber Tönnies' Kritik an der Rezeption des späten Nietzsche und eine vertiefte Reflexion der gesellschaftlich-kritischen Aufklärungsaufgabe der Sozialwissenschaften sowie die Diskussion über Werturteilsfreiheit, die er demokratietheoretisch positiviert, haben wahrscheinlich zur *allmählichen Demokratisierung* seines politischen Denkens beigetragen und auf lange Sicht zu seinem zweiten politischen Kon-

---

17 *Gemeinschaft und Gesellschaft* wird mit der Sigle GuG angeführt.
18 Vgl. zu Paulsen jetzt einschlägig Kellmann 2010, S. 54ff., 105ff., 114ff. Der Begriff findet sich z.B. in Tönnies' Vortrag ‚Formen der Öffentlichen Meinung' für die ‚Deutsche Gesellschaft' (Tönnies [1914]/2005, TG 23.2, S. 211), eine Definition steht im Rahmen seiner entfalteten Theorie der Öffentlichen Meinung (KÖM 1922a, II.2.20, S. 65/2002, TG 14, S. 85).

zept von 1926 (*Tönnies 2*), in das sie partiell auch Eingang gefunden haben (vgl. Schlüter-Knauer 2013). Demokratietheoretisch gesehen ist sein *Nietzsche-Kultus* von 1897 (Tönnies 1897a/1990) nämlich auch eine selbstkritische Auseinandersetzung mit der älteren Hegemonie „herrenhafter Denkungsart" (Tönnies 1893a, S. 9), die sogar Tönnies' erstes politisches Konzept von 1878 affiziert hatte. Das zweite politische Konzept wird anläßlich des Wiener Soziologentags 1926 im Disput mit Hans Kelsen von ihm zugespitzt präsentiert und spielt in der Auseinandersetzung mit Carl Schmitt eine bedeutende Rolle, mit dem ihn die – allerdings gänzlich anders artikulierte – Parlamentarismus-Kritik und die Hobbes-Philologie verbinden (vgl. oben Anm. 7; Schlüter-Knauer 2008). Sein kommunikativer Entwurf der Politik (*Tönnies 2*) wird *einerseits* verständlicher durch die Entgegensetzung zu einer Parlamentarismusaffirmation, die sich in überzogenem Pluralismus auch den Feinden der Demokratie derart öffnet, daß der politische Pluralismus möglicherweise selbst nicht mehr gewährleistet werden kann (vgl. Tönnies 1929a). Solchen Rechtspositivismus kann Tönnies nicht gutheißen und hält eine naturrechtlich-wertgebundene Konzeption für wissenschaftlich *und* politisch angemessener, die die Möglichkeitsbedingungen demokratischer Ordnung in sich reflektieren und sie nicht preisgeben soll. *Andererseits* verhalten sich Tönnies' politische Theorie und sein Verfassungsentwurf von 1926 kontrovers zu einer Parlamentarismuskritik, die zu damaliger Zeit bereits unverhohlen in der Bejahung einer autoritären Regierungsform mit akklamativer Volkslegitimation terminiert (Carl Schmitt).

Hinsichtlich der frühen politischen Vorstellungen Tönnies' ist nur von einem Konzept auszugehen, weil Tönnies zumindest seinen jugendlichen politischen Vorstellungen aus der Zeit vor ‚Gemeinschaft und Gesellschaft' noch keine entfaltete politische Theorie zugrunde legt. Das zweite Konzept ist aber schon eher eine ausgearbeitete theoretische Konzeption, für die Tönnies sein Modell der Demokratie als Normalbegriff im Sinne seiner in GuG entfalteten Begrifflichkeit und Wissenschaftstheorie entwickelt, um Probleme der Demokratie zu fokussieren und damit Korrekturvorschläge unterbreiten zu können oder zumindest Hinweise darauf zu geben, welche Art von Problemen mit diesen oder *funktionsadäquaten* politischen Institutionen nach seiner Auffassung gelöst werden sollten.

Der *vierte Teil* skizziert, wie sich diese politische Konzeption des gealterten Tönnies mit seinem GuG-Theorem sowie in der Anwendung dieses Theorems mit seiner Perspektive auf die Genese sozialer und politischer Macht der Bevölkerung verbinden läßt und was daraus nicht nur für eine Konzeption der Politik, sondern für eine kommunikative Theorie der politischen Gemeinschaft erhofft werden darf.

2   Politische Publizistik Tönnies' im Kaiserreich und die Umsturzvorlage: übergreifende Perspektiven und Motive für die Entwicklung des politischen Werks

Diese in den Jahren der Weimarer Republik in Umrissen ausgearbeitete *bürger-schaftliche Politikkonzeption* mitsamt ihrem Votum für zivilgesellschaftliches Engagement der Bürgerinnen und Bürger paßt durchaus zu den politischen Pflichten, die Tönnies sich selbst *beständig* auferlegte, obgleich er nie ein politisches Amt innehatte, mit Ausnahme einer Episode während des Kaiserreichs in den Jahren 1907 und 1908. Damals wurde ihm von der linksliberalen ‚Freisinnigen Volkspartei' die Kandidatur für das Landtagsmandat des Wahlkreises Husum-Eiderstedt-Friedrichstadt angetragen, für die sich die Freisinnigen auch Erfolgshoffnungen machten, und er wiederum hatte sich dafür bereit „erklärt [...], sich der Freis. Volkspartei als Hospitant anschließen zu wollen" (Albert Johannsen, 28.4.1908). Hiervon und von der Landtagskandidatur nahm er aber dann nach einiger Zeit auch mit der Begründung Abstand, sich auf Parteipolitik doch nicht festlegen lassen zu wollen und sich deshalb nicht an eine Partei binden zu können (vgl. Jacoby 1971/2013, S. 244; Rönnpag 1997, S. 72). Dies war weniger als ein Jahr, bevor er sich nach der Gründung der ‚Deutschen Gesellschaft für Soziologie' [=DGS] im Januar 1909 als Mit-Vorsitzender dann das – damals insbesondere von Max Weber und Werner Sombart vertretene – Werturteilsfreiheitspostulat für die gemeinsam betriebene sozialwissenschaftliche Forschung offensiv zu eigen machte, was in der Folge das Zusammenwirken von Soziologen sehr unterschiedlicher Provenienz in der DGS ermöglichte. Und insofern koinzidiert sein Zurücktreten vom parteipolitischen Engagement im Frühjahr 1908 auch mit der in dieser Zeit kollektiv entwickelten wissenschaftspolitischen Haltung. Diese Entmischung von Politik und Wissenschaft hat für Tönnies auch das Potential, Autoritäts- oder expertokratischen Erschleichungen von Macht, die die von ihm angestrebten demokratischen bürgerschaftlich-politischen Entscheidungen unterlaufen würden, vorzubeugen und ist hinsichtlich der gesellschaftlichen politischen Kosubjekte also mündigkeitsfördernd gedacht.

Die unterschiedlichen Rollen für wissenschaftliches und politisches Engagement vermittelt Tönnies übrigens später sehr geschickt in der 1922er Konzeption der Öffentlichkeit und in seiner politischen Theorie von 1926 (*Tönnies 2*). Hier soll die wissenschaftliche Expertise in der öffentlichen Publizistik und der politischen Bildung u.a. die für Volksentscheidungen nötigen politischen Auseinandersetzungen rationalisieren helfen, was auch leichter wird, wenn die volksgewählten Mitglieder des dafür verantwortlichen Senats im Verfassungsgericht weitgehend überparteilich oder auch selber werturteilsfrei *wie* Wissenschaftlerinnen und Wissenschaftler agieren.

Der Verzicht auf eine Kandidatur für die Freisinnige Volkspartei 1908 hängt aber – da sich bei ihm handlungsbestimmende Motive gerne mischen und gegenseitig verstärken – vielleicht auch damit zusammen, daß er doch schon lange einem ethischen Sozialismus nahestand und denjenigen politischen Liberalismus kritisierte, der sich zur Sozialreform gleichgültig oder gar distanziert verhielt. Man vergleiche dazu auch einmal seine zurückhaltend-differenzierte und doch kritisch-analytische wissenschaftliche Darstellung der vornehmlich denunzierenden Angriffe – und eben auch derjenigen des prominenten Liberalen Eugen Richter, der lange Jahre die Politik etwa der soeben erwähnten ‚Freisinnigen Volkspartei' prägte – auf die kaiserzeitliche Sozialdemokratie; dieses wissenschaftliche Referat über solche politischen Invektiven Eugen Richters erfolgte sogar noch retrospektiv in seinem zentralen Grundlagenwerk *Kritik der öffentlichen Meinung* (KÖM 1922a, III.IX.3.6, S. 465ff./2002, TG 14, S. 539ff.).

Gleichwohl war er als politischer Publizist parallel zur Wissenschaft immer schon aktiv und hat dabei eben auch in liberalen resp. linksliberalen Organen wie u.a. ‚Das freie Wort', den ‚Deutschen Worten', in Friedrich Naumanns ‚Hilfe' Plattformen gefunden (weswegen sich die Freisinnigen wohl an ihn gewandt hatten) (vgl. Jacoby 1971/2013, S. 242f.). Tönnies' Kritik des Liberalismus oszilliert damals gewissermaßen *in den Verbindungslinien von Linksliberalismus und Sozialdemokratie* und hält – ganz anders als diejenige der völkischen oder jungkonservativen Rechten in der Weimarer Republik – von vornherein und durchgehend an den liberalen Werten Freiheit *und* Gleichheit fest, will diese aber solidarisch verallgemeinern.[19] Diesem politischen Leitmotiv bleibt er lebenslang treu. *Es wird sich allerdings insofern wandeln, als er es in der Weimarer Republik auch auf das politische System und die Art und Weise des politischen Engagements selbst be-*

---

19 Weswegen ihm Albert Johannsen 1908 im Auftrag der Agitationskommission der Freisinnigen auch nach seinem Rückzug von der Landtagskandidatur vorschlug, doch als *Persönlichkeit* dennoch weiter für die Freisinnigen zu kandidieren, sogar ohne Hospitant oder Parteimitglied zu sein. Und hierbei würden ihn die Freisinnigen nur als „*entschieden liberal*" ausweisen und dann – „da wir alle innerlich auf demselben Boden stehen wie Sie" – davon ausgehen, daß Tönnies „jedenfalls hauptsächlich gegen [...] die Reaktion Front machen" würde und etwa nicht gegen die Partei selber. Tönnies schrieb am 21. 6. 1907 im Kontext der von ihm zeitweise ins Auge gefaßten Kandidatur an Paulsen, den er hierfür um seine Unterstützung im Wahlkreis bat: „[...] jeder Schritt, der einen sozialistisch gefärbten Neu-Liberalismus weiter bringt, ist mir willkommen" (Tönnies/Paulsen 1961, S. 406). Vgl. zu Tönnies' Liberalismuskritik und zur Verbindung von Liberalismus und Sozialdemokratie eingehend Bickel 1988, S. 32ff., S. 47, Anm. 44; Bickel 1997, S. 23-62, S. 28f.; Poske 1999, S. 47ff.

zieht, die er nun als inhaltlich bedeutsam erkennt. Jedenfalls macht er sich inhaltlich schon im Kaiserreich explizit einige zentrale Reformvorstellungen aus der
Arbeiterbewegung, ja sogar Forderungen wie den schon erwähnten Achtstundenarbeitstag zu eigen und versucht für sie Unterstützung in bürgerlich-linksliberalen
len Kreisen zu organisieren.[20] Bezeichnend für seine politische Praxis im Kaiserreich war es, daß er durch empirische Studien die Argumente der Hamburger
Hafenarbeiter im Großen Streik 1896/97 einerseits wissenschaftlich untermauerte
und sie andererseits als Bürger auch arbeits- und sozialpolitisch z.b. durch den
Hochschullehreraufruf vom 19.1.1897 unterstützt hat, den übrigens auch der sozialliberale Friedrich Naumann unterzeichnete[21] (Jacoby 1971/2013, S. 235-240),
oder daß er 1892 die ‚Deutsche Gesellschaft für ethische Kultur' mitbegründete
(und in ihren Vorstand gewählt wurde), die im Rahmen einer allgemeinen humanistischen Orientierung die soziale Lage der Arbeiterschaft verbessern wollte
(vgl. Tönnies 1922b, S. 219 [S. 21]; Jacoby 1971/2013, S. 100ff.). Sie geht von einer
– die kämpfenden Klasseninteressen gleichsam überwölbenden – gesellschaftlich
universalisierbaren Moralvorstellung aus, die aber schon der frühe Tönnies mitnichten schwärmerisch konzipierte. Vielmehr geht es ihm – gleichfalls lebenslang – etwa um die keinesfalls friktionsfrei zu ermöglichende Zivilisierung der
politisch-sozialen Kämpfe (auch des Klassenkampfes) „aus wohlverstandenem,
gegenseitigem Interesse" und *nicht* um ihre Beseitigung, also darum, ihnen einen
Rahmen zu geben, in dem friedliche Auseinandersetzungen innergesellschaftlich
möglich sind; diese Ansicht vertritt Tönnies bereits zu Beginn der 1890er Jahre
(Tönnies 1893b, S. 54). Das wäre die ‚kühl' kalkulierte gesellschaftliche Seite dieser modernen Ethik in Tönnies' Sinne – aber Tönnies ist ja der Denker von Gemeinschaft *und* Gesellschaft. Zugleich sollte die ‚Gesellschaft für ethische Kultur'
in seiner Perspektive deshalb gerade auch dazu beitragen, einen gemeinschaftlichen Kern in der Gesellschaft bewußt und aufklärerisch zu vitalisieren und insofern moraladäquates – aus Interessenkalkül erfolgendes – und moralisches und
sittliches Handeln zu verbinden (was allerdings sowohl von den Theoretikern der
damaligen Sozialdemokratie als auch von den Klassenkämpfern von oben abge-

---

20 Vgl. dazu z.B. Ferdinand Tönnies' – abschlägig beschiedenen – Antrag auf dem Ge-
    sellschaftstag der ‚Deutschen Gesellschaft für Ethische Kultur', im Wortlaut zitiert im
    Veranstaltungsbericht in: Deutsche Gesellschaft für Ethische Kultur 1894, S. 336; jetzt
    einfach zugänglich in Liebersohn 1991, S. 21.
21 Jetzt leicht zugänglich durch den Abdruck in Carstens 2005, S. 145, vgl. 140-148; Cars-
    tens 2013, S. 141, vgl. 136-143. Vgl. etwa Tönnies 1897b, S. 173-238; Tönnies 1897c, S.
    673-720; Tönnies 1898, S. 303-348; Legien 1897, S. 70.

lehnt wurde[22]. Mit dieser komplexen Aufgabenstellung befand sich Tönnies, der die Gesellschaft für ethische Kultur vergeblich in „eine mehr sozialistisch-volkstümliche Richtung" zu bringen versuchte, nicht nur nach seiner eigenen Einschätzung eher an ihrem linken Rand (Tönnies 1922b, S. 219 [S. 21]). Die von Mario Rainer Lepsius konstatierte „Moralgrenze"[23] zwischen der gewerkschaftlichen und politischen – sozialdemokratischen – Arbeiterbewegung und den eher „an vorindustrielle Wertvorstellungen" in „Gesinnungsgemeinschaften" gebundenen bürgerlichen und konservativen Parteien und Kreisen – die bei den Liberalen im Unterschied zu den „bäuerlichen Massenorganisationen" der Konservativen jedoch „relativ unstrukuriert" gewesen seien (Lepsius 1966, S. 387f.) –[24] wollte Tönnies also ganz und gar nicht hinnehmen. Daß so etwas in Deutschland auch

---

22 Vgl. z.b. den Disput über moralischen Universalismus und die politischen Möglichkeiten der Deutschen Gesellschaft für Ethische Kultur (Mehring 1892-93, S. 265-270) und Tönnies Antwort darauf (Tönnies 1893b, S. 47-57; insgesamt Knoch 1989, S. 112). Der Universitätsreferent im preußischen Kultusministerium, Friedrich Althoff, meinte in diesem Zusammenhang, Tönnies' Austritt aus der Deutschen Gesellschaft für ethische Kultur zur Bedingung für eine akademische Laufbahn machen zu müssen, wozu dieser sich jedoch nicht imstande sah (vgl. Carstens 2013, S. 122ff.; Carstens 2005, S. 127ff.). Zum ‚Klassenkampf von oben' siehe die instruktive Charakteristik von Theodor Heuss (1937/1968, S. 118). Wobei Althoff, von dem Friedrich Paulsen ein weitaus differenzierteres Bild als Tönnies gibt, jetzt nicht einfach zu diesen ‚Klassenkämpfern' geschlagen werden soll, aber im Rahmen seiner Möglichkeiten offensichtlich nicht daran vorbeigehen konnte oder wollte, daß „Wilhelm II. [...] nun der Mann Stumms geworden" war (zu letzterem wieder Heuss 1937/1968, S. 118). Gemeint ist hier der einflußreiche Großindustrielle Carl Ferdinand Freiherr von Stumm-Halberg (1836-1901), auf den unten noch näher eingegangen wird.

23 Die Kommentierung des ‚Professorenaufrufs' zum Hafenarbeiterstreik durch die nationalliberalen ‚Hamburger Nachrichten' vom 26.1.1897 illustriert sie hinlänglich: „Man sollte Männer, welche die Stellung, die sie als Vertreter der Wissenschaft im Staate einnehmen, auf solche Weise kompromittieren, aus derselben [der bürgerlichen Gesellschaft, CSK] ausschließen, schon um den Verdacht zu entkräften, daß man mit ihnen sympathisiere. Wir halten es überhaupt für unerläßlich, daß die bürgerliche Gesellschaft jede Begünstigung ihrer Todfeindin, der Sozialdemokratie, in dieser Form ahndet. Es muß den Vertretern des ‚Sozialismus der gebildeten Stände' zum Bewußtsein gebracht werden, daß die Förderung der sozialdemokratischen Bestrebungen für Jeden unerlaubt ist, der der bürgerlichen Gesellschaft angehört" (hier angeführt nach Legien 1897, S. 71).

24 Da wir uns hier mit dem ‚politischen Tönnies' beschäftigen, sei der Hinweis gestattet, daß Lepsius' erhellende Darstellung des Verhältnisses von Parteiensystem und Sozialstruktur im Kaiserreich übrigens u.a. Maurice Duverger's analytische Begriffe nutzt – die wiederum ausdrücklich von Herman Schmalenbachs Tönnies-Adaption auf phänomenologischer Grundlage beeinflußt wurden (Duverger 1959, S. 140ff.) –, aber auch solche Untersuchungen soziokultureller oder sozialmoralischer Milieus, zu der GuG

nach dem Ende des Sozialistengesetzes 1890 die wissenschaftliche Karriere nicht gerade förderte, erfuhr er rasch als ein deshalb ewiger Privatdozent und nahm es für seine politische Überzeugung dann auch nolens volens in Kauf. Das war keine nur ‚gefühlte' Diskriminierung: So kreidete ihm damals ein Kanzler der Universität Kiel sein Engagement in der ‚Deutschen Gesellschaft für ethische Kultur' an, so denunzierte ihn ein Wirtschaftsprofessor aus Halle gegenüber dem Ministerialdirigenten Althoff (dem sogenannten ‚Bismarck des Hochschulwesens', der auch über akademische Karrieren mitentschied) als Sozialisten und Marxisten, wie dies Dieter Pasemann mitteilt (1989, S. 33).

Für unser Thema besonders wichtig ist, daß Tönnies als politischer Publizist 1895 „im Namen der Gerechtigkeit" gegen die auf die Sozialdemokratie zielende sogenannte „Umsturzvorlage"[25] agitierte.[26] Das war ein nach dem Willen des Kaisers Wilhelm II. und seiner Umgebung[27] Ende 1894 im Reichstag eingebrachter Gesetzentwurf zur Verschärfung der Staatsschutzgesetze. Dieser „Entwurf eines Gesetzes betreffend Änderungen und Ergänzungen des Strafgesetzbuchs, des Militärstrafgesetzbuchs und des Gesetzes über die Presse" wurde insbesondere nach der von den Konservativen und vom Zentrum im Ausschuß geforderten noch weitergehenderen Einschränkung der geistigen Freiheit[28] auch aufgrund des öffentlichen Echos in zweiter Lesung vom Reichstag abgelehnt. Hans-Ulrich Wehler

---

und Tönnies' Soziographie wiederum explizite oder implizite begriffliche und empirische Vorarbeiten geleistet haben.

25 Wolfgang J. Mommsen (2005, S. 81) weist darauf hin, daß der Name ‚Umsturzvorlage' der von Wilhem II. beim „Festmahl für die Vertreter der Provinz Ostpreußen" am 6.9.1894 gehaltenen Rede entstammt, seinem „Ruf" zum „ernsten Kampf wider die Bestrebungen, die sich gegen die Grundlage unseres staatlichen und gesellschaftlichen Lebens richten": „Auf zum Kampfe für Religion, für Sitte und Ordnung, gegen die Parteien des Umsturzes!" (jetzt gut zugänglich in: Wilhelm II. 1976, S. 51-54, hier S. 54).

26 Normannus [Pseudonym von Ferdinand Tönnies] 1895; vgl. dazu Jacoby 1970, S. 47f.

27 John C.G. Röhl hat für diese kaiserlich „inaugurierte" Sozialistenpolitik eindeutige Belege in mittlerweile edierten Dokumentenbänden finden können (1987, S. 127ff., S. 237).

28 Das Zentrum forderte sogar die Strafbarkeit der öffentlichen Kritik an christlichen Lehrmeinungen. Der von Wilhelm II. beachtete und im damaligen Establishment einflußreiche Großindustrielle Freiherr von Stumm wollte die Anwendung auf sozialreformerische Akademiker ausdehnen, die sogenannten ‚Kathedersozialisten' wie Adolph Wagner, den Tönnies sehr schätzte und von dem er gelernt hatte, mit Hilfe der Statistik Gesetzmäßigkeiten im menschlichen Handeln festzustellen (vgl. Mommsen 2005, S. 82; Wagner 1895, insbes. S. 1ff., 14ff., 34f.). Stumm war im Übrigen einer der ganz entschiedenen ‚Scharfmacher' gegen die Sozialdemokraten und diejenigen, die er als solche denunzierte.

spricht geradezu vom „Proteststurm, der jetzt in der liberalen und sozialdemokratischen Öffentlichkeit ausbrach", was dazu beitrug, der Vorlage die parlamentarische Mehrheit im Reichstag zu entziehen (Wehler 1995, S. 1007).

In dieser Episode war Tönnies auch aktiv daran beteiligt, die Öffentliche
Meinung in seinem Sinne zu formen. Durch die Umsturzvorlage und ihre beabsichtigte Verschärfung wurden *genuin liberale Kerngehalte* desjenigen, was er
später die feste Öffentliche Meinung nennen wird, provoziert, nämlich „tieflie-
gende und bewährte Grundsätze" (Tönnies 1923b, S. 97/2000, TG 15, S. 617) wie
die allgemeinen freiheitlichen Ideen „Konstitution, Gewissensfreiheit, Pressfrei-
heit, Redefreiheit", weshalb ein breites Bündnis von Akteuren, denen diese Werte
auch wichtig waren bzw. die sich zumindest, aus was für Gründen auch immer,
in der damaligen Konstellation der politischen Kräfte für sie einsetzten, gegen
diesen Angriff erfolgreich mobilisieren konnte. Solche aufklärerisch-normativen
Begriffe kennzeichnet Tönnies als Merkmale der „*freisinnigen* Weltanschauung
und der Aufklärung", so 1914 im Vortrag „Formen der Öffentlichen Meinung" vor
der Deutschen Gesellschaft (Tönnies [1914]/2005, TG 23.2, S. 212f., Hervh. v. mir,
CSK; vgl. KÖM 1922a, I.IV.1.5, S. 137ff./2002, TG 14, S. 165ff.).

In Vorwegnahme:

Diese Öffentliche Meinung schreibt er künftig mit großem ‚Ö', um den darin enthaltenen Urteils- und Willensbildungsprozeß eines räsonierenden Publikums
zu beschreiben, der sich im Ergebnis „als eine Form des *sozialen Willens*, [...] als
ein einheitlicher Wille, als Wille einer *Person* [..] kundgibt" (Tönnies 1923b, S.
83/2000, TG 15, S. 602). Und diejenigen eben aufgezählten, der Aufklärung und
der Vernunft verpflichteten, „festen Bestandteile der Öffentlichen Meinung [...] zu
erhalten", wird er 1923 im Aufsatz ‚Macht und Wert der Öffentlichen Meinung'
auch ganz normativ als „Aufgabe der humanen Ethik" bezeichnen (Tönnies
1923b, S. 99/ TG 15, S. 619) *gegenüber* einer empirischen oder „wirklichen" (Tönnies 1923b, S. 97/ TG 15, S. 617) – „nicht gehörig aufgeklärten" (Tönnies 1927c,
S. 269) – Öffentlichen Meinung (allerdings auch mit großem Ö), die schon im
kaiserlichen Deutschland zur Zeit des Sozialistengesetzes *gegen* die Freiheit auch
für die sogenannten unteren Mitglieder der Gesellschaft agitierte und für das Sozialistengesetz eintrat (vgl. Tönnies 1923b, S. 91/ TG 15, S. 611; KÖM 1922a III.
IX.3.6., S. 462ff./ TG 14, S. 536ff.) und die noch weitaus später der demokratischen
Verfassung der ‚Weimarer Republik' und ihren staatstragenden demokratischen
Parteien mit großen Reserven begegnete... [29]

---

29 *Ende der thematischen Vorwegnahme.*

Und aus dem Bewußtsein dieser Aufgabe *und* der Erfahrung des erfolgreichen Kampfes gegen die Umsturzvorlage integriert er seinem zweiten Demokratiemodell von 1926 – veröffentlicht 1927 (Tönnies 1927b) – eine institutionelle Relevanz und Funktion der Öffentlichen Meinung mit einem kritisch-normativen[30] und das heißt – im Zeitkontext gegen Rechts und die Rechtspresse gewandt – republikanisch-demokratischen Geltungsanspruch. Die Macht der Öffentlichen Meinung wurde Tönnies jedenfalls im Fall der Umsturzvorlage in seinem eigenen politisch-praktischen Erlebenshorizont jedenfalls auch einmal sehr *positiv* aufgezeigt, *noch bevor* er sich damit später gründlich wissenschaftlich auseinandersetzte[31], und *er* war als der Akteur ‚Normannus', aber auch als ‚Ignotus' (1894) – so seine Pseudonyme in dieser Sache – aktiv dabei.

Obgleich die Ablehnung der Umsturzvorlage rückblickend betrachtet für Tönnies wohl eher der Sonderfall in der deutschen politischen Kultur gewesen war, *sollte* so etwas aber in seiner Sicht der Normalfall sein oder werden, wofür er 1926 in seinem Modell, dem Normalbegriff der Demokratie, vorschlägt, die Öffentliche Meinung durch eine partielle institutionelle Kopplung an ein direktdemokratisch gewähltes Verfassungsgericht normativ besonders sowohl an formale liberale Freiheitswerte als auch an eine Gleichheits- und Gerechtigkeitsorientierung im Sinne der Mehrheit zu koppeln.

Parteipolitisch wollte Tönnies sich noch 1908 nicht vereinnahmen lassen. Seine spätere grundlegende Überwindung des herkömmlichen Antiparteienaffekts und der damit verbundenen Einstellung zu den Bürgerpflichten politischer Subjekte aber dokumentiert sich nicht nur in seinem Verfassungsentwurf von 1926, in dem den Parteien anders als noch in der Weimarer Verfassung nunmehr eine grundlegende politische Rolle zukommt und sie als Instrumente der politischen Willensbildung auch ausdrücklich verfassungsrechtlich in das politische System eingebunden werden. Sondern sie zeigt sich ebenfalls ganz persönlich etwa im ‚demonstrativen' Eintritt des Ehepaars Tönnies in die SPD am 1. April 1930 – Marie Tönnies war 64, Ferdinand Tönnies 74 Jahre alt –, die sie als *die* wesentliche demokratische Staatspartei der Weimarer Republik begriffen (vgl. Schlüter[-Knauer] 1988, S. 399) und im gleichzeitigen Austritt aus der damals nazifreundlichen evangelischen Landeskirche Schleswig-Holsteins, über dessen politischen Hinter-

---

30 Vgl. die Bemerkung in der Überblicksdarstellung Schlüter[-Knauer] 1988, S. 398; detailliert Poske 1999, S. 11 passim.

31 Der § 31 der ‚Soziologischen Gründe des Naturrechts' in GuG von 1887 bereitet das allerdings bereits im Entwurf vor (in der neu paginierten, 1979 erschienenen, Wiederauflage der 8. Aufl. von 1935 vgl. S. 202ff.).

grund Tönnies' Biograph Uwe Carstens unterrichtet (Carstens 2013, S. 263-265; Carstens 2005, S. 265-267).

Diese in der Monarchie und in der Demokratie unterschiedliche Haltung zum eigenen parteipolitischen Engagement, in dem er nun auf Augenhöhe ein Parteimitglied neben anderen wird und dem Parteileben nicht mehr mit geistesaristokratischer Distanz begegnet, hat bei Ferdinand Tönnies ganz sicher etwas damit zu tun, daß er ebenso wie seine Frau Marie die Weimarer Republik unbedingt gegen den damals dominierenden Rechtstrend und die Nationalsozialisten verteidigen wollte. Zu diesem Zweck hat er offenbar alle bisherigen Reserven als zweitrangig erachtet. Bei ihm liegt es aber außerdem nahe, daß seine Aufwertung der politischen Aufgaben und Pflichten des Bürgers einer demokratischen Republik und seine nun dezidiert in ihr Gegenteil verkehrte Haltung zum parteipolitischen Engagement und zu politischen Parteien, nicht seine linksliberal-sozialistische Grundeinstellung, mit bedingt durch die allmähliche theoretische Umgestaltung seines Politikkonzepts, sich von einem elitär-expertokratischen Politikansatz (*Tönnies 1*)[32] – zu einem radikaldemokratisch-plebiszitären und kommunikativen Politikverständnis (*Tönnies 2*) entwickelt.

3.1 Politisches Denken I.: Tönnies 1 – ‚Platonisch-hobbesischer Staat'

Den *politischen Denkweg Tönnies'* in die *Stadien Tönnies 1* und *Tönnies 2* zu unterteilen und diese auch noch zeitlich grob zu fixieren, wird hier unternommen, um dessen *sich grundsätzlich voneinander unterscheidende Abschnitte zu rekonstruieren* und sie gleichfalls darstellbar zu machen. Wodurch allerdings die

---

32 Tönnies' Ansinnen zum Weltkriegsbeginn 1914, dem Reichskanzler Theobald von Bethmann Hollweg mit sozialwissenschaftlicher Expertise beratend zur Seite zu stehen (vgl. mit differenzierten Quellennachweisen Jacoby 1971/2013, S. 305f., Anm. 50; auch Tönnies 1934/2005, TG 23.2, S. 476), ist wahrscheinlich nicht mehr im Sinne seines frühen elitär-expertokratischen Konzepts als moderater politischer Platonismus zu verstehen (analog zu Platons Anspruch: Dionysios I. und II. politisch anzuleiten), denn GuG und seine selbstkritische Nietzsche-Kritik liegen ja bereits vor. Motive der Politikberatung müssen auch gar nicht zwingend wie bei Platon einen Führungsanspruch implizieren, sondern Politikberatung (erst recht, wenn sie aus unabhängiger und gleichsam werturteilsfreier Warte erfolgt) kann auch als wissenschaftliche oder fachliche Zuarbeit für verantwortlich Entscheidende insbesondere in schwierigen politischen Lagen und für komplexe Probleme verstanden werden. An der deutschen Reichsleitung sind aber Tönnies' und auch Max Webers Vorstellungen letztlich vorbeigegangen!

sukzessiven Denkbewegungen, wie sie mit dem selbstkritischen Potential seiner Nietzsche-Kritik für sein eigenes politisches Denken angedeutet wurden, zugunsten der modellierten Hauptzüge meist weniger gut deutlich werden können. Weiterhin ist vielen die Erfahrung bekannt, daß Denkentwicklung ein Prozeß ist, in dem auch auf Früheres gewollt – wenn Neues verworfen und an alte Fäden wieder angeknüpft wird – oder manchmal auch nur versehentlich zurückgegriffen wird, deshalb nicht immer Konsistenz besteht und dergleichen.[33] Um dies alles zumindest ein wenig auszugleichen, wurden und werden hier auch diskursive Kontexte der Modelle *Tönnies 1* und *2* skizziert oder ergänzende Hinweise gegeben, damit die Problematiken etwas klarer werden, auf die sie antworten und aus denen heraus sie zu verstehen sind. Im Übrigen gilt für das politische Konzept *Tönnies 1* weitgehend der Vorbehalt der Textsorte, denn dieses Modell ist primär *im privaten Diskursraum zur Selbstverständigung und noch nicht mit wissenschaftlichem Anspruch entwickelt* worden, auch wenn spätere wissenschaftliche und politische Texte Tönnies' zur Erläuterung und Einordnung dienen können. 1878 wird es epistelographisch vorgestellt und auf Elemente des Modells bzw. des zugehörigen politischen Denkens kommt er bis zum Ende des Jahrhunderts immer wieder zurück, obwohl 'GuG' schon die Grundlagen für Neues legt, was seine Nietzsche-Kritik gegen 1897 mit einer impliziten Revision des in *Tönnies 1* explizit formu-

---

33 So könnte Tönnies' wichtiger Text 'Ethik und Bodenreform' von 1919, anhand dessen wir oben in 1.2. seine Perspektiven einer naturrechtlich fundierten Realpolitik vorgestellt haben, *auch* als Beispiel für denkerische Übergänge oder gar für Inkonsistenz gesehen werden. Hier bietet er zwar ein folgenreiches Begründungsmuster für die öffentliche Funktion des Bodens oder zumindest für dessen Mischform als sowohl öffentliches als auch privates Gut und auch überhaupt für die Gemeinwohlpflichtigkeit des Eigentums, das sich von der nach dem verlorenen ersten Weltkrieg sonst professoral aufkommenden Gemeinschaftsromantik deutlich abhebt (zu deren Blüten vgl. jetzt ausführlich Sieg 2013, S. 151-192) und an der modernen Rationalität als Maßstab theoretisch und politisch festhält. Er greift dabei jedoch methodisch wieder explizit auf Platon zurück und präferiert inhaltlich mit dem „nicht an eine bestimmte Staatsform" gebundenen „Willen sich führen und leiten zu lassen" die platonische 'Wächterperspektive' im Horizont der politischen Selbstbeherrschung, obgleich er in demselben Moment, was nun gar nicht mehr im paternalistischen Sinne Platons ist, schon die „Republik" als „die einfache und am meisten natürliche Form der Selbstbe*herr*schung" affirmiert, die bezüglich der politischen Partizipation an die Bürger „die höchsten Anforderungen richtet" (Tönnies 1919, S. 200f., vgl. S. 194). Wobei dies aber wiederum auch der besonders schwer zu überblickenden Situation in den revolutionären Auseinandersetzungen nach dem Ende des Kaiserreichs geschuldet sein kann, in der er ansonsten immer wieder die Besonnenheit der bewährten Führungspersönlichkeiten aus der Sozialdemokratie und den Gewerkschaften hervorhebt und damit der Bevölkerung empfiehlt, sich zunächst einmal deren Erfahrung und Rat anzuvertrauen.

lierten geistesaristokratischen Führungsanspruchs fortführt, die spätestens 1926 explizit wird. Platon hätte gesehen, so schreibt Tönnies 1882, daß die Existenz der attischen Polis durch gesellschaftliche Handlungsmuster und ihre Entwicklung zur politischen Bürger-Gemeinschaft aller politischen Subjekte im Kern bedroht gewesen sei. Damit waren sicher in erster Linie die Nutzenorientierungen der politischen Mehrheit gemeint, der Theten und Banausen und des Mittelstandes, die in der Polis seit der Entwicklung der Isonomie zur Demokratie und der Beanspruchung des inhaltlich gleichen Rederechts in ihrem Interesse mitsprachen (vgl. dazu Raaflaub 1980). Die *Eunomie*, in die die Unteren gleichsam sprachlos und selbstverständlich sich einfügten, war aber eigentlich schon seit Solon und Peisistratos als die „einzig mögliche Form geordneten und gesitteten menschlichen Zusammenlebens" hinfällig (Tönnies 1882, S. 84f.). Das galt erst recht für die Zeiten der *Isonomie*, von denen Aristophanes im Dichterwettstreit der ‚Frösche‘ – in den Hochzeiten der von ihren damaligen Gegnern als radikal zu denunzieren gesuchten *Demokratie*, in der es allmählich selbstverständlich wurde, daß auch Handwerker ins politische Führungspersonal aufstiegen – seine Dramenfigur Aischylos in dieser Weise pseudohistorisch – oder je nach Lesart vielleicht sogar ironisch – schwärmen läßt: „Ja, zur Zeit, wo ich lebte, da wußten / Sie [die Besatzungen der Schiffe, CSK] weiter noch nichts, als um Zwieback zu schrein und >hoiho!< wacker zu rufen" (Aristophanes, Bátrachoi, 405 v. Chr., V. 1073ff.). Hingegen würde – so Aristophanes – jetzt an Bord ‚räsoniert‘ werden und das ‚Schiffsvolk‘ wage zugleich den fatalen „Widerspruch gegen die Obern", was Aristophanes im Horizont des doppelt fiktionalen Aischylos-Zitats in der damals für Athen logistisch schwierigen Lage als einen sowohl sozialen und als auch militärischen Nachteil auszuweisen trachtet – letzteres aber dürfte eher eine Fehleinschätzung durch die gewählte Perspektive des retrospektiv verklärenden Blicks gewesen sein. Zusätzlich und korrespondierend zur politischen Entwicklung war die gesellschaftliche Veränderung auch dadurch gekennzeichnet, daß aufgrund der vielen *Erfahrungen* des seefahrenden griechischen Volkes, der Freibeuter und Händler, mit anderen Kulturen und Lebensweisen sowie der Neukonstruktion von Kolonien der natürlich-kosmische Zusammenhang von Welt- und Lebensordnung sich zunehmend weniger als selbstverständlich herausstellte, was die sophistische Auseinanderlegung von Nomos und Physis später ganz explizit macht. Hiergegen versuchen Platon und später Aristoteles unter anderem mittels der autoritativen Wiederbeanspruchung der Natur für die Politik anzugehen, obgleich diese im damaligen Denkzusammenhang mittlerweile nur den Status eines Arguments beanspruchen und damit grundsätzlich keine Selbstverständlichkeit mehr begründen konnte. Der Leitgedanke von Platons Philosophie sei es gewesen,

sagt Tönnies, daß Platon der eunomischen – der wohlgeordneten – Polis als „sittlichem Organismus *das Leben* [..] *retten"* wolle (Tönnies 1882, S. 84f.).
Werke wie Platons Politeia reflektieren in Tönnies' Sicht damit eine weitgehend verlorene und wiederum neu ersehnte Gemeinschaft und sind nicht etwa deren Dokument. Deshalb könne die archaische Polis nicht regressiv rekonstituiert werden, so schreibt Tönnies schon über Platon, sondern die Polis müsse „in ihrem innersten Wesen eine *andere* werden" als der quasi-natürliche „Organismus" (Tönnies 1882, S. 84f.). *Eine Rückkehr zur archaischen, quasi-natürlichen Gemeinschaft sei insofern bereits für Platon nicht mehr denkbar gewesen, weshalb der Entwurf seines philosophischen Kunststaats erfolge.* Die gemeinschaftliche Intention Platons aber ist es, die sich Tönnies zu Eigen macht und nicht sein antidemotisches politisches Programm. Und sie hält sich sogar noch in seinem zweiten politischen Entwurf in der Zeit der Weimarer Republik durch, aber – ganz anders als bei Platon – unter demokratisch-genossenschaftlichem Aspekt als Zusammenwirken „gleichberechtigter Bürger". Von dem her könne die „*Wurzel* [...] der ursprünglichen Zusammengehörigkeit", die nach dem von ihm „zugrundegelegten Begriffe Gemeinschaft ist", sich besonders im politischen Zusammenleben als politische Gemeinschaft „*modifiziert"* erhalten und erneuern.[34]

Wiederum in Parenthese gesagt: Gemeinschaft in Tönnies Sinne ist eben mitnichten prinzipiell herrschaftlich-patriarchalischen Organisationsformen gleichzusetzen, wie es häufig geschieht. Sondern *die Genossenschaft steht für den freiheitlich-demokratischen Modus der Gemeinschaft* ein: In seinem GuG-Artikel von 1931, aber längst nicht nur hier findet sich auch die Wendung von der „Zwiefachheit des genossenschaftlichen und des herrschaftlichen Prinzips" in der Gemeinschaft, die in ihr koexistieren, sich aber auch zum revolutionär-virulenten Widerspruch entwickeln können, den Tönnies in seiner ‚Entwicklung der sozialen Frage' als die Basis der Bauernkriege verortet (vgl. Tönnies 1907, S. 14f., 24f./1989, S. 14f., 23f.). Sie greift den von Otto Friedrich von Gierke verfolgten „uralten Gegensatz" von genossenschaftlichen (Sippe und Familie) und herrschaftlichen Gemeinwesen und Verbänden (im Mittelalter: Körperschaften) in etwas anderer Ausrichtung auf (Gierke 1881 [1954], S. 2).

Tönnies 1 will nun die gemeinschaftliche Intention Platons dialektisch aufheben und mit den voluntaristischen[35] gesellschaftlichen Zügen Hobbes' zu einer

---

34 Letzteres sind Zitate aus Tönnies' Artikel ‚Gemeinschaft und Gesellschaft' von 1931/1959 in Alfred Vierkandts ‚Handwörterbuch der Soziologie', S. 190; Hervh. v. mir, CSK.

35 Der Begriff des Voluntarismus stammt aus Tönnies' ‚Studie zur Kritik des Spinoza' im Umfeld seiner frühen Hobbes-Arbeiten, worauf er entschiedenen Wert legt, und hätte

neuen Synthese verbinden (in *Tönnies 2* wird das eher eine aristotelisch-hobbesische Synthese). Bei der politischen Gemeinschaft geht es also von vornherein um Gemeinschaft *und* Gesellschaft, nicht um Gemeinschaft oder Gesellschaft. Das ist gemeint, auch wenn Tönnies methodisch die Kristallisierung sozialer Vernunft wiederum in einem „philosophischen Kunststaat" anstrebt, der „großen platonischen Synthese", der dann als soziale Vernunft endlich von den anderen Instinkten frei gewordenen sozialen Empfindungen, wie er am 28.9.1878 aus London während seiner Hobbes-Archivarbeit an Friedrich Paulsen schreibt. Die Dichotomie Platon-Hobbes ist nicht gänzlich deckungsgleich mit ‚Gemeinschaft und Gesellschaft', weil die erstrebte autochthone Gemeinschaft schon für Platon *nur noch* eine artifizielle rationale Intention ist, während Tönnies' Gemeinschaftskonzept auch die soziale Kohäsion und Integration über Gefühl und Gefallen der Menschen aneinander kennt, wobei er sich aber von Authentizitäts- und Naturfiktionen abgrenzt. Die politische Synthese jedoch ist bei Platon wie bei Tönnies immer etwas Künstliches und niemals ein Zurückgehen zu als natürlich-authentisch fingierten Wurzeln, was Tönnies im Gegenteil politisch als Pseudogemeinschaftsideologie zu demaskieren versucht, so in seinen Analysen zum Hafenarbeiterstreik 1896/97. In der industriegesellschaftlichen Gegenwart des jungen Tönnies ist der materielle Gehalt dieser Synthese dann dasjenige, „wozu wir mit der sozialistischen Produktion den Grundstein legen zu wollen idealistisch genug und kühn genug sind", womit das politische Konzept von vornherein eine soziale Absicherung für die arbeitenden Menschen bieten soll und genau damit nun aber auf ihre reale Teilhabe und nicht auf ihre Unterwerfung und die Zügelung ihres gesellschaftskritischen Potentials zielt.[36] Wie schon beim politischen Publizisten Tönnies deutlich wurde, ist die Möglichkeit von Gemeinschaft bereits für den jungen Tönnies insbesondere an die von ihm angenommenen zugrundeliegenden gesellschaftlichen Ziele und Motivlagen der real existierenden Arbeiterbewegung gebunden, das Leben der Arbeiterschaft auch materiell und in seinen menschlichen Möglichkeiten zu verbessern und über es auch in der Arbeit mitbestimmen zu wollen, weniger an deren mehr oder weniger radikale Propagandatöne.

Politische Gemeinschaft ist sogar schon in der demokratischen Antike nicht und erst recht nicht später primär auf der Ebene einer archaischen Gemeinschaft zu verorten, sondern soll die gemeinschaftlichen Intentionen gegenseitiger Bejahung, des Zusammenseinwollens und Zusammensprechens, des Zusammen-

---

sich dann über Friedrich Paulsen und Wilhelm Wundt in den wissenschaftlichen Netzwerken verbreitet (vgl. Tönnies 1883/1975, S. 252, 279; Tönnies 1901, S. 184; vgl. Blüm 1967, S. 165; Jacoby 1971/2013, S. 259; Bickel 1987, S. 140).

36 Tönnies' Brief an Friedrich Paulsen vom 29.9.1878 (Tönnies/Paulsen 1961, S. 47).

kommunizierens *inmitten der Gesellschaft* vitalisieren und insofern die „Wurzel
[..] der ursprünglichen Zusammengehörigkeit" (Tönnies 1931/1959, S. 190) erneu-
ern. *Sie fordert deshalb auch nicht* pseudo-romantisch – und in Wirklichkeit vornehmlich an der Bewahrung oder Restauration von Herreninteressen in Betrieb
und Gesellschaft orientiert – ‚*die*' *Gemeinschaft ein*, so wie der überaus einflußreiche Industriebaron Carl Ferdinand Freiherr von Stumm-Halberg noch im späten
19. Jahrhundert, was dessen damalige politische Profilierung gegen Sozialreform-
initiativen im Kaiserreich als scharfer „Anti-Sozialpolitiker" (Tönnies 1915b, S.
2-3/2000, TG 9, S. 518) begleitet und unterstützt hat. Stumm ging soweit, dadurch
‚seinen' Arbeiterinnen und Arbeitern unter vielen anderen, nahezu vorzivilisa-
torischen Zumutungen wie einer *umfassenden Überwachung* und einer dadurch
ermöglichten *normalisierenden Korrektur ihres Verhaltens auch außerhalb seines
Betriebes* nach seinem Gusto z.b. auch eine vormoderne Heiratsordnung oktroy-
ieren zu wollen, wofür er sich als das patriarchalisch herrschende Haupt ‚seiner'
Arbeiterfamilie aufspielte und dafür seine ökonomischen und sonstigen Zwangs-
mittel einsetzte.[37] *Politische Gemeinschaft* entsteht in Tönnies' Konzeption vielmehr ganz und gar gegenteilig insbesondere in der selbstbestimmten Verbindung
der Menschen in der Arbeiterbewegung für die Durchsetzung und Wahrung
ihrer kollektiven Interessen. In dem Maße, in dem gemeinschaftliche Intentionen genau *dieser Art* in der Gesellschaft machtvoller werden, woraus gesellschaft-
lich-politische Durchsetzungsmöglichkeiten folgen (vgl. Tönnies 1925a, S. 193),
sind eventuell sogar gemeinschaftsnähere Umgestaltungen des modernen Staates
denkbar (vgl. Tönnies 1927b, S. 216 [S. 44]/1929, S. 81); dies verbindet *Tönnies 1*
und *2*. So verhält sich der Begriff der politischen Gemeinschaft also nicht im sel-
ben Maße kategorial alterität zur politischen Gesellschaft wie die Kategorien Gemeinschaft und Gesellschaft zueinander, sondern er meint eine Modifikation der
politischen Gesellschaft, mit der – manchmal selbstkritische – politische Subjekte

---

37 Vgl. zum Freiherrn von Stumm, mit weiteren Nachweisen, Zrenner 2008, S. 22-25. Zum
quasi-militärischen ‚System Stumm' im Betrieb, seiner rigiden Verhaltenskontrolle der
Arbeiter und ihrer Familien innerhalb und außerhalb des Betriebes (die ein Spitzel-
system auch zwecks politischer Überwachung einschloß) mitsamt den euphemistisch
‚Heiratskonsens' genannten Eingriffen auch in die intimste Lebensgestaltung, seinen
politischen, die Umsturzvorlage weit überbietenden Extremvorstellungen, vgl. die bei
Gerhard Schildberg-Schroth jetzt leicht zugänglichen ausführlichen Belege, Schildberg-Schroth 2002, S. 32-35. Vgl. zudem Wagner 1895, S. 1-3; aus betriebswirtschaft-
licher und organisationspsychologischer Perspektive die Darstellung des ‚Systems
Stumm' bei Jürgen Deeg und Jürgen Weibler 2008, S. 75f. Vgl. insgesamt die Biographie
von Fritz Hellwig 1936. Petra Zrenner weist aber zu Recht darauf hin, daß Stumm mit
politischen Herzensangelegenheiten wie der Umsturzvorlage letztlich gescheitert ist,
wofür auch Tönnies aktiv gesorgt hat, wie in Abschnitt 2 oben dargestellt wurde.

ihre Intention der Veränderung der politischen Gesellschaft oder von Aspekten der politischen Gesellschaft ausdrücken. Hier geht es um reflektierte Politiken und Erkenntnisweisen in gewissermaßen zweiter Ordnung, die aus Reflexionen über die Defizite der Sozialform Gesellschaft und der politischen Gesellschaft mit gemeinschaftlichen Ideen den gesellschaftlichen Diskurs neu modifizieren können, aber nicht mit autochthoner Gemeinschaft verwechselt werden sollten. Die Demokratie, und damit die stetige Zustimmungsbedürftigkeit seines Modells, wird beim jungen Tönnies dabei primär zusammen mit der systematischen Reflexion auf die Selbstbegründung der Vernunft thematisch: „Wenn man sich in den *Kampf begibt für die Demokratie*, so ist man nicht mehr Rebell, als der Logos gebietet, daß man es sei.“[38] Das artikuliert allerdings in dieser Zeit zugleich doch auch noch eine bildungsbürgerliche Reserviertheit gegenüber den in der politischen Geschichte häufig als leidenschaftsgetrübt und unvernünftig denunzierten sogenannten Massen, denen Tönnies damals noch keineswegs auf Augenhöhe begegnete, was sich in seinem politischen *Konzept 1* und dessen formaler Orientierung an Platon widerspiegelt. So sieht er *noch knapp zwanzig Jahre* später in einem Brief an Paulsen die Sozialdemokratie als „eine wesentlich liberale Partei“ an, die aber, nach seiner damaligen bildungsbürgerlich-paternalistischen Denkart, vom „Liberalismus“ an die „Hand“ genommen und erzogen werden müsse, der dem „ausgewachsenen Jungen (dem Sozialismus)“ „so lange“ Hilfe und Beratung zukommen lasse, bis dieser „ihn eines Tages wirklich wird entbehren können.“[39] Dieser Führungsanspruch reicht also über Tönnies' Jugend deutlich hinaus und ist noch existent, als er im reifen Mannesalter seine ‚Nietzsche-Kritik‘ zu formulieren beginnt, die implizit am äonenlang selbstverständlichen Herrenanspruch kratzt. Auch international war eine solche Haltung sogar unter aufgeklärten und namhaften ‚fortschrittlichen‘ Menschen gar nicht unüblich. Man denke an John Stuart Mills Pluralwahlrecht in den ‚Betrachtungen über die Repräsentativregierung‘ von 1861, das – mit dem Maßstab einer mehrjährigen erfolgreichen Ausübung „höherer Funktionen“ – Gebildeten (bei Akademikern reiche das für den Eintritt in den Beruf erforderliche Examen …) „zwei oder mehr Stimmen“ einräumen möchte, um einer sogenannten Tyrannei der ungebildeten Mehrheit resp. einer „einseitigen Klassengesetzgebung“ durch die Arbeiter vorzubeugen (Mill 1873, VIII., S. 127-134/2013, S. 145-154).[40] Dabei trat Mill durchaus ernstzuneh-

---

38 Tönnies' Brief an Friedrich Paulsen vom 29.9.1878 (Tönnies/Paulsen 1961, S. 46; Herv. v. mir, CSK).

39 Tönnies' Brief an Friedrich Paulsen vom 1.4.1897 (Tönnies/Paulsen 1961, S. 321f.).

40 Wobei ich hier mehr oder weniger einen Fortschrittsbegriff wie denjenigen des Marquis de Condorcet zugrundelegen möchte (vgl. Condorcet 1795/1963/1976; zum Fort-

mend für die Emanzipation der Arbeiter und der Frauen ein. Allerdings dürfte das Pluralwahlrecht mitgemeint sein, wenn Tönnies zu Mill auch sagt, dieser bezeichne „die an sich irre werdende Aufklärung", insofern er, obgleich „dem *Socialismus* [..] seine Sympathie [gehört]", „zugleich an dem entscheidenden Werte der *intellectuellen* Bildung und der *formalen* Freiheit [zweifelt]" (Tönnies 1901, S. 55). Dieser Satz Tönnies' verkürzt den Zusammenhang bei Mill aber sehr stark und ist möglicherweise so zu verstehen, daß Bildung und formale Freiheit für alle in bezug auf das Stimmrecht von Mill in einen komplexen, relativierenden Zusammenhang gebracht werden, indem die gleiche politische Freiheit der einfachen Menschen partiell eingeschränkt wird (da sie nur ein ‚einfaches' Stimmrecht er-

---

schrittsbegriff bei Turgot und Condorcet, der bereits für die Schattenseiten und humanen Kosten des Fortschritts empfindlich ist, vgl. Schlüter-Knauer 2006, S. 154f.; Schlüter-Knauer 2011b, S. 311ff.). Der „Weltbürger" Condorcet erscheint Tönnies, „ähnlich wie Kant, als ein Vermittler zwischen dem 18. und den – zwar tieferen, aber auch mit vielen *Nebelschleiern* umgebenen – progressiven Ideen des 19. Jahrhunderts" (Tönnies 1906a/2009, TG 7, S. 469). Er gilt ihm zugleich „als der typische Vertreter des aufgeklärten Radikalismus", wobei Tönnies hier radikaldemokratisch „im Gegensatz zum liberalen Gedanken" verstehen will und hinsichtlich der Souveränität eine Linie von Condorcet zu Hobbes zieht (Tönnies 1927b, S. 181 [S. 9]/Tönnies 1929, S. 49). Von daher ist ganz klar: Nach der Großen Französischen Revolution wie John Stuart Mill noch ein Pluralwahlrecht zu konzipieren – jedoch zeitlich deutlich später –, das jedoch wäre dem Präsidenten der Gesetzgebenden Nationalversammlung und Verfasser der dann allerdings nicht mehr zum Tragen gekommenen ‚Girondine' Condorcet nicht mehr in den Sinn gekommen (Condorcets Verfassungsentwurf von 1792/93, die ‚Girondine', ist jetzt leicht zugänglich in Condorcet 2010, S. 218-268, zum Wahlrecht S. 197-220). Hingegen sieht Mill in Regelungen wie dem Mehrstimmrecht für Gebildete, auf die er sich aber „im Einzelnen" überhaupt nicht „festlegen" lassen wolle(!), nichts weniger als den „Weg des wirklichen politischen Fortschritts", da sie die Zunahme politischer Bildung in der Gesamtgesellschaft zum Ziel haben würden. Wobei ihm von vornherein wichtig ist, daß die Möglichkeit einer inversen „Klassengesetzgebung" der Gebildeten (und zumeist Vermögenden) ausgeschlossen wird (Mill 1861/1873, S. 130/2013, S. 149). *Auch ist Mills gleichsam platonischer Einfluß auf Tönnies hier ganz und gar nicht zu gering zu veranschlagen,* da Tönnies – und zwar sowohl in *Tönnies 1* als auch sogar noch in *Tönnies 2, also anhaltend!* – das Wahlrecht gerne an die ernsthafte *Verallgemeinerung politischer Bildung* koppeln möchte und den Vorschlag unterbreitet, sie im Lebenslauf der politischen Subjekte auch als *verbindlichen* „Unterricht" für alle vorangehen zu lassen (etwa Tönnies 1927a, S. 31; vgl. Schlüter-Knauer 2008, S. 46-48). Seine Fortschrittskonzeption wiederum wäre unter der Maßgabe des Gemeinschafts- und Gesellschaftstheorems in der angewandten Verlaufsform (= angewandte Soziologie) zu diskutieren und dadurch zu relativieren; der Grundansatz dieser Theoreme zielt gerade auf wissenschaftliche Vertiefung der Ambivalenzsensibilität ab, die selbstreflektierte Aufklärer bereits manchmal einforderten (vgl. z.B. Tönnies [vor 1900]/1987; Tönnies 1926a; Schlüter[-Knauer] 1987, S. 212-215).

halten sollen), auf diese Weise aber – paradoxerweise – die politischen Bildungsanstrengungen gefordert seien und zunehmen würden, wenn die Menschen sich
individuell darum bemühten, durch den Nachweis ihrer Bildung das Recht auf
mehrere Stimmen zu erhalten. Und theoretische und handlungspraktische Probleme der Aufklärung nehmen sich beide, Mill und Tönnies, vor, auch und gerade
indem sie selber als Aufklärer agieren. Gleichwohl, und das ist nun eine weitere
gemeinsame politikwissenschaftliche Perspektive von Mill und Tönnies, ist es
politisch Handelnden durchaus anzuraten, die mögliche oder wahrscheinliche
Instrumentalisierung solcher Menschen, die in vordemokratischen Denkmustern
und Milieus aufgewachsen sind und/oder die zudem keine oder wenig Bildungschancen hatten, nicht nur im 19. Jahrhundert politisch nüchtern zu bedenken und
sie kritisch in realistische politische Kalküle einzubeziehen. Und Tönnies selbst
stellt auch noch in der Weimarer Republik solche Überlegungen an, wenn er die
Ausdehnung des Wahlrechts etwa auf politisch unerfahrene junge Menschen bedenkt und kritisiert (vgl. zusammenfassend Schlüter-Knauer 2008, S. 42-51, 56ff.).
     Tönnies und Paulsen haben sich mit Mill, wie ihr Briefwechsel belegt, jeden-
falls methodisch und inhaltlich sehr eingehend beschäftigt. Und auch wenn Ferdinand Tönnies noch als Student der Präferenz seines akademischen Lehrers und
baldigen Freundes Friedrich Paulsen für „John Stuart Mill u. den reinem Empiris-
mus [...] nicht ganz folgen konnte", so heißt es im Manuskript seiner ‚Lebenserin-
nerungen' ([Tönnies 1935b]/1980, S. 218/2005, TG 23.2, S. 539), schätzt er diesen
doch lebenslang in wissenschaftlich-theoretischer und methodischer Hinsicht als
einen der Erneuerer der „wissenschaftlichen Philosophie" (Tönnies 1932/1998,
TG 22, S. 236), wie er als Greis festhält, und *im politischen Sinn als einen vorbildli-
chen öffentlich agierenden Intellektuellen* – analogisiert seine Wirkung *in der politischen Öffentlichkeit* gar derjenigen seiner Freunde Friedrich Paulsen und Harald
Höffding (vgl. z.B. Tönnies 1913/2000, TG 9, S. 345). *Letzteres ist ein für Tönnies
sehr bezeichnender Aspekt, denn in diesem öffentlichen politischen Wirken auf-
geklärter Intellektueller kommt ihre aus eigenem Antrieb übernommene Gemein-
wohlverpflichtung und damit ihre zeitgemäße politische Gemeinschaftsorientierung
zum Tragen, die bei ihm im 19. Jahrhundert allerdings noch mit erzieherischer
Prätention versehen ist.* In diesem Sinne spricht er von dem sozialreformerisch
gesinnten Philosophen Harald Höffding als dem „John Stuart Mill Dänemarks"
(Tönnies 1931/32/1998, TG 22, S. 281), der seinerseits Tönnies gegenüber als die
im Jahr 1888 geforderte „*Erziehung des Menschengeschlechts* [...] unter neuen
Verhältnissen" hervorhebt, daß es nach der Phase der Emanzipation nun gelte
„sich zu associren", wofür er als positives Beispiel reflektierter neuer „freier Zu-
sammenschlüsse" die „Arbeitergenossenschaften" und den in ihnen zu findenden
„kameradlichen Geist" beleuchtet, weswegen der „individualistische Auflösungs-

process" der Gemeinschaften on the long run „nur ein Nebenprocess" sei.[41] Und 1922, im Horizont seiner Fragestellung der KÖM, wird Ferdinand Tönnies John Stuart Mill mit seiner „gegen die Schranken der gesellschaftlichen Übereinkünfte, wodurch nicht nur die Freiheit der Meinung, sondern auch die des Betragens und die freie Entwicklung des Charakters eingeengt werde"[42], gerichteten Schrift ‚On Liberty' von 1859 zu Recht auch als einen wichtigen Vorläufer seiner eigenen Arbeit würdigen (vgl. KÖM 1922a, S. VII/2002, TG 14, S. 7), der – bei aller methodischen Distanz – inhaltlich auf den Spuren seines Freundes Alexis de Tocqueville[43] Formierungsprozesse der Öffenlichen Meinung und ihre Macht bereits

---

41 Harald Höffdings Brief an Tönnies vom 2.7.1888 (Tönnies/Höffding 1989, S. 31f., Hervh. v. mir, CSK); vgl. Höffding 1890/1989, S. 302ff.

42 So Tönnies in seiner vergleichenden politikwissenschaftlichen Studie ‚Der englische Staat und der deutsche Staat' aus der Weltkriegszeit von 1917 (Tönnies 1917a, V., S. 168/2008, TG 10, S. 238).

43 De Tocqueville wiederum – und mit ihm immerhin einen der bedeutendsten Vertreter des älteren demokratischen Liberalismus im 19. Jahrhundert – nutzt Tönnies in der KÖM aber auch schon weitaus früher, umfänglich und zustimmend, insbesondere ‚Der alte Staat und die Revolution' von 1856. Ein Buch, von dem er schon 1879 schreibt, er würde es „mit lebhaftestem Interesse" studieren – so in seinem Brief an Paulsen vom 25.6.1879 (Tönnies/Paulsen 1961, S. 55; vgl. Pasemann 1989, S. 28). 1922 zieht er sogar die Manuskripte des unvollendeten zweiten Bandes ergänzend heran und liest Tocqueville als politischen Historiker und als frühen systematisch-analysierenden politischen Soziologen der öffentlichen Meinung. Vgl. dazu im II. Buch der KÖM sein luzides Referat über die Erzeugung und die Macht der Öffentlichen Meinung im Ancien Régime, die der Französischen Revolution begrifflich und publizistisch das Feld bereitet habe (KÖM 1922a, 8.3, 24, S. 392-396/2002, TG 14, S. 454-458; vgl. KÖM 1922a. I. 4.1.,7, S. 145ff./TG 14, S. 174f.) und seine Erörterung von Vor- und Nachteilen der „Tyrannei der Mehrheit" – dem zentralen Topos des Hauptwerks, ‚Über die Demokratie in Amerika' (vgl. Tocqueville 1835, Teil 1.II.7; II.5; Tocqueville 1840, Teil 2. Insbs. IV.6f. [hier beide 1987]) – in einem eigenen Paragraphen des VIII. Kapitels (KÖM 1922a, II.8.1.,7, S. 331/ TG 14, S. 382f.). Vgl. dazu auch das Tocqueville-Kapitel in seinem Essay zur politischen Theorie: ‚Zur Soziologie des demokratischen Staates' (Tönnies 1923d, II, S. 542ff./1926, S. 306ff.). Den Tocqueville-Effekt und das damit im Zusammenhang stehende berühmte sogenannte Tocqueville-Paradoxon hat er in seinem norwegischen Text über die Revolutionstheorie aus dem zeitlichen Umfeld der KÖM klar erfaßt, nachdem die „verspäteten Reformen" einer „schlechten Regierung" die Revolutionswahrscheinlichkeit erhöhen und die Frustrationstoleranz von Untertanen herabsetzen (Tönnies 1923e, 9./2000, TG 15, S. 512, S. 697; vgl. Tocqueville 1856, III.4/1978, S. 175f.). Und auch noch der greise Tönnies, der knapp zehn Jahre zuvor sein neuartiges plebiszitär-responsives *Politikkonzept 2* der wissenschaftlichen Öffentlichkeit vorgelegt hat, führt im Vorwort zu seiner historisch-philosophischen Summe ‚Geist der Neuzeit' den liberalen Gewährsmann und Denker de Tocqueville „mit besonderer Auszeichnung und Sympathie" an (Tönnies 1935c/1998, TG 22, S. 7).

gesellschaftskritisch unter dem speziellen liberalen Aspekt der Bewahrung von Möglichkeitsbedingungen individueller Freiheit untersucht hat. Was hier ähnlich zu sein scheint, ist es aber inhaltlich keineswegs. Denn die paternalistische Verführbarkeit und Leitbarkeit insbesondere, aber keineswegs nur junger Menschen im antidemokratischen und antirepublikanischen Sinn wird Tönnies auch und gerade in der Weimarer Republik noch fürchten. Weshalb er später noch die Partizipation an die bestmögliche Ausbildung politischer Urteilskraft und an Altersqualifikationen binden will und wie Heinrich Mann, Hellmuth Plessner und andere die Verbreitung des Untertanengeistes in Deutschland bedenkt und bekämpft, wohingegen der Antimassenaffekt bei vielen Liberalen und Konservativen Resultat ihrer Ängste vor sozialistischen Ansprüchen der Unteren ist. (Die Aporie ist, daß Tönnies im Kaiserreich auf seine Art eben selber paternalistisch agierte.) Denn zwar setzte er, wie Harry Liebersohn sagt, „sein Vertrauen" in die Arbeiterbewegung und die „demokratische Bewegung", aber eben auf eine Weise, „die das natürliche Verlangen des Volkes nach sozialer Gerechtigkeit mit der rationalen Unterweisung durch die Gebildeten verband". Und Liebersohns Vermutungen sind, wie wir gesehen haben, gerechtfertigt, wenn er vorsichtig über die Ursachen spekuliert: „Vielleicht können wir diese Haltung am besten als liberalen Überrest der demokratischen Bewegung des Vormärzes verstehen" (Liebersohn 1991, S. 19f.). Man denke auch an das liberale Professorenparlament der ersten deutschen Demokratie 1848/49, das zwar zu Unrecht so hieß, weil nur 6% der Abgeordneten Professoren waren, aber das eben primär das Bildungsbürgertum, das Beamtentum und die Juristen repräsentierte: „Rund 95 % hatten das Gymnasium oder eine höhere Schule besucht, rund 87% waren Absolventen von Universitäten oder funktional äquivalenten Institutionen", mehr als die Hälfte der Abgeordneten waren Juristen (Wehler 1987, S. 739f.). Hier dürfen wir ein Zusammenspiel bürgerlich-sozialer Positionen und zeitbedingter Denkweisen vermuten.

In der Tat: 1880 schreibt Tönnies an Paulsen: Wir „müssen [..] eine festgeschlossene, einmütig handelnde und schreibende, organisierte und disziplinierte *Sekte* bilden, nicht aus dem Volke, aus der Masse – dazu haben wir *nicht Glauben genug* und müssen des *Messias* harren, der ihn bringen möge – sondern aus den Gebildeten".[44] Noch 1894, nur drei Jahre vor dem ‚Nietzsche-Kultus', wird er hinsichtlich der komplexen Zivilisierungs-Aufgaben der ‚Deutschen Gesellschaft für ethische Kultur' postulieren, daß die von ihr langfristig herbeizuführenden „Veränderungen der moralischen Richtung, Gewohnheit, Denkungsart" zum Typus

---

44 Tönnies' Brief an Friedrich Paulsen vom 21.10.1880 (Tönnies/Paulsen 1961, S. 95, Hervorhebung durch Unterstreichung, CSK; vgl. Pasemann 1989, S. 31f., S. 41).

derjenigen gesellschaftlichen Umgestaltungen gehören würden, „die regelmäßig"
von der vergleichsweise bescheidenen „Aristokratie [...] des Denkens und des vernünftigen Willens" ausgehen würden (Tönnies 1894, S. 245) – was nur wenige
Jahre später Freiherr von Stumm und mit ihm im Gefolge der oberen Zehntau-
send etwa die oben schon zitierten ‚Hamburger Nachrichten' als innere Gefahr
für die bürgerliche Gesellschaft ihrer Zeit scharf angreifen werden. So tritt Tönnies' *damalige Präferenz* für eine von Wissenseliten und Experten *gelenkte ‚Demokratie'* überaus deutlich zu Tage. Und schon gibt es eine weitere Analogie zum
idealen urteilenden gebildeten Publikum der festen Öffentlichen Meinung, die
„als die gemeinsame Überzeugung der ‚Intellektuellen' – der Gelehrtenrepublik –
[über den Parteien steht und ‚erhaben ist über den Streit des Tages', aber, CSK] oft
in dessen Hintergrunde wirksam" bleibt (KÖM 1922a, II.V.2.13, S. 249/ 2002, TG
14, S. 287). Die nichtegalitären, undemokratischen Strukturprinzipien des platonischen idealen Kunststaates werden in Platons antidemokratischer Radikalität
von Tönnies zwar nicht wiederholt, aber sein Modell wird doch davon affiziert,
da es auf Führung mittels sozialistisch-demokratischer Kader und Experten anstelle der politischen Entscheidung der Bürgerinnen und Bürger selbst setzt. Man
denke an die soeben zitierte „*Sekte*", für die er den „Orden der Stoiker im späteren
Altertum" als Vorbild nennt.[45]

So ist es also zu verstehen, wenn er seine Platon-Adaption als politische „Lösung des Problems einer aristokratischen Demokratie oder einer demokratischen
Aristokratie" verstehen will.[46] Insofern bleibt er hiermit also noch einem Denkstil von Kaiserzeitliberalen verhaftet – Dieter Pasemann (1989, S. 27) vermutet
hier auch den inhaltlichen Einfluß Friedrich Paulsens (eines ‚Vernunftmonarchis-
ten'[47]) –, wenngleich neun Jahre später Tönnies' Hauptwerk GuG im Grundsatz
das methodisch-inhaltliche Scheidewasser und das begriffliche Rüstzeug liefern
wird, um die in seiner Zeit umlaufenden autoritär-patriarchalischen Gemein-
schaftskonzeptionen als Erschleichungen demaskieren zu können oder aber die
‚kapitalistische' Gemeinschaftsideologie, die damals nicht nur die Hamburger
Reeder nutzten, denen Tönnies' Analysen der sozialen und betrieblichen Verhältnisse im Hamburger Hafen deshalb überhaupt nicht recht waren. Man vergleiche damit auch die oben schon erwähnten dargestellten Ansprüche eines Carl
Ferdinand Freiherr von Stumm-Halburg, der eine gewisse Sozialfürsorge in seinem Großbetrieb mit dem Anspruch verband, auch noch die Partnerwahl ‚seiner'

---

45 Tönnies' Brief an Friedrich Paulsen vom 21.10.1880 (Tönnies/Paulsen 1961, S. 95).

46 Tönnies' Brief an Friedrich Paulsen vom 9.7.1878 (Tönnies/Paulsen 1961, S. 31).

47 Für weitere Nachweise, auch für den Begriff in Tönnies' Werk, vgl. oben Kap. 1.4., An-
     merkg. 18.

Arbeiter kontrollieren zu lassen. Dagegen ist *Tönnies' erzieherischer Paternalismus* ein Paternalismus *gänzlich ,anderen Typs'*, nämlich *ein transitorisch-aufklärerischer, der zur Mündigkeit erziehen* und die Arbeiterschaft eben nicht in der Unmündigkeit festhalten will. Und seinem eigenen formalen und methodischen Paternalismus, seiner Erzieherprätention zum Trotz deutet sich auch schon 1878 ein fast aristotelischer Verfassungsmix bzw. eine Art ,Mischverfassung' an, denn Tönnies sieht sich ja material im „Kampf [..] für die Demokratie".[48]

Anders als John Stuart Mill möchte er deshalb auch bereits 1878 das allgemeine Wahlrecht, das er später als „das bedeutendste demokratische Element" jedenfalls der „von der Bourgeoisie geschaffenen Staatsverfassungen" (Tönnies 1927b, S. 195 [S. 23]/1929, S. 63) charakterisiert,[49] mitnichten einschränken, votiert weiterhin im Kaiserreich für weitere Parlamentarisierung und Demokratisierung und lehnt eine Abstufung politischer Rechte ganz entschieden ab, die er in seinem liberalismuskritischen Artikel ,Liberalismus und Demokratie' in der Monatsschrift ,Das freie Wort' aber sehr kritisch als mit gewissen „liberalen Gedankenrichtungen ganz wohl" verträglich kennzeichnet (Normannus 1908, S. 730; vgl. Poske 1999, S. 47).

Der geistesaristokratische Führungsanspruch muß sich anders durchsetzen, wofür ihm 1878, in seinem dreiundzwanzigsten Lebensjahr, die folgenden institutionellen Passagewege als geeignet erscheinen: Seine platonisch-hobbesische Synthese ist eine auch für die demokratische Antike typische Mischung von direkter Demokratie und Rätemodell. 25 zentrale, für ihr Gebiet souveräne, „Bürgerversammlungen", die wiederum auf „unteren Versammlungen" bis zur Größe der Gemeinde beruhen, sollen aus ihrer Mitte jeweils „den Weisesten und Besten" in einen fünfundzwanzigköpfigen „Rat der Alten" wählen. Um das zu ermöglichen, entwickelt er an Platon und an dessen politischem Vorbild Sparta orientierte Wirkmechanismen und Schranken. Der Rat der Alten vereint Exekutiv- und Legislativfunktionen und hat als Kollektivorgan „die souveräne Gewalt über den ganzen Staat" inne. Aus seiner Mitte soll dann anstelle eines Fürsten ein Präsident gewählt werden.[50] Auch Letzteres ist für 1878 eine revolutionäre Vorstellung, zu der sich nicht einmal das Paulskirchenparlament nur dreißig Jahre zuvor entschließen konnte.

---

48 Tönnies' Brief an Friedrich Paulsen vom 29.9.1878 (Tönnies/Paulsen, 1961, S. 46).

49 Was darauf abzielt, daß er 1926 die Demokratie eben nicht mehr auf die periodische Wahl der Parlamentarier beschränken will (das *nur* repräsentative Demokratiemodell ordnet er somit den bürgerlichen Interessen zu), sondern eine direkte Volkswahl der Regierung durch direktdemokratische Elemente zu ergänzen vorschlägt, um der Mehrheit der Bürgerinnen und Bürger mehr reale Mitsprache und dadurch wirklichen politischen Einfluß (Responsivität), aber auch wechselwirkend durch ihre Beteiligung an breiten Debatten politische Schulung zu ermöglichen.

50 Tönnies' Brief an Friedrich Paulsen vom 9.7.1878 (Tönnies/Paulsen 1961, S. 31).

Platonisch-hobbesisches Konzept der aristokratischen
Demokratie (1878)

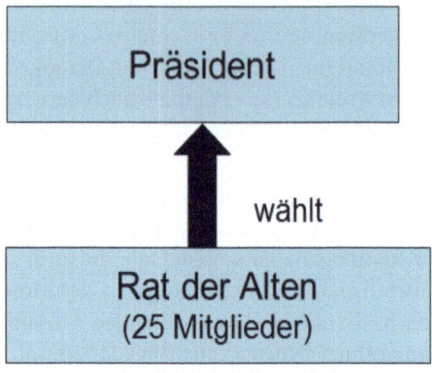

Staatsmodell

Präsident

wählt

Rat der Alten
(25 Mitglieder)

Exekutive + Legislative

Passives Wahlrecht ab 50 Jahre

wählt

25 zentrale Bürgerversammlungen
(für ihr Gebiet jeweils souverän)

Passives Wahlrecht (Altersgrenze 30 Jahre)

wählen

Untere Versammlungen
(abgestuft bis zur Gemeindegröße)

Abbildung 1 Diese Abbildung wurde mit Hilfe von Frau Magistra Frauke Ochsen, B.A.
erstellt.

Auf sein kommunikatives Politikmodell von Weimar, die Funktionen des Verfassungsgerichts (des *Ephorats*) und der Öffentlichen Meinung weisen Altersqualifikationen mit der funktionalen Aufgabe voraus, dies politische System insgesamt vor einer Tyrannei der Stimmungen – in späterer Terminologie also: einer nicht genug oder nicht aufgeklärten Öffentlichen Meinung – zu schützen (Tocqueville's und Mill's Bedenken einer Tyrannei der Mehrheit – die sie als die zumeist stimmungsgebundenen Menschen nach der traditionellen Demokratietheorie Herodots mißverstehen – werden damit von Tönnies in einer demokratiekompatiblen Form funktional aufgenommen). Auch soll damit wegen seiner Wahrscheinlichkeitsvermutung einer lebensgeschichtlich erworbenen Disposition oder Neigung zur Berücksichtigung des Gemeinwohls bei älteren politisch agierenden Personen diese Präferenz gleichsam mittels der Biologie der politischen Subjekte im politischen System verankert werden. So erhofft er sich von erfahrungsgesättigten alten Menschen zugleich leidenschaftsmoderierende Weisheit (übergreifende ‚ganzheitliche' Urteilskraft) und eine partikularinteressendistanzierende gemeinschaftsadäquate oder sogar eine gemeinschaftliche Orientierung (vgl. auch Condorcet 2010 [1792/93] III.III., Art VIII, S. 224).

Für die passive Wahl in höchste Gremien wie den ‚Rat der Alten' will der junge Tönnies eine Altersschwelle von 50 Jahren ansetzen. Dementsprechend sollte die Mitgliedschaft in den Bürgerversammlungen erst mit 30 Jahren ermöglicht werden. Die letzten Jahre vor dieser Reife würden sich die Menschen nach einer – jedoch im Unterschied zu Platon nichtselektiven – „allseitigen Ausbildung", zu der auch „harte körperliche und geistige Arbeit" gehört(!), insbesondere „mit der politischen Wissenschaft" beschäftigen, also ihre politische Urteilsfähigkeit ausbilden, die sie dann zu qualifizierter Partizipation befähige.[51] Wobei er sich auch bei dieser Altersqualifikation offensichtlich an Platon und an dessen Vorbild der spartanischen Vollbürgerschaft und nicht an den Athenern orientiert, deren Konzept politischer Bürgerschaft hingegen für *Tönnies 2* wichtiger werden wird.

Die Idee der Altersqualifikation für die politische Mündigkeit wird er beibehalten, in der *politischen Konzeption 2* allerdings deutlich niedriger ansetzen („etwa nach vollendetem 26. Lebensjahre" [Tönnies 1925a, S. 199]), in der er seine Vorstellungen an der Wirklichkeit und der Bewahrung der realen politischen Demokratie ausrichtet und nicht mehr an der formalen Idee des Platonischen Staatsaufbaus orientiert (vgl. dazu Schlüter-Knauer 2008, S. 42-52).

So seltsam es scheint: dies erste Politik-Modell ist primär ein Kontrast zum in Tönnies' Augen absurden politischen System des Kaiserreichs etwa mit einer Blockaden ermöglichenden „Zweiheit der legislativen Gewalt: der Reichstag auf

---

51 Tönnies' Brief an Friedrich Paulsen vom 9.7.1878 (Tönnies/Paulsen 1961, S. 31).

demokratischer Grundlage, der Bundesrat eine Zusammensetzung von Vertrau-
ensleuten oder Favoriten der obsoleten Kleinfürsten, ... scheinbar beide Gewalten gleichberechtigt, so daß bei einem ernsthaften Zwiespalt keine Gesetzgebung
möglich wäre, und die Institution eigentlich die Rebellion im Leibe hätte; nun
kommt aber nachher, die eine legislative Gewalt hat das Recht, die andere nach
Hause zu schicken, so oft es ihr beliebt", usw.[52] Man sieht, wie er an der Stelle des
politischen Systems des Kaiserreichs eine durchgängige und starke Demokratie
gegen den damaligen Liberalismus mit dem aus dem Liberalismus selber ererb-
ten bildungsbürgerlichen Führungsanspruch oder der Führungsnotwendigkeit
vereinigen und damit insbesondere auch die Regierungsfähigkeit sichern will,
die er als notwendig ansieht, um eine soziale Demokratie im Sinne der Mehrheit
auch gegen meditiasierende Gewalten staatlicherseits durchsetzen und erhalten
zu können.

3.2   Politisches Denken II. Die kommunikative Konzeption der Politik – Tönnies 2 politeia redivivus im ‚aristote-lisch-hobbesischen Staat'

Das politische Denken von *Tönnies 1* ist cum grano salis platonisch *und* – all
seiner Opposition zur monarchischen Herrschaft zum Trotz – wie viele Denkhaltungen in seiner Zeit zumindest von einer ‚*Top-down*'-*Denkform* beeinflußt oder
wenigstens unterschwellig von ihrer Ideologie affiziert. Dieser selbstverständliche
Blick ‚von oben' ‚nach unten'– bestenfalls – oder – schlimmer – diese Haltung,
von oben her verfügen oder anordnen zu wollen und zu dürfen, korrespondiert
der Herrschaft von Oligarchien und auch von Alleinherrschern resp. Monarchen.

Solche Muster schreiben sich auf der ‚radikalen Linken' zu *Kadermodellen* fort
(Lenin, Lukács & Co.) und nicht nur auf der äußersten ‚Rechten' gerne in *autoritären Staatskonzepten* (die manchmal noch mit monarchisch-restaurativen
Elementen versetzt sind), angefangen etwa bei Arthur Moeller van den Brucks
Idee der „geführten Demokratie" als „Fortsetzung" und nicht als „Gegensatz" zur
Monarchie ([1]1923/[3]1931, S. 119). Ähnliches beinhaltet auch noch der Verfassungsentwurf des Tat-Kreises (vgl. Zehrer 1932, insbes. S. 447; dazu Fritzsche 1976, S.
185ff., passim), zu dem sich mit dem ‚Beschlußtext' zum ‚Staatsaufbau' des Kreisauer Kreises[53] Korrespondenzen sogar noch im Widerstand gegen Hitler finden.

---

52 Tönnies' Brief an Friedrich Paulsen vom 9.7.1878 (Tönnies/Paulsen 1961, S. 30).
53 18. Oktober 1942, in: Bleistein 1987, S. 225-230; vgl. Mommsen 1994, dem ich den
    Hinweis auf die Entsprechungen zu Hans Zehrers ‚Verfassungsmodell' von 1932

Dies Muster wird aber von ihren Naziantipoden zum extremen Führerstaat übersteigert und massenmedial propagiert (obwohl Nazideutschland dann in der Realität ein ‚Behemoth' war – und keineswegs ein ‚Leviathan', wie der exilierte Franz Leopold Neumann 1942/1977 zutreffend analysierte).

Diese gedankliche Linie hat dann aber möglicherweise Tönnies' Einschätzung der Nazis als *verkappte Monarchisten* mit bedingt, zu der es eine bereits etablierte anspruchsvolle Forschungskontroverse gibt. Jedoch könnte Tönnies' sogenannte „Fehldiagnose des Nationalsozialismus"[54] noch eine wesentlich andere Bedeutung haben als bisher meist angenommen wurde. Einen ganz entscheidenden Hinweis auf die *Identifikation eines übergreifenden diktatorischen Denk- und Einstellungsmusters und entsprechender politischer Haltungen durch Tönnies* – neben und korrespondierend zu den sozialstrukturellen Gründen, mit denen sich Tönnies und seine Schüler als politische Soziologen theoretisch und empirisch beschäftigten – hat in dieser Diskussion dazu jüngst Günther Rudolph gegeben (vgl. 2002, S. 48), der Eduard Georg Jacobys Präsentation des Tönniesschen Verfassungskonzepts von 1926 aufgreift. Tönnies' Schüler Jacoby sieht nämlich, daß dieser alternative Verfassungsentwurf, der nach meiner Einschätzung das neue kommunikative Politikkonzept von *Tönnies 2* beinhaltet, „in der Konstruktion selbst Vorkehrungen gegen *eine Tendenz zur Diktatur im Allgemeinen* [bot]; daher auch konkret gegen voraussehbare Ereignisse wie den Untergang der Weimarer Republik: gegen die mit Hilfe des ominösen Artikels 48 der Reichsverfassung in eine Präsidialregierung gesteigerte Stillegung des parlamentarischen Systems" (Jacoby 1971/2013, S. 193, Hervorh. v. mir, CSK).

Rudolph macht in diesem Zusammenhang ebenfalls kontextuell aufklärend geltend, daß der Faschist Mussolini vom *italienischen Monarchen* Ende 1922 zum Ministerpräsidenten einer Koalitionsregierung mit konservativen und bürgerlichen Kräften berufen wurde.[55] Anschließend war dann mit Terror, einem Ermächtigungsgesetz und faschistischen Sondergesetzen bis hin zum Verbot aller Parteien im Jahr 1926, ausgenommen der Partito Nazionale Fascista, die Errichtung einer faschistischen Diktatur im europäischen Kernland Italien zu beobach-

---

verdanke (vgl. Zehrer 1932, S. 376).

54 Vgl. mit vielen zusätzlichen Quellen Zander 2001; Zander 2002; Zander 2004; Rode und Klug 1981; anders Rudolph 2002; Rudolph 1965/2002. Vgl. zu ähnlichen zeitgenössischen Einschätzungen wie bei Tönnise besonders in der Sozialdemokratie über die Nähe des Nationalsozialismus zum Monarchismus wiederum Rode 1991.

55 Vgl. Rudolph 2002, S. 49. So brachte übrigens die Abendausgabe der Vossischen Zeitung in Berlin vom 30. Oktober 1922 ihre ‚Drahtmeldung' aus Rom vom 29. Oktober 1922 unter dem Titel „Der royalistische Fascismus" (ohne Autorenkürzel) – die Gesamtüberschrift lautete: „Kampfloser Sieg der Faschisten".

ten, was Tönnies nicht entgangen ist. So erkennt er bereits 1925 im italienischen „Faschismus" *einen* „politischen Ausdruck des neu erstarkten Kapitalismus" (Tönnies 1925a, S. 197), womit er also von vornherein auch eine ökonomische Funktion des Faschismus identifiziert.

Die generelle Spitze des Demokratiekonzepts von *Tönnies 2* gegen das Aufkommen diktatorialer Ansätze im Staatsleben und -denken ist insoweit ganz plausibel, zumal er neben seiner neuen Demokratietheorie um 1925 auch noch – wie hier oben anfangs ausgeführt – sehr realpolitisch kalkulierte Vorschläge macht, um in dieser Krisenzeit[56] der Republik nach 1920 schnell wieder eine stabile Mehrheit der demokratischen Parteien der ‚Weimarer Koalition' erreichen zu können, insofern diese sich um die Bodenreform und eine mittlere sozialpolitische Linie versammeln würden. Das hätte auch erst die Zeit und die Ruhe dafür gegeben, funktionsadäquate Lösungen zu seinem Modell, das schließlich erst einmal nicht viel mehr als eine vierundzwanzigseitige Skizze und ein mit ihr korrespondierender Aufsatz ist, weiter zu entwickeln und diese im gegebenen politischen System und der Weimarer Verfassung auch zur Anschlußreife zu bringen.

Tönnies löst sich jedenfalls von dem ‚ganz Rechts' und ‚ganz Links' doch verwandten politischen Muster quasi-monarchischer ‚Top-down'-Handlungs- und Denkformen mit einem dritten, einem eher (sozial)demokratischen und ganz entschieden republikanisch-bürgerschaftlichen Weg. Seine Kritik der „herrenhaften Denkungsart" (Tönnies 1893a, S. 9) hatte seine eigene politische Staatsidee der aristokratischen Demokratie (*Tönnies 1*) ganz offensichtlich nicht unberührt gelassen.

Die weitere Reflexion der mittlerweile im GuG-Theorem systematisch explizierten Denkgrundlagen wie der aristotelischen Orientierung der inneren Entwicklung der Willensformen in ‚Gemeinschaft und Gesellschaft' wiederum hat seine Abkehr vom Platonischen Herrschaftsdenken vorbereitet; *und damit einhergehend* dürften die freiheitlich-genossenschaftlichen Aspekte der Gemeinschaft, mit denen er sich dann vermehrt beschäftigt hat, ein übriges bewirkt haben. Insofern geht Tönnies ‚mit der Demokratisierung Deutschlands mit' oder ihr sogar voran und stellt sich nicht wie so viele gegen sie.

Eduard Georg Jacoby sieht in dem 1926 auf dem Wiener Soziologentag – im Unterschied zum eher privaten ersten Modell – nun der wissenschaftlichen Öffentlichkeit vorgelegten politischen Konzept Tönnies' neben und mit der Wendung gegen die aufkommende Diktatur in Deutschland und Europa deshalb zu Recht „etwas revolutionär Neues in verfassungspolitischem Denken" der Weima-

---

56 Die sich allein schon in der Zahl von 11 Regierungen seit der ersten Reichstagswahl 1920 bis Ende 1926 zeigt.

rer Republik, mit dessen Maßstab und Lösungsvorschlägen viele ihrer Funktionsprobleme bewältigbar gewesen wären (1971/2013, S. 193f.), auch gerade im Sinne
eines abwägenden Struktur- und Funktionenvergleichs, wie er in der Vergleichenden Regierungslehre zum methodischen Inventar gehört. So gibt es insbesondere
eine demokratische Antwort auf die in dieser Zeit überaus drängend gewordene
Frage der Regierungsfähigkeit[57], bietet Maßnahmen „gegen die Zerreibung der

---

57 Wenn Tönnies zwei Jahre vorher in der kritischen Debatte mit dem Nationalökonomen
   Heinrich Herkner über die Bedeutung von Staatseingriffen zwecks Sozialreform und
   um den 1924 möglichen und sinnvollen Umfang derselben streitet und gegen die Ero-
   sion der Staatsauffassung Herkners feststellt: „Eine zerklüftete und zerfahrene Staatsgewalt kann ihre eigenen Gesetze nicht durchführen" (Tönnies 1924, Sp. 367), dann
   dürfte dieser Satz nicht nur auf die Sozialpolitik zielen, sondern vor der Folie der an
   Hobbes gebildeten Tönniesschen Konzeption des politischen Körpers der Gesellschaft
   auch noch seine Enttäuschung über die Regierungen nach der 1. Reichstagswahl 1920
   zum Ausdruck bringen und den für ihn besonders wichtigen Akzent auf eine handlungsfähige Regierung kontextualisieren. Wie man eine starke und stabile, wenngleich
   gut kontrollierte Regierung bilden kann, das ist eine Hauptfrage, auf die der Verfassungsvorschlag von *Tönnies 2* eine grundlegende institutionelle Antwort versucht. Eine
   ergänzende ist die parteipolitische Koalition um eine mittlere sozialpolitische Linie,
   die oben bereits erläutert wurde, und die ebenfalls unter realpolitischem Gesichtspunkt
   auf eine starke Regierung zielen würde, die damals aktuell erforderlich gewesen wäre,
   um ebendiese Sozialpolitik trotz mittlerweile großer gesellschaftlicher Widerstände
   der ökonomisch wieder erstarkten Industriellen durchzuführen. Dies koinzidiert mit
   Tönnies' Kritik am Generalangriff auf die sozialpolitischen Errungenschaften der Revolution wie insbesondere den Achtstundentag, den die Schwerindustriellen auf die Beschäftigten und ihre durch die Hyperinflation geschwächten Gewerkschaften eröffnen
   zu müssen glaubten – vgl. dazu insbesondere Brentano 1923 – und in dessen Dienst
   sich prominent das Mitglied des Vorläufigen Reichswirtschaftsrats Heinrich Herkner,
   der auch der damalige Vorsitzende des Vereins für Sozialpolitik war, mit seiner Ab-
   wendung von den sozialpolitischen Aufgaben des Staates stellte und es sich zudem nun
   undemokratisch erlaubte, die Interessen der zahlenmäßig stärksten Klasse mit seinem
   ökonomisch-expertokratischen Anspruch „als die Interessen einer Minderheit abtun
   zu dürfen" (Tönnies 1923c/2005, TG 23.2, S. 189). (Herkner war übrigens einer der
   mutigen Mitunterzeichner des Professorenaufrufs von 1897 gewesen, hatte die Deutsche Gesellschaft für Soziologie mitbegründet und danach zusammen mit Tönnies
   und anderen in ihrem Vorstand gearbeitet. 1923 vollzog er jedoch eine ‚sozialpolitische
   Wandlung' jüngerer Nationalökonomen fast in Richtung auf die Restauration eines
   Laissez-faire-Liberalismus mit resp. beförderte sie mit seiner spektakulären Kehrtwen-
   dung nachdrücklich [vgl. dazu insbesondere Herkner 1923].) Wenn Tönnies sich hingegen immer wieder auf die Urteilskraft der Besonnenen unter den Sozialdemokraten
   und Gewerkschaftsführern beruft und sich – immer noch konsistent zu seinem Verfassungsvorschlag – 1935 von expertokratischen Einmischungen auch noch dezidiert
   abwendet zugunsten der Einschätzung wirtschaftlicher Situationen und der daraus folgenden materiellen Konsequenzen durch die Lohnabhängigen insgesamt, dann dürfte

Regierung im kritischen Moment zwischen den widerstreitenden Kräften der Parlamente und der präsidialen Kamarilla; gegen die Hilflosigkeit eines Staatsgerichtshofs…; gegen den Schmittschen Dezisionismus und seine die liberalen Reste der Weimarer Verfassung unterwandernde Unterscheidung von Legalität und Legitimität" u. dgl. (Jacoby 1971/2013, S. 193). In der Hauptsache aber liegt hier ein inzwischen plebiszitär-radikaldemokratisches Politikverständnis zugrunde, das politische Beteiligung der Bürgerinnen und Bürger *und* parteipolitische Regierung auch als fortdauernde Aufgabe eines Balancierungs- und vor allem des bürgerschaftlichen Verständigungsprozesses sieht und hierfür institutionelle Regelungen bereitstellen will, so sehr Tönnies' Kritik des klassischen Liberalismus auch von vornherein Vorbehalte gegen eine Balancierung der ,Gewalten' im Staat vorbringt (denn die Souveränität muß im Staat ungeteilt sein und gebührt in der Demokratie dem Volk). Und sofern man sich die Probleme und Leistungen der Weimarer Verfassung verdeutlicht und die Lehren aus Weimar zieht, so hat Tönnies lange vor dem erfolgreichen Grundgesetz der Bundesrepublik Deutschland Vorschläge für Probleme gemacht, die das Grundgesetz zwar manchmal anders löst, hat aber in seiner *Demokratiekonzeption 2* dennoch in mancher Hinsicht funktional vergleichbare Verständigungszwänge institutionalisiert.

3.2.1 Zoon politikon oder das politische Subjekt

Tönnies knüpft hierfür demokratietheoretisch wieder an die gesellschaftliche Antike und auch an die in 3.1 explizite Idee von der politischen Gemeinschaft in der Gesellschaft an. Konkret greift er besonders für die Reform des kriselnden Parteienstaates der Weimarer Demokratie historisch bewährte institutionelle

---

sich das aus dieser agonalen Konstellation entwickelt haben, in der er sich im Übrigen auch einmal wieder mit einer Öffentlichen Meinung auseinanderzusetzen hatte, die auf Seiten seiner Kontrahenten war. Im gerichtsförmigen Duktus, den er später auch demokratietheoretisch implementiert, behandelt er den Expertenanspruch Heinrich Herkners in der politischen und in der ökonomischen Debatte: „Wäre die verstimmte Stimme eines hervorragenden Gelehrten der Entscheidung eines Gerichtes gleichzusetzen, so müsste ein höheres Gericht, auf Anrufung, diese Entscheidung aufheben" (Tönnies 1923c/2005, TG 23.2, S. 189.). Vgl. dazu die präzise Nachzeichnung dieser Kontroverse durch Ana Isabel Erdozain (Erdozain 2005, S. 222-226). Vgl. zum Disput mit Heinrich Herkner weiter z.B. Tönnies 1923a/2000, TG 15, S. 576ff.; auch den Teilabdruck von 1923c [nur Kapitel V. und VI.] in: 2000, TG 15, S. 706-711; vgl. inhaltlich die jeweiligen editorischen Berichte von Dieter Haselbach (Haselbach 2000, S. 703-711) und Brigitte Zander-Lüllwitz sowie Jürgen Zander (Zander-Lüllwitz und Zander 2005, S. 632f.). Vgl. schliesslich oben Anmerkung 6.

Modellvorstellungen der Antike auf und orientiert sich in seinem agonalen Vortrag mit und gegen Kelsen auf dem Wiener Soziologentag 1926 und in begleitenden Schriften explizit an der antiken Demokratie. Dermaßen an geschichtlich aufgeklärten Langzeitperspektiven geschult, soll eine sich selber nicht zur Disposition stellende moderne Demokratie innere Stabilität und Militanz gegenüber ihren inneren Feinden gewinnen, derer die Weimarer Republik viele hatte, was die ‚Unselbstverständlichkeit‘ der Demokratie im Zenit der Weimarer Republik drastisch vor Augen führte. Also grundsätzlich das stets Riskante und Gefährdete der Demokratie, die, so Tönnies, eben nur „ein großer Versuch" in der Weltgeschichte sei, „über dessen Erfolg und Dauer sich viel vermuten, fast gar nichts wissen läßt". Teilaspekte wie „die Politisierung der Frau" wären nach dieser Auffassung gute, aber „gewagte Experimente" (Tönnies 1927a, S. 14, 23). Auch dies steht quer zum in der Arbeiterbewegung gleichsam zur Vulgärmetaphysik verflachten Fortschrittsglauben und seinem Attentismus, weil die kontingenten Bedingungen des politischen Handelns bedacht werden, das zugleich selbst ebenfalls Kontingenz erzeugen kann und sie auch erzeugt. Womit die jeweiligen historischen Besonderheiten auch Zeugnisse *der Kontingenz* sind, die dem politischen Raum sogar wesenhaft zugehört und hierin deshalb unabänderlich ist. Also des ‚So-oder-auch-anders-sein-Könnens' der politischen und gesellschaftlichen Ordnungsformen. Denn für Tönnies hängen die Bestandsvoraussetzungen der Demokratie immer ganz besonders vom Willen und den Dispositionen der politischen Subjekte ab, weshalb seine politischen Überlegungen beständig um die Sicherung und Verankerung des demokratischen Gedankens in der Bürgerschaft, aber auch in der Bevölkerung überhaupt kreisen. Und insbesondere dieser Punkt ist es, der ihn die politische Bildung und eine kritische normative Geltung der Öffentlichen Meinung in sein System einbauen läßt. *Schließlich ist es gerade der Wille politisch gleicher und freier Akteure, der den Raum der Politik immer wieder neu konstituieren muß, damit er überhaupt existieren und fortbestehen kann.* Und zwar konkret in genau der Weise, in der die verschiedenen politischen Willenssubjekte einander konfrontativ oder kooperativ begegnen. Besonders möchte Tönnies durch die Demokratie einen egalitär-sozialen Gemeinschaftsgeist befördern als Basis der demokratischen Regierungsform in den Köpfen und formuliert definitiv: „In seiner Vollendung durch demokratische Verfassung, demokratische Finanz, demokratischen Geist kann der Staat einem echten Gemeinwesen so ähnlich werden, daß der Begriff Hegels auf ihn anwendbar wird" (Tönnies 1927b, S. 216 [S. 44]/1929, S. 81). (Das muß der demokratische Staat auch realisieren und beibehalten, wenn die Demokratie ihren Aufgaben der Vertretung der Mehrheit gerecht werden und nicht ihre Mediatisierung durch „außerverfassungsmäßige Einflüsse" (Tönnies 1929 [2. Fsg. v 1927b], S. 43)[58] etwa durch ‚die

---

58 Tönnies hat in die 1929er Fassung des Aufsatzes ‚Demokratie und Parlamentarismus'
an dieser Stelle eine luzide Auseinandersetzung mit dem „ehernen Gesetz der Oligarchie" eingefügt, das der politische Soziologe Robert Michels (1911/ 1957, S. 351ff.)
aufgestellt hat. Zwar findet sie sich in der Erstfassung von ‚Demokratie und Parlamentarismus' noch nicht an dieser Stelle, jedoch im 3. Kapitel sogar umfassender entwickelt
und etwas schärfer pointiert als 1929 (Tönnies 1927b, S. 186f. [S. 14f.]/kürzer in 1929,
S. 53f., vgl. S. 43). Das ist auch nicht verwunderlich, denn Michels' Studie war schließlich 1925 in umgearbeiteter Fassung erschienen und hatte bereits Furore gemacht. Eine
solche *Strukturgesetzlichkeit*, der die Demokratie bzw. gerade die mit der Arbeiterbewegung aufgekommen demokratischen Massenparteien unterworfen sein sollen,
vermag Tönnies nämlich nicht zu erkennen, ja er bestreitet vehement, „daß notwendig immer aus einer Demokratie eine Oligarchie hervorgehe" (Tönnies 1927b, S. 186
[S. 14]), gleichsam als Modifikation der (zumeist demokratie- bzw. demoskritischen)
antiken Lehren vom Verfassungskreislauf, den Michels jetzt organisationssoziologisch
auf moderne Parteien und die moderne Demokratie anwendet, und zwar eben nicht
nur für die kritische Analyse, sondern auch schon mit dem antik-geschichtsphilo-
sophischen Anspruch einer „Theorie von allgemeinverbindlicher Gültigkeit" (Conze
1957, S. 381). Michels spricht in seinen umfangreichen Analysen von einer „*Tendenz zur
Oligarchie*" als Resultat der zunehmend erforderlichen Organisation und des damit gegebenen strukturellen Machtungleichgewichts zugunsten der Führungspersonen, die
wiederum zwingend nach sich ziehe, daß „die *Demokratie im Schwinden* begriffen"
sei (Michels 1911/1957, S. 25f.). Tönnies mußte sich schon herausgefordert fühlen, da
er doch 1878 mit seinem Politikmodell 1 selber ein Konzept der *aristokratischen Demokratie* vorgelegt hatte (von dessen immanentem Paternalismus er sich sukzessive
frei machte), denn Michels kritische Analyse konstatiert in der damaligen politischen
Entwicklung einen inhaltlichen „Hang zur Aristokratie [...], dem jede Parteiorganisation unterliegt" (Michels 1911/1957, S. 12). Dies sei ein „soziologisches Grundgesetz,
dem die politischen Parteien [...] bedingungslos unterworfen" seien und das, „auf seine
kürzeste Formel gebracht, etwa so lauten [mag]: die Organisation ist die Mutter der
Herrschaft der Gewählten über die Wähler ..." (Michels 1911/1957, S. 370f.). Die unter-
liegende Sicht auf vorgeblich passive, gefühlsbetonte und unwissende Massen versus
Führung oder Experten hielt Tönnies aber mittlerweile für unzweckmäßig zugunsten
einer Perspektive von Bürgerinnen und Bürger als politische Subjekte, die im politischen Prozeß aktiv sind, auch wenn sie nicht ständig über jedes Gesetz einen Volksentscheid abhalten würden (vgl. Tönnies 1927b, S. 175 [S. 3]/1929, S. 43]. Vielmehr würde
es darauf ankommen, in der politischen Ordnung institutionell sicherzustellen, daß
Verselbständigungstendenzen gegenüber den Interessen der Mehrheit der Wählerinnen und Wähler sowie in der Partei gegenüber denjenigen der ‚einfachen' Mitglieder
vorgebeugt würde. Auch wäre Michels Darstellung geschichtlich inkorrekt: Die SPD-
Leitung hätte sich keineswegs gegen die SPD-Mitgliedschaft vergangen. Denn es wären
Zweckmäßigkeitserwägungen für den Umgang in der Arbeiterbewegung mit politisch
erfahrenem und bewährtem Führungspersonal gewesen und außerdem das aus politischer (Verfolgungs-)Erfahrung im Kaiserreich gewachsene politische Vertrauen, das
zur langjährigen Wiederwahl von Bebel und Genossen geführt hätte (gewissermaßen

Finanzmärkte' resp. 'die Investoren' dulden und sich auch als soziale Demokratie durchsetzen will – *nur unter der unverzichtbaren Voraussetzung letzterer nämlich können diejenigen Menschen, die vom Verkauf ihrer Arbeitskraft leben müssen, den Staat auch als den ihren annehmen*.) Der politischen Kultur Weimars hätte dabei ein mehr kooperativer anstatt des vorherrschenden konfrontativen Begegnungsstils der politischen Subjekte und besonders ihrer 'Eliten' gut getan. So sieht Tönnies die pazifizierende Aufgabe seines Modells auch in der Verdeutlichung der Notwendigkeit gemeinschaftsadäquaterer gesellschaftlicher Verfahrens- und Verhaltensweisen in der politischen Kultur statt des in den Straßen und Sälen lauernden *„Bürgerkrieges"* (Tönnies 1925a, S. 197). Insofern will gerade der an der Arbeiterbewegung orientierte Tönnies unter Gerechtigkeit nun nicht etwa die radikale Nivellierung der Eigentumstitel – vor der interessierte Kreise die Furcht derjenigen in den Mittelschichten, die nach der Hyperinflation noch etwas besitzen, und des Bürgertums überhaupt schüren – verstehen, sondern die vom Sensus Communis normalisierte Interessenwahrnehmung. Diese greift die wie auch immer rudimentäre Gemeinschaftsidee des politischen Kollektivs eher als einen Ansatzpunkt für die „Mäßigung der eigenen Ansprüche" auf und legt den „Verzicht auf die restlose Geltendmachung sowohl der eigenen Interessen als der eigenen Rechte" nahe und verschmilzt insoweit regulativ den demokratischen Geist der Moderne mit der antiken politischen Tugend von Maß und Mitte und einer dementsprechenden Balancierung von Vernunft und von politischen und sozialen Leidenschaften (Tönnies 1927b, S. 208 [S. 36]/Tönnies 1929, S. 77).[59] Was

---

im Sinne der Faustregel, die der in Kap. 3.1. oben angeführte Aristophanes den Athenern auf den Weg gibt: „Braucht die Guten euch zum Besten" [405 v. Chr., Bátrachoi, V. 735], das heißt zum Gemeinwohlinteresse der Polis). Dies alles wäre deshalb eben nicht auf Vermachtungstendenzen in der Parteiorganisation zum persönlichen Nutzen einer Clique zu reduzieren. Oligarchisierung der Demokratie ist nach seiner Auffassung eben kein Resultat der Handlungsbedingungen in demokratischen Parteien, die er im politischen System erstmalig als Verfassungsorgane fest verankern will, sondern hätte „außerverfassungsmäßige" (Tönnies 1929 [2. Fsg. v. 1927b], S. 43), d.h. klar ökonomische Grundlagen, sprich: „die soziale Herrschaft der Bourgeoisie" (Tönnies 1927b, S. 187 [S. 15]/1929, S. 54). Um diese zu begrenzen, entwickelt er gerade sein einerseits partizipatorisches, andererseits durch das Direktorium auch gegenüber ökonomischen Partikularinteressen durchsetzungsfähiges Verfassungsmodell.

59 „Wissenschaftliche Einsicht und Besinnung" sollten zu diesem Zweck öffentlichkeitswirksam zusammenwirken (Tönnies 1922c, Sp. 990). Das postuliert Tönnies auch als realpolitische Empfehlung in den schwierigen Zeiten der jungen Demokratie nach dem 1. Weltkrieg, die unter „unheilvollsten Umständen entstanden" sei (Tönnies 1924, Sp. 367), weshalb auch die Gewerkschaften sich angesichts der Situation des „verarmten Landes" einer Interessenvertretung mit „Besonnenheit" befleißigen sollten (Tönnies 1922c, Sp. 990).

durchaus mit der in der Demokratie erforderlichen Bereitschaft zum Kompromiß und seiner gesellschaftspazifizierenden Wirkung übereinstimmt. Sie ist bei Tönnies von seiner material naturrechtlichen Basis abhängig und fungiert ohne die Ausschaltung oder Irrelevanz der weiterhin aktiven und wehrhaften politischen Subjekte, anders als bei seinem demokratischen wissenschaftlichen Antagonisten in Wien, Hans Kelsen; vielmehr muß sie, so lese ich Tönnies, von den politischen Subjekten aktiv gewollt und umgesetzt werden. Zur Pazifizierungsaufgabe und zum Einsatz für die Implementation von Verständigungszwängen, die in die politische Kultur ausstrahlen, unter den demokratischen Protagonisten einerseits kommt nämlich andererseits die von ihm beobachtete mangelnde kämpferische Entschiedenheit vieler Demokratinnen und Demokraten von ‚Weimar‘ gegen die Feinde des demokratischen Staates hinzu, die manchmal aus einem übersteigerten Pluralismus und einer dem entsprechenden Offenheit auch für diejenigen resultierte, die die Demokratie zerstören wollten. Damit war Tönnies gar nicht einverstanden. Denn die demokratische Konsensfähigkeit *und* die entschiedene Selbstbehauptung der demokratischen politischen Subjekte und ihrer demokratischen politischen Ordnung gehören für ihn konstitutiv zusammen und sollen nicht zueinander im Widerspruch stehen. Letztere Militanz fehlt Tönnies in der relativistischen und damit zu pluralistischen Demokratietheorie von manchen Rechtspositivisten in der Zeit der Weimarer Republik (vgl. hierzu die Darstellung von Martin Poske [1990, S. 60f.]) – was aber keineswegs heißen soll, daß diese nicht *als Bürger* wie Tönnies selbst engagiert die Demokratie verteidigten, im Gegenteil. Vor dieser konzeptionellen Theorieschwäche, die Tönnies allerdings gleichfalls als ein reales Strukturdefizit der jungen Republik, ihrer Verfassungsordnung und ihrer Institutionen sieht, gewinnen seine antikisierenden Vorstellungen besondere Kontur. Mit seiner Orientierung an der attischen Demokratie und den politikbeschreibenden Teilen des aristotelischen Werks anstelle von Platons leicht ausbeutbarer philosophenherrschaftlicher Rekonstruktion von Gemeinschaft will er seiner Demokratie wieder aufhelfen sowie historisch bewährte ‚best practice‘ Vorschläge unterbreiten.

Zumal sich der gereifte Tönnies der Weimarer Republik – aber auch nur dann, wenn man die unterschiedlichen „Voraussetzungen" der antiken und der modernen Gesellschaften mitbedenkt (1928b, S. 265) – nach seinem eigenen Bekunden ohnehin eher an Aristoteles' politischen Analysen orientiert, die mehr auf die politischen Realitäten eingehen würden als die – so sieht dies Tönnies 1928 selbstkritisch im Unterschied zu seiner eigenen jugendlichen Feier des „politischen Platons" (Tönnies 1882, S. 84f.) – eher „romantische" platonische Poliskonstruktion (Tönnies 1928b, S. 263). Romantik unterstellt er sogar noch Platons sprödem Nachlaßwerk, den ‚Nómoi', welche die – die Gemeinschaft erodierenden

–Tendenzen neben der repressiven Menschenformung auch durch ganz äußerliche Maßnahmen gewissermaßen verzweifelt zu exkludieren versuchen wie z.b. durch die Empfehlung eines Standorts der Stadt fern von den thalassokratischen Versuchungen der Küste und denjenigen des Handels, fern also von Seeherrschaft und dem Vordringen ökonomischer Kalküle in Handlung und Mentalität (vgl. Tönnies 1928b, S. 263). In solcher Hinsicht sind die ‚Nómoi' die Vorlage für Aristoteles' elitäre und – angesichts der Wirklichkeit des entfalteten und gut funktionierenden demokratischen Bürgerstaates in Athen – utopische und ortlose Konzeption der besten Verfassung im Sinne seiner Auffassung der Ideale der ‚Guten und Schönen' in ‚Politiká VII' und ‚VIII', die kurz vor Platons Tod 348/347 v. Chr. noch unter dessen Einfluß entstanden sein mögen.

Aristoteles wird hingegen in den späten Schichten seiner ‚Politiká', den vermutlich nach 329 v. Chr. entstandenen Büchern ‚IV'-‚VI', eine realistischere Theorie der Politik auf einen Mix oder eine Balance der Mehrheitsregel mit sie moderierenden Elementen abstützen, weshalb Tönnies „mehr vielleicht doch aus der Politik des Aristoteles" als „aus Platos Werken" für „die gegenwärtigen Probleme" „zu lernen" vermag, „wenngleich auch diese auf Voraussetzungen beruht, die für uns nicht mehr gelten" (wie Sklavenhaltergesellschaft, weder Industrialisierung noch Arbeiterbewegung usw.) (Tönnies 1928b, S. 265). Dem entspricht, daß der für Tönnies theoretisch und politisch nunmehr sehr viel wichtigere Aristoteles jedenfalls der demokratischen Identität seiner Zeit und seiner Gastpolis Athen in seinem Werk Raum gibt und sie auch weitgehend auf passende Begriffe bringt, auch wenn er selber andere Intentionen und Vorschläge verfolgt als die von ihm als ‚radikal' denunzierten damaligen Demokraten Athens. Die wirkliche athenische politische Gemeinschaft ging nämlich anders vor, als es Aristoteles seinen Schülern normativ nahelegte: Sie verschärfte sukzessive die internen Kontrollen, baute Verzögerungen als Reflexionschancen ein und setzte auf eine weitere Ausbildung der politischen Urteilskraft der Bürger, ohne die Mehrheitsregel einzuschränken. Und Tönnies orientiert sich an der Politikbeschreibung des Aristoteles und an der attischen Polis, nicht an Aristoteles' weiteren politischen Idealen. Dementsprechend wurde „das Leitmotiv des Staatsgedankens" für Tönnies bei allen vorausgesetzten fundamentalen Differenzen zur Gegenwart „in der Tat an den Tatsachen der hellenischen Polis wie denen der römischen Republik gebildet". Denn „die Idee des Staates ist die Idee der Republik, sofern jene nämlich [...] als beruhend auf dem vereinigten Willen der Staatsbürger oder des Volkes gedacht wurde" (Tönnies 1928b, S. 265), weshalb diese Tatsachen für eine Konzeption der politischen Gemeinschaft mit seinen Mitteln hier auch zwingend aufgesucht werden müssen.

Für den nunmehr demokratisch gereiften Tönnies wird jetzt anstelle der Führung mittels sozialistisch-demokratischer Kader und Experten die Sicherstellung der politischen Substanz der Demokratie durch die ausgleichende bürgerschaftliche Aktivierung der politischen Subjekte selber wichtig, denen auf breiter Basis Kontrollen ermöglicht und vornehmlich in zentralen Streitfragen politische Letztentscheidungen vorbehalten werden sollten, damit einer befürchteten demokratiegefährdenden Abkopplung der Eliten[60] politisch-institutionell und durch eine wache allgemeine Aktivbürgerschaft vorgebeugt werden kann.

Das nach Aristoteles politische Lebewesen Mensch – die politischen Subjekte selber, auch wenn sie nach Aristoteles' eigenen Idealen zumeist defizitär auf der Ebene einer bürgerschaftlichen Nutzenfreundschaft agieren – ist die beste Sicherung gegen die Feinde der Demokratie, was in Tönnies' Sicht hingegen nicht defizitär, sondern sogar ein notwendiger politischer Aufklärungsschritt und nicht nur ein gesellschaftliches Durchgangsstadium wäre, denn auch wenn gemeinschaftliche Ideen revitalisiert werden können, stehen sie im Europa des 20. Jahrhunderts für Gemeinschaft in Gesellschaft. Und als aktiver Bürger auf Augenhöhe mit den politischen Kosubjekten seiner Zeit versteht sich Tönnies jetzt selbst auch und zieht durch seinen Eintritt in eine demokratische politische Partei die entsprechende persönlich-egalitäre Konsequenz.

Die Rückwendung auf die politischen Subjekte in eins mit der Wehrhaftigkeit der Demokratie ist im Kontext eine aktivistische Spitze Tönnies' gegen die für ihn *in dieser Hinsicht* zu pluralen und damit eigentlich attentistischen rechtspositivistischen *Konzeptionen* im Spektrum der Weimarer Staatstheorie und ist verwandt mit Hermann Hellers späterer Idee bürgerschaftlicher Verbindung der politischen Subjekte zu Willens- und Wertgemeinschaften, womit der Willensgehalt des Staates von nichts als dem Willen der politischen agierenden Menschen selbst abhängig ist. In diesem Sinne beabsichtigt Tönnies' früherer Schüler Heller, eine gemeinschaftsstiftende Politisierung der Staatslehre in der Weimarer Republik herbeizuführen und die Bedeutung der Haltungen der politischen Subjek-

---

60 Insofern – aber nur insofern – spielen Robert Michels' oben in Anmerkung 58 dargestellte Beobachtungen in seiner Demokratietheorie dann doch eine gewisse Rolle, was Tönnies bei aller seiner methodischen und inhaltlichen Kritik am ‚ehernen Gesetz der Oligarchie' durchaus einbekennt, denn „die vorhandenen Analogien" Michels' seien „der Beachtung und Beobachtung wert" (Tönnies 1927b, S. 186 [S.14]/Tönnies 1929, S. 54). Was aber wiederum nicht heißt, daß aus ihnen ein ‚Gesetz' abgeleitet werden darf, das den politischen Subjekten und ihrem Willen das Schwinden der Demokratie als unabdingbar vorzeichne – Tönnies' geschichtsphilosophischer Pessimismus ‚on the long run' läßt sich also ganz und gar nicht auf einen politischen Pessimismus ‚herunterbrechen', wie man an seinem vehementen Einspruch definitiv ersehen kann.

te für den Staat und als Staat selbst zu bestimmen (Heller 1934/1992; vgl. Bickel 1997, insbes. S. 50f.). Nicht wesentlich anders läßt bereits Thukydides Akteure wie den Feldherrn Nikias reden: die Polis, das sind die Männer als Autoren ihrer gemeinsamen Entscheidungen und Kämpfer für diese (vgl. Thukydides [entstanden nach 430-400 v. Chr.] VII., Kap. 77). In der Weimarer Republik ist es für Tönnies und Heller entschieden wichtig, daß es keiner Abkehr vom Willen der politischen Subjekte zur Demokratie bedarf, sondern seiner entschiedenen Stärkung. Poske macht aber darauf aufmerksam, daß Tönnies in der Frage sehr schwankend ist, ob die politischen Subjekte seiner Zeit wirklich erfolgreich in diesem Sinne politisiert werden können und ob Politische Gemeinschaft durch die Weimarer Demokratie real erreichbar ist. 1929, in den ‚Soziologischen Studien und Kritiken‘, für den leicht veränderten Neuabdruck seines Aufsatzes ‚Demokratie und Parlamentarismus‘ von 1927, in dem er sich kritisch mit Carl Schmitt auseinandersetzt, formuliert er jedenfalls die als paradigmatisch für die homogenitätsverbürgende Idee politischer Gemeinschaft gesehene Verbindung der modernen Demokratie mit dem Polis-Prinzip in eine Frage um und scheint den langfristigen Pessimismus des Schlusses von ‚Gemeinschaft und Gesellschaft‘ – wegen der Auszehrung der gemeinschaftlichen Grundlagen der Gesellschaft – nun doch implizit mitten in die Bestimmung der gegenwärtigen politischen Aufgaben hineinzunehmen. Aber inhaltlich liegt hier lediglich eine skeptischere Beurteilung der politischen Gegenwartslage zugrunde als noch im Jahr 1927. Wozu auch Grund bestand. Bei der Wahl zum 5. Reichstag im September 1930 wuchsen die Nazis auf 107 Mandate – von 12 im 4. Reichstag von April 1928 –, und das Jahr 1929 kennt das Hugenberg-Hitler-Bündnis. In Tönnies' Artikel ‚Gemeinschaft und Gesellschaft‘ aus Alfred Vierkandts großem Handwörterbuch der Soziologie‘, der oben zitiert wurde, ist die Verbindung des Polis-Prinzips mit der Demokratie aber nicht mehr fraglich. Generell hat er die Frage nach der Gemeinschaft in der modernen Gegenwart übrigens keineswegs – um es vorsichtig zu formulieren – systematisch eindeutig oder linear entwickelt und läßt insofern durchaus auch Raum für gemeinschaftliche politische Verhaltensdispositionen jenseits dominierenden strategischen Verhaltens und rücksichtsloser egozentrierter Orientierungen. Daß Tönnies in den Einschätzungen der Chancen für die Vitalisierung speziell von politischer und als soziale Widerstandshandlung neu entworfener und begründeter Gemeinschaft (wie Genossenschaften) von Zeit zu Zeit schwankt, entspricht einerseits dem Ort der politischen Gemeinschaft zwischen Gemeinschaft und Gesellschaft. Andererseits aber ist es überhaupt nicht defizitär, sondern in der empirischen Sachlage begründet und ein Aspekt der jeweiligen politischen Betrachtung, zeigt zudem in erster Linie den politischen und keineswegs einen statischen Hintergrundcharakter für den analytischen Ansatz des Gemeinschaft-und-Gesellschaft-Theorems.

Insofern sind eben auch und sogar die Chancen für die immer neue und den Zeitbedingungen entsprechende Verlebendigung der Gemeinschaft und gleichfalls der politischen Gemeinschaft für Tönnies historisch ganz erkennbar von der Analyse jeweiliger politischer und gesellschaftlicher Umstände abhängig und damit nicht definitiv klar abschlägig beschieden, wie häufig vermutet wird.

Sein komplexer Normalbegriff der Demokratie, das aristotelisch-hobbesische Staatskonzept, verengt sich nicht auf das hegemoniale Muster westlicher Demokratien, sondern versucht übergreifend historisch-politisch bewährte demokratische Institute vom antiken Griechenland bis zum republikanisch-demokratischen Direktorium in der Nachfolge der französischen Revolution und funktionale Elemente der modernen Demokratie zu integrieren und mit korporativ-(berufs-) ständischen Aspekten zu kombinieren. Sein Ziel ist eine stabile, handlungsfähige und an den Wählerwillen gekoppelte demokratische Regierung, die durch eine aktive und politisch gebildete Bürgerschaft und ein starkes Verfassungsgericht zugleich gut kontrolliert ist.

In der bei ihm eher funktionalen (beratenden) Repräsentation der Parlamente (was allerdings nicht, wie in der Gegenwart, gebündelte Verbands- oder internationale Investoreninteressen meint) hat er das korporativ-genossenschaftliche und auch das ständische Element vorgesehen, indem er die liberale Fiktion verabschiedet, „daß der Abgeordnete Vertreter des ganzen Volkes sei" (Tönnies 1927b, S. 205 [S. 33]/1929, S. 73). Hingegen würde die Vielfalt der Abgeordneten „das Volk in seiner Mannigfaltigkeit" und seine verschiedenen Interessen repräsentieren (Tönnies 1927a, S. 13). Insofern sollen die Abgeordneten explizit auch die „unerläßliche" „Vertretung der Minderheiten" (Tönnies 1927a, S. 34) und der „Partikularitäten der großen kommunalen Körperschaften" (Tönnies 1927b, S. 205 [S. 33]/1929, S. 73) erledigen. Das neuzeitlich-moderne (hobbesische) Element würde sich hingegen in der absoluten Steuerung durch das demokratische Direktorium, das antik-plebiszitäre Element in dessen direkter Wahl und im starken volksgewählten und -kontrollierten Verfassungsgericht, dem Ephorat, wiederum das aristotelische Element in der durchgängig starken Bürgerrolle mit Volksentscheiden bei Organstreitigkeiten und wissenschaftlich unterstützten großen Diskussionsforen sowie der Funktion des Parlaments / der Parlamente auch als Schule(n) der Demokratie wiederfinden (vgl. Tönnies 1927a, S. 32f.; Tönnies 1927b, S. 205f. [S. 33f.]/1929, S. 73f.).

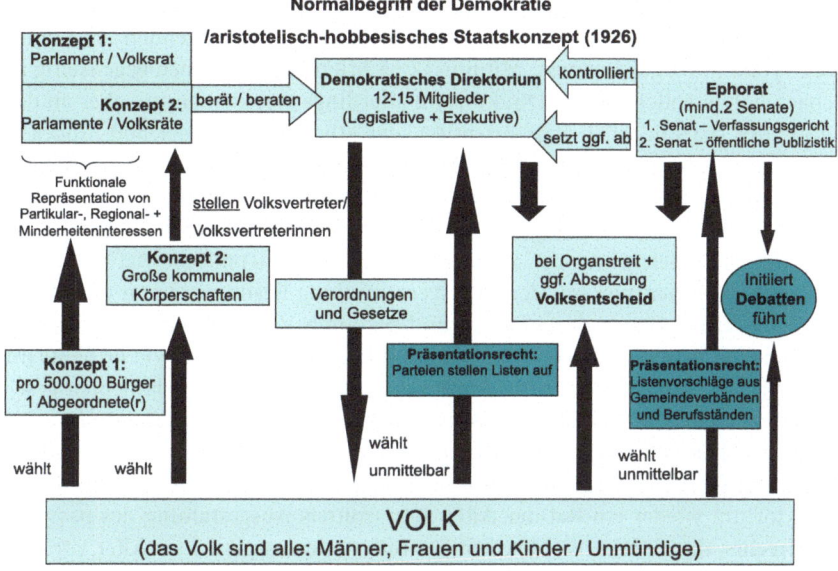

Abbildung 2 Diese Abbildung wurde mit Hilfe von Frau Magistra Frauke Ochsen, B.A. erstellt.

3.2.2 Das demokratische Direktorium

Am antiken Modell orientiert – wobei er Elemente seiner jugendlichen platonisch-hobbesischen Staatskonzeption von 1878 modifiziert aufgreift – schlägt Tönnies nach 1926 wiederum anstatt der Mediatisierung des Volkswillens durch die Parteien die Stärkung plebiszitärer Beteiligung durch Listenwahl der Regierung direkt durch das Volk vor, was einen Unterschied zu seinem jugendlichen Rätemodell anzeigt. Gleichzeitig haben die Parteien aber das Präsentationsrecht der Kandidaten für die Regierung, die ein ewiges Organ ist, für das periodisch ein Viertel der Mitglieder neu gewählt werden muß. *Die substantielle Beteiligung der Parteien an der politischen Willensbildung hat somit bei Tönnies Verfassungsrang, was in der Staats- und Verfassungstheorie erstmalig ist! Die unmittelbare Volkswahl* soll auch die Einheitlichkeit dieses höchsten Beschlußkörpers der Demokratie zumindest erleichtern, denn Tönnies sieht es als ein enormes Problem der Weimarer Republik an, daß Regierungsbildungen hier immer wieder auch Demokratieantagonisten einbezogen hätten. Seine Regierung nennt er Direktorium, sie kennt zur Machteinhegung ein Rotationsprinzip des Vorsitzes, wie dies für den antiken athenischen Rat und seinen jeweils geschäftsführenden Ausschuß, die Prytanen, vorgesehen war. Mit nur 12-15 Mitgliedern, die sich gegenseitig in Schach halten sollen, ist das Direktorium allerdings viel kleiner und eher an der Größe des spartanischen Rats orientiert, der athenische Rat der 500 hingegen hat zwar insgesamt gesehen die Größe von satten Parlamenten heutiger großer Flächenstaaten – hat aber eben unter anderem auch ein rotierendes, kollegial geschäftsführendes Komitee. Das Direktorium hat legislative und exekutive Funktionen zugleich, was der athenische, auch der spartanische Rat allerdings nur im Zusammenspiel mit der Volksversammlung besitzen, indem diese Räte die Vorberatung für sie durchführen und sie durch Vorschläge erst arbeitsfähig machen. Die Vereinigung von Exekutiv- und Legislativfunktion, wie sie heute im Europäischen Rat der Regierungen mit nur beiherspielenden Parlamenten gesehen werden kann, verschafft dem Direktorium enorme Durchsetzungsmacht, so daß der Volkswille auch gegen mächtige Minoritäten wie etwa eine Bankenlobby durchgesetzt werden könnte. Wie die spartanische Gerusia hingegen soll das Direktorium wieder ein Rat der Alten sein (mittels Ausgestaltung des passiven Wahlrechts, das für die Wählbarkeit ein reifes oder vorgerücktes Alter vorsieht – was realistischerweise für die athenischen Organe auch galt, denn die Jungen waren im Krieg oder auf See). Das Alter soll nicht exkludieren, jeder und jede kann schließlich – sofern glückliche Umstände es gestatten – jedenfalls der Möglichkeit nach altern, sondern soll institutionell mehr politische Urteilskraft und Rationalität mit dem wieder plebiszitär zur Geltung gebrachten demokratischen politischen Wählerwillen vereinigen. Rationalität, Erfahrung und Leidenschaft für die demokratische Ordnung müssen sich in den Subjekten und in ihrem demokratischen Zusammenwirken verbinden und sich die Waage halten. Nicht zuletzt aber soll mit dem Alter ein zentraler Baustein der gemeinschaftlichen Autorität sowohl gewonnen als auch zugleich in Gestalt des politischen Kollektivs nicht auf eine Person, einen ‚charismatischen Führer‘ fokussiert werden, was sich nämlich mittlerweile als demokratietheoretisch und -praktisch bedenklich herausgestellt hatte. In dieser Weise also hätte ein Kollegium und nicht ein Ersatzkönig wie der 1925 gewählte Hindenburg die Einheit des demokratischen Staates zu verbürgen, deshalb auch die Machtfülle der Institution. Tönnies' Regierung, das Direktorium, ist ganz entschieden ein Kollegium – wie die Regierung nach der thermidorianischen Verfassung im Übrigen gleichfalls. Ein Mißtrauen gegen Kollektive, wie man es noch in Dokumenten des Kreisauer Kreises findet, hegt Tönnies nicht, im Gegenteil scheinen sie ihm mehr Sicherheit gegen die Okkupierung der politischen Macht zu bieten, wie sie einem mächtigen Präsidenten möglich wäre, indem in diesem „Kollegium […] die Mitglieder sich gegenseitig [..]

bedingen und [..] beschränken" sollen (Tönnies 1927, S. 204 [S. 32]/1929 S. 72). Insofern verabschiedet sich *Tönnies 2* auch hierdurch vom Top-down-Denken von *Tönnies 1*. Hindenburgs Wahl zum Reichspräsidenten nach dem Tod Friedrich Eberts dürfte Tönnies' konzeptionelle Ablehnung der Reichspräsidentenfunktion im Sinne eines integrierenden Ersatzmonarchen begründet haben und den Vorschlag der Einhegung der Führungsfunktionen dominanter – was demokratisch problematisch ist – und eventuell fachlich überforderter Einzelner – was wiederum sachpolitische Schwierigkeiten nach sich zieht – zugunsten von größeren Leitungskollektiven, die sich jeweils intern auch gegenseitig überprüfen und sachlich ergänzen können, des Direktoriums und des Ephorats, wobei das Ephorat wiederum die zusätzliche plebiszitäre Veto- und Kontrollinstanz für das Direktorium ist; dazu gleich mehr.

3.2.3   Ephorat und Öffentliche Meinung

Die entscheidende Kontrollfunktion soll in Tönnies' Konzeption ein Gericht haben, eine Behörde, die er wiederum spartanisch Ephorat nennt, deren Mitglieder ebenfalls direkt vom Volk gewählt werden würden. Ausgewiesen urteilskräftige Experten sollen wie beim Direktorium mit der in-put-Legitimation durch den Volkswillen über direkte Volkswahl verbunden werden, wobei der Zugangsmodus zur passiven Wahl etwas modifiziert wird. Als besondere Qualifikation für das Amt hebt Tönnies wieder das Alter hervor – 45 Jahre sollen die Kandidatinnen und Kandidaten mindestens sein –, weiter werden Listenvorschläge aus Gemeindeverbänden und Berufsständen, ausgeglichene Repräsentanz nach Berufen, politische Erfahrung und politische Bildung (etwa durch ein Studium der Politik) genannt. All dies sind auch Methoden zur expliziten Stärkung der Urteilskraft der Institution und des Sensus Communis statt der Partikularinteressen, deren parlamentarische funktionale Repräsentanz durch das plebiszitäre institutionelle Übergewicht zurückgedrängt wird. Denn das Ephorat fungiert als *volksgewähltes* Verfassungsgericht und kann insbesondere im Organstreit mit dem Direktorium bei Konflikten den verbindlichen Volksentscheid einholen, auf diese Weise Verselbständigungstendenzen der politischen Führung und ihrer Politik vorbeugen und so insgesamt die demokratische Responsivität sichern, d.h. den Willen der Wähler, die im demokratischen Ernstfall die Gewählten leiten würden, anstatt von diesen geleitet zu werden. Womit nach Carl Joachim Friedrich's Wahrscheinlichkeitsregel der antizipierten Reaktion in der Demokratie die Disziplinierung der Gewählten zumeist sogar ohne explizites Veto erreicht wird (Friedrich 1937, S. 16-18; Friedrich 1963, insbes. S. 203f.; Friedrich 1970, S. 71f.). Zugleich könnte so einem realen Problem in den westlichen Demokratien entgegengesteuert werden, in denen die funktionalen Repräsentanten im Verein mit der Ministerialbürokratie und als Experten getarnt häufig sogar die proportionale Repräsentation der Gesellschaft und ihrer Repräsentanten überspielen, erst recht aber schlecht organisierbare Allgemeininteressen etwa von Patienten oder auch von Gruppen ohne finanzkräftige Lobby.

Das hier für die Wahlen zum Ephorat den Gemeindeverbänden und Berufsständen vorbehaltene Präsentationsrecht balanciert das Präsentationsrecht der Parteien für die Wahl zum Direktorium systematisch aus. Hierdurch kommt ein konsensuales und überparteiliches Element ins Spiel, wie man es in der Bundesrepublik in den Verständigungszwängen des Richterwahlausschusses für das Bundesverfassungsgericht angelegt hat, was im Ergebnis seitdem ein ähnlich unabhängiges Verhalten der Richterinnen und Richter begünstigt, wie es der politische Pionier-Denker Tönnies aber bereits 1926 für Verfassungsrichterinnen und -richter anstrebte. Die oben aufgeführten Kriterien für Listenvorschläge sollen die Kandidatinnen und Kandidaten zwar keineswegs entpolitisieren. Aber sie durch die etwa mittels beruflicher Repräsentanz gewährleistete Sozialquote, die von vornherein wenigstens ein Minimum an perspektivischer Vielfalt (heute: diversity) sicher stellen soll, und durch die partielle Entkopplung von parteilichen Oligarchien sowie durch ihre sozial- und politikwissenschaftliche Sachkenntnis dem Interessenzugriff ein Stück weit entziehen und so die politischen Leidenschaften in diesem hohen Gremium rational moderieren helfen.

Neben diesen ‚harten‘ responsivitätssichernden Vorkehrungen widmet sich eine zweite Kammer explizit den ‚weichen‘ Faktoren der Öffentlichen Meinung. Sie soll durch ‚Publizität‘ umfassende Debatten anregen und durch politische Bildung die Urteilskraft der politischen Subjekte sowie ihre Beteiligungs- und Verantwortungsbereitschaft fördern. Das ist die öffentliche Aufgabe der Öffentlichen Meinung, die durch das Ephorat institutionelle Relevanz und Funktion bekommt. Gerade dieses Element, die Bildung der Öffentlichen Meinung selbst demokratisch zu legitimieren und damit auch demokratisch zu kontrollieren und sie nicht den privatwirtschaftlichen Interessen von großen Medien-Konzernen zu überlassen, das ist ein besonderer Ausweis für Tönnies‘ kommunikatives Konzept der Politik mit seinen vielen immanenten Wechselwirkungen. Auch damit trägt das Ephorat dazu bei, den Mehrheitswillen folgenreich sichern zu helfen.

Martin Poske weist darauf hin, daß Tönnies in der ‚Kritik der öffentlichen Meinung‘ die Öffentliche Meinung oft mit einem Gericht verglichen hat (Poske 1999, S. 65; vgl. etwa KÖM, IV.1.1., S. 132/2002, TG 14, S.159). Gewissermaßen wird das Gericht der ÖM nun im Ephorat institutionalisiert. Angesichts der Wirklichkeit der ÖM in der Weimarer Republik scheint Tönnies nun der Auf-

fassung zu sein, daß die kritisch-normative Geltung von ÖM nur durch diese Institutionalisierung für die Demokratie gesichert werden kann, was auf die Idee
des öffentlich-rechtlichen Rundfunks nach dem zweiten Weltkrieg vorausweist.
„Als die Träger der Öffentlichen Meinung" sah Tönnies die Gelehrten, „für die
Mitglieder des Ephorats sieht er Alter und Ausbildung betreffend strenge Quali-
fikationskriterien vor" (Poske 1999, S. 66). Daß das Ephorat damit durch seine
„*offizielle Publizistik*", die allerdings bei diesem Gericht einem Staatsrundfunk
nicht etwa gleichzusetzen wäre, nun eine institutionalisierte Öffentliche Meinung
an die Stelle der Öffentliche Meinung rückt, ist hier ganz und gar nicht gemeint.
Vielmehr dürfte die Idee einer ausstrahlenden Stärkung der Seriosität der Öffentlichen Meinung dahinterstecken, die auf Wechselwirkungen mit dem „freien Zei-
tungswesen" setzt. „Wettbewerb" sagt Tönnies ganz explizit, würde durch demo-
kratisch-öffentliche Publizität gegen die Medienimperien erst wieder hergestellt.
Dies ist der übergreifende Gedanke: in einem kommunikativen Politikkonzept
sich wechselseitig verstärkende Prozesse der Urteilsbildung zu initiieren und dabei dasjenige an demokratisch-aufklärerischer, ja demokratischer Substanz zu
stützen, was ohne diese Hilfe durch machtvolle Sonderinteressen sonst gefährdet
ist. Eine gemeinwohlorientierte Institution wie das Ephorat bekommt sowohl eine
Wächter- als auch eine Lehrer- oder Aufklärungsfunktion (Tönnies 1927a, S. 33).
Dadurch soll eine räsonierende Urteilsbildung und jetzt auch – das ist das egalitär
Neue – die Urteilsfähigkeit der politischen Subjekte gegen die ihre Geschäftsinte-
ressen verfolgenden Marktteilnehmer ertüchtigt werden – die Themen ‚machen',
um die Akquise möglichst vieler Inserate zu erleichtern.

In Tönnies Idee der Öffentlichen Meinung – in der das Gelehrtenpublikum
seine Urteile gewissermaßen für ein größeres politisches Kollektiv wie etwa ein
Volk fällt – hatte sich ja noch selbstwidersprüchlich und paradox ein Rest geistesaristokratischen liberalen Paternalismus' erhalten, der aber durch seine Institutionalisierung und gleichzeitige bürgerschaftliche Einbettung und die politische
Bildung sich nunmehr potentiell mit allen politischen Subjekten rückkoppelt und
deshalb kein Top-down Gedanke mehr ist! Aber erst jetzt. Denn alle Gewählten, auch die Ephoren, können durch Nichtwahl oder Abstimmungsniederlage
nun leicht für Fehlentscheidungen verantwortlich gemacht werden. Übrigens
wird erst das Grundgesetz mit dem Bundesverfassungsgericht eine funktional
vergleichbare starke Kontroll- und Kritikinstanz des politischen Systems als Ver-
fassungsorgan vorsehen – und es spricht für die analytische Kraft des Tönniesschen Entwurfs, daß er bereits 1926 dies Defizit der Weimarer Demokratie mitsamt ihres schwachen – und im übrigen, wie dessen Entscheidungen und die des
Reichsgerichts zeigen, parteiisch im rechtskonservativen Sinn entscheidenden –
Leipziger Staatsgerichtshofs ins Auge nimmt, der nicht einmal Rechtsnormen auf

ihre Verfassungsmäßigkeit prüfen durfte. Diese Erfahrungen sowie insgesamt die Erfahrungen mit der Klassenjustiz in der Weimarer Republik dürften Tönnies' Votum für eine Volkswahl der Ephoren bestärkt haben. Die Konstrukteure des Grundgesetzes kannten dies Problem ebenfalls, lösten es aber nicht wie Tönnies auf amerikanische oder antike Weise, sondern durch institutionell außerordentlich hohe Anforderungen an den für die Wahl von Verfassungsrichtern erforderlichen Konsens zwischen den großen politischen Kräften im Bund und in den Ländern. Und übrigens, wie die inzwischen 60jährige Geschichte des BVerfG zeigt, agierten die Richter in der BRD häufig mit weitgehender Unterstützung der seriösen veröffentlichten Meinung, so daß auch das Verfassungsgericht der Bundesrepublik keineswegs zum Vergnügen der politischen und wirtschaftlichen Eliten eng mit der ÖM verkoppelt ist, was ein Indikator für die demokratische Effektivität des von Tönnies 1926 politisch konstruierten Zusammenhangs von ÖM und Ephorat ist.

3.2.4 Parlament

Das Parlament / die Parlamente bekommt/bekommen in dem kommunikativen Konzept der Politik additive und bedarfsweise beratende Funktionen zugewiesen. Wobei es/sie vornehmlich der Ort der funktionalen Interessenrepräsentation ist/ sind. Denn obwohl die Repräsentantinnen und Repräsentanten entweder, wie in seinem Konzept 1, gewählt werden (Tönnies 1927a, S. 34) oder, wie in seinem Konzept 2, „als wechselnde Ausschüsse" der selbstverwalteten und gewählten „kommunalen Körperschaften" zusammentreten würden (Tönnies 1927b, S. 205 [S. 33]/1929, S. 73), so sind sie von Tönnies, wie oben schon hervorgehoben, explizit als Vertreter der gegebenenfalls einander „widersprechenden Interessen" in das politische System eingebaut, wozu besonders nachdrücklich auch die Interessen der „Minderheiten" gehören (Tönnies 1927a, S. 34). Der Gedanke der proportionalen Repräsentation tritt demgegenüber in den Hintergrund und ist eher bei den miteinander korrespondierenden Direktwahlen zum Direktorium und zu den Kammern der Verfassungsgerichts anzusiedeln, obwohl wir dort auch ein mehrheitsbildendes Wahlrecht und kein Verhältniswahlrecht sehen (vgl. Tönnies 1927b, S. 198f. [S. 26f.]/1929, S. 66f.). Das bei aller Gesetzgebung gründlich beratende Parlament soll wie unsere heutigen Anhörungen von Experten und Interessenvertretern durch parlamentarische Fachausschüsse primär die Relevanz funktionaler Repräsentation von Partikular-, Regional- und Minderheiteninteressen besitzen und nimmt insofern die Tradition der alten ständischen vordemokratischen ‚Parlements' und korporativ-genossenschaftlicher Gremien wieder auf. Gleichzeitig ist die Mitwirkung in diesem auch nicht ständig tagenden Parlament oder in den Parlamenten – die je nach funktionalem Bedarf als „wechselnde Ausschüsse" der ohnehin nach gleichem allgemeinen Wahlrecht zustande gekommenen kommunalen Körperschaften unterschiedlich einberufen werden könnten – für Tönnies eine Ausbildung in demokratischer Praxis und eine eigenständige Einübung politischer Urteilskraft, ähnlich wie es im alten Athen die Übernahme der vielen kleinen und Kleinstämter durch die Bürger gewesen ist. Mit der Kopplung an die Sonderinteressen ist die Amtsübernahme interessenorientiert und niedrigschwellig, was die Beteiligung bisher ungeübter Menschen erleichtern würde. So wäre dann das Parlament nach Tönnies „eine Volksvertretung von anderer Art" (Tönnies 1927b, S. 205 [S. 33]/1929, 73). Mit seiner Konzeption des Parlaments, die dessen Nutzung eher zur eingehegten funktionalen Interessenrepräsentation und nur zur Beratung der Regierung vorsieht, kommt das Wissen von Experten und Funktionären von Minderheiten, Interessenverbänden und lokalen Sonderinteressen, aber auch der Vertreter von Einzelinteressen, wenn sie denn abgeordnet werden (*Modell 2*) oder aber 500000 Wähler auf sich vereinigen können (*Modell 1*) den politischen Prozessen und Entscheidungen fachlich zugute und dieselben werden politisch integrativ einbezogen, ohne aber die Volkssouveränität überspielen zu können, was doch dem ideellen und demokratietheoretisch gut begründbaren Sinn einer demokratisch gerahmten funktionalen Interessenrepräsentation entspricht, auch wenn es nicht völlig deckungsgleich mit den heutigen Vorstellungen der Verbändemitwirkung an der Gesetzgebung ist. Wodurch sich für die Gesetzesberatungsprozesse auch Rationalitätsvorteile ergeben. Weswegen die parlamentarische Beratung im Sinne einer Versammlung eher funktionaler Repräsentanten aber wiederum keine Bedingung für die Rechtsgültigkeit von Gesetzen sein darf und ein solcherart konzipiertes Parlament auch keine Vetomacht sein soll (vgl. Tönnies 1927a, S. 34). Aber: und das ist in diesem Kontext keine zu vernachlässigende Größe, ein solches „vielköpfiges Parlament", das als „Volksrat" die spezielle Aufgabe hätte, „die besonderen Angelegenheiten, Wünsche, Beschwerden, Anregungen der einzelnen Landschaften und Städte, der verschiedenen Berufe und sozialen Schichten zur Geltung und Kenntnis der Regierung zu bringen", würde wiederum die Regierung auch mit der „öffentlichen Meinung" intensiv vertraut machen und sie in die Lage versetzen, „mit Rücksicht auf" diese auch „zu handeln" (Tönnies 1927a, S. 13). Dies ist – in Korrespondenz sowohl mit der Regel der antizipierten Reaktion als auch in Wechselwirkung mit den Foren der vom Ephorat beförderten Öffentlichen Meinung – ein weiterer Aspekt, Vielfalt und Responsivität auch unterhalb der Schwelle von Wahl und Abwahl stetig zur Geltung zu bringen und gleichzeitig die im Direktorium verkörperte handlungskräftige Einheit des souveränen Volkes dauerhaft zu sichern, indem die besonderen Interessen nicht vernachlässigt, sondern politisch unter Maßgabe der Mehrheitsregel und ihrer Konsensfähigkeit aufgenommen werden. Womit die Akzeptanz der demokratischen Ordnung gefördert würde.

Alles in allem zielen Tönnies' Vorschläge damit darauf ab, die politische Einheit, den Gemeinschaftsgeist ohne charismatische Führerfigur institutionell und mental zu stärken sowie gleichzeitig dafür die Ausbildung der Urteilskraft der politischen Subjekte zu befördern. Eine Identitätstheorie der Demokratie lehnt Tönnies dabei scharf ab. Auch wenn er soviel unmittelbare Demokratie wie möglich implementieren will – bei den Wahlen zum Direktorat, zum Ephorat, bei den Plebisziten –, so könne das Volk keine „fortwährend willens- und handlungsfähige politische Körperschaft" sein, agiere als eine solche Institution optional, aber nicht durchgehend (Tönnies 1927b, S. 175 [S. 3]/Tönnies 1929, S. 42). Was wiederum der Gelegenheitsstruktur der alten plebiszitären Demokratie entspricht, dem Zusammenspiel des permanenten Rats und der nicht unablässig, aber regelmäßig und berechenbar tagenden Volksversammlung. Elemente des platonischen Staatsmodells wie Alter und Bildungsgang bleiben zwar weiterhin unverkennbar, aber gegen Platon wird die Egalität in der politischen Gemeinschaft unterstrichen und zugleich werden die politischen Subjekte damit als für die Demokratie letztlich entscheidende politische Einflußgröße in die politische und wissenschaftliche Debatte wieder hereinholt, aus der sie gerade heute wieder verdrängt zu sein scheinen.

Politische Subjektivität, ihre Ausbildung, Durchsetzung, stetige Einübung und die Meinungen der politischen Subjekte sowie die Öffentliche Meinung bilden einen engen Verweisungszusammenhang, der in diesem Konzept bedacht wird.

4   Die Aufgabe einer integrierenden kommunikativen Theorie der Politik: Politische und soziale Macht für die „große Menge des arbeitenden Volkes" als Grundlage jeder Demokratie

Die Entfaltung politischer Subjektivität in den kontext- und problemspezifischen Passagen des republikanischen Verfassungsentwurfs Tönnies' als Normalbegriff der Demokratie wurzelt einerseits in der kooperativen „Substanz des sozialen Lebens überhaupt", der „gegenseitigen Hilfe und Verbindung zum Bestehen und Überwinden gemeinsamer Nöte und Gefahren" (Tönnies 1917b, S. 623), und in einem noch basaleren Sinne in der „wirklich gesprochenen Sprache" als „Organ des gemeinschaftlichen Zusammenlebens" (Tönnies 1926a, S. 33). Auf beide materielle Wurzeln kommt Tönnies keineswegs archaisierend oder romantisierend zurück. Im Unterschied zu denjenigen, die auch als Reaktion auf die Niederlage im ersten Weltkrieg Gemeinschaft im Sinne eines „kommunitaristisch verstandenen Platon" gleichsam als objektive Idee und Ideologie gegen die Weimarer Demokratie mit militanten Entschlossenheitsgesten ‚ins Feld zu führen' suchten (Sieg 2013, S. 155, vgl. S. 165), hatte sich Tönnies mit seiner aristotelisch-hobbesischen Staatskonzeption gerade von der aristokratischen Stilisierung auch in seiner eigenen ersten politischen Konzeption von 1878 frei gemacht, indem er diese in seiner Kritik des späten Nietzsche politisch kritisiert (vgl. Tönnies 1893a, S. 9; Tönnies 1897, S. V/ 1990, S. 9; vgl. näher Schlüter-Knauer 2013, S. 277f.). Diese Kritik ließ sich stärker von der Reflexion des sich der Sprache bekundenden Sozialwillens und der Verständigungsverhältnisse sowie ihres immanenten kooperativen Kerns leiten, die Tönnies ins Auge faßt. Er expliziert genau diesen Zusammenhang am Paradigma der kritischen Denkart von „Beratung, Kooperation, Organisation" zwecks der Bildung wissenschaftlicher Terminologie in der Moderne – indem er wiederum diese als „eine Schöpfung des demokratischen Relativismus (den wir als Kommunismus zu definieren freistellen) und des Geistes der friedlichen Arbeit" scharf mit den von oben herrschaftlich verordneten „Produkten des monarchischen Absolutismus und des militärischen Geistes" als der herrenhaften – nicht der politischen, aristotelischen – Denkungsart konfrontiert (Tönnies 1906b, III., 95, S. 83f./2009, TG 7, S. 225f.; vgl. Schlüter-Knauer 2013, S. 280f.)[61]. Was er wiederum 1926 – im Jahr seines Hauptvortrags ‚Demokratie' auf dem Wiener Soziologenkongreß – in seinem demokratischen Anti-Spengler ‚Fortschritt und soziale Entwicklung' nutzt, um entgegen platonisierender Volksgemeinschaftsideologie im obigen Sinne zu betonen, daß eine durch „Selbsterkenntnis" der politischen Subjekte angestoßene Rekonstruktion von gemeinschaftlichen Einrichtungen „nur innerhalb der gegebenen und nicht nach Belieben und Wünschen veränderbaren modernen Gesellschaft möglich ist; nur mit ihren Mitteln und Künsten, nur im Geiste reiner und strenger Wissenschaft",

---

61 Wobei zugestanden werden muß, daß er die ‚Philosophische Terminologie' (1906b) zwar mit einer Sentenz Aristoteles' auf die Formierung des Denkens durch die Sprache bzw. die Worte einleitet, er aber sein kommunikatives Politikkonzept von 1926 hier eben noch nicht explizit zur Verfügung hat. Wenn er Beratung und Kooperation, die 1926 ihren institutionellen politischen Ort in seinem Verfassungsentwurf finden werden, dem autoritativen Zwang gegenüberstellt, dann bezeichnet er letzteren 1906 noch im herkömmlichen Sinne (oder eben ohne Synthese des Hobbes mit Aristoteles' Politikbeobachtung) als „politische Gewalt" (Tönnies 1906b, III., 95, S. 83/ 2009, TG 7, S. 226) und verortet Politik damit gewissermaßen gegen die Implikationen seines eigenen Textes noch auf der falschen Seite seines Schemas – in dieser Frage hier also Hobbes pur...

und ihr also nicht als quasi-authentisch entgegengesetzt werden könne (Tönnies 1926a, S. 92). Zeitgleich unterstreicht er gerade die zivilisierenden gesellschaftlichen Leistungen friedlicher Auseinandersetzungsmodi entweder im politischen Rahmen der Verfassung oder auf der Basis friedlicher Arbeitskämpfe, in denen die Gewerkschaften gesellschaftliche Durchsetzungskraft – zu deren durch wirtschaftliche und politische Bildung und Einsicht möglichen maßvollem Gebrauch Tönnies entschieden rät – durch die gemeinschaftliche Verbindung und Machtbildung erlangen (vgl. Tönnies 1925a, S. 197).

Seine Auffassung von „sozialer Reform als Grundlage der modernen Demokratie" ist – so der Titel eines Zeitungsartikels Tönnies' von 1926 (1926b) – in Übereinstimmung mit der politischen Modifikation hin zu macht- und maßvoller Partizipation der ‚kleinen Leute' keineswegs mehr paternalistisch wie noch eher im 19. Jahrhundert und führt auch nicht die bis in die Gegenwart reichenden obrigkeitsstaatlich-etatistischen Leitlinien Bismarcks in der Sozialversicherung fort.[62]

Eine „soziale Reform großen Stiles" ist „vor allen anderen" für eine „moderne Demokratie" überlebenswichtig, da die partizipationswillige „große leidende Volksmenge" in der Demokratie „die förmliche Anerkennung ihres wachsenden Einflusses auf die Gesetzgebung" sehen muß und erst dann, wenn diese auch in ihrem eigenen Interesse und nicht nur in dem der Herren der Industrie als wirkungsvoll erfahren wird, wirkt „die demokratische Verfassung [..] in bezug auf die soziale Frage [...] beruhigend auf die Gemüter" (Tönnies 1926b, S. 18). So hängen Politik, soziale Frage und Machtgenese der Mehrheit in der Demokratie grundsätzlich zusammen und sind nicht zu entkoppeln. Was aber deshalb auch als Selbstbestimmung des Volkes mündigkeitsorientiert praktisch erfahren werden und nicht einfach von möglicherweise wohlmeinenden Eliten exekutiert wer-

---

62 Nur in diesem einen Punkt bin ich anderer Auffassung als Manfred Lauermann (vgl. 2006, S. 128), denn Tönnies sieht ihre Bismarcksche Implementation im Kontext der Bekämpfung der Sozialdemokratie mit den Sozialistengesetzen sehr wohl, wie Lauermann selber anführt (vgl. S. 129; Tönnies 1929b, S. 3f.). Tönnies nimmt im 20. Jahrhundert nicht einfach die sozialdemokratische Kritik an den Sozialversicherungen zurück, sondern analysiert gemeinschaftliche und gesellschaftliche Komponenten in ihrer Entwicklung und ihrem Kontext und ihrer jeweiligen Reichweite, indem hier „das *genossenschaftliche* Prinzip unmittelbar in den Staat aufgenommen" wurde, das sich z.B. im „ehrenamtlichem, gewähltem Vorstande" wiederfindet (Tönnies 1917b, S. 622). In der Stärkung gemeinschaftlicher Lebenselemente und tatsächlicher Beteiligung der Genossinnen und Genossen ist z.B. ein Unterschied zur Verfügung über die Sozialversicherten zu erblicken, wie sie in zahlreichen Aspekten bis ins 21. Jahrhundert fortlebt (was sich auch in kleinen Formen fortschreibt: wenn etwa für gesetzlich Krankenversicherte ärztliche Abrechnungen immer noch intransparent bleiben).

den soll. Der von der Arbeiterbewegung sozialstaatlich zu verändernde Staat etwa
mit Regelungen und Gesetzen zum Arbeiterschutz „von oben"' soll nämlich gemeinsam mit der „Genossenschaft, worin sich der gemeinschaftliche Geist zu erneuern strebt, ‚von unten' verneinend und zersetzend auf den gleichzeitig doch
ins Unermessene wachsenden rational-spekulativen Charakter der kapitalistischen Gesellschaftsordnung" einwirken (Tönnies 1917b, S. 624). Die aus dem 19.
Jahrhundert überlieferte sozialpolitische Entgegensetzung, „hie Selbsthilfe, hie
Staatshilfe", hält er hingegen ganz und gar nicht für weiterführend (Tönnies
1922c, Sp. 987). Zu Beginn des 20. Jahrhunderts wird er aus diesem Grund der
Selbstorganisation der arbeitenden Menschen in Produktions- und Konsumgenossenschaften eine tragende Rolle zubilligen und in den Zeiten der Massen-
arbeitsarbeitslosigkeit entwickelt er am Ende seines Lebens eine seiner kommunikativen Konzeption der Politik korrespondierende elaborierte Idee für eine
allgemeine soziale Grundsicherung der arbeitenden und lohnabhängigen Menschen, die lediglich von der Arbeitsbereitschaft abhängig sein sollte und die Elemente ‚von oben' und ‚von unten' vereint. Wobei ‚von oben' aber jetzt (und bei ihm
auch schon vorher) die allgemeine gesetzliche Regelung meint und nicht den Obrigkeitsstaat und ‚von unten' die machtgenerierende selbstorganisierte und basis-
demokratische genossenschaftliche Verbindung, gewissermaßen von den ‚Wurzeln' des Sozialen her (vielleicht analog zur Idee des ‚grassroot movement'), mit
heutigen Worten das Wechselspiel von ‚Top-down' und ‚Bottom-up'. Tönnies'
sozialpolitische Konzeption verbindet die Idee des sozialen Schutzes mit wirklichen Bildungschancen (vgl. Tönnies 1925a, S. 197) und will die sozial ‚Unteren'
und insbesondere die arbeitenden oder arbeitsbereiten Menschen keineswegs
mehr zu Betreuungsobjekten eines wohlfahrtsstaatlichen Etatismus aus dem
Geiste des Obrigkeitsstaates degradieren, sondern setzt auf ihre Selbstbestimmung als soziale und politische Subjekte, als soziale Subjekte in der Genossenschaft und in der Sozialversicherung, als politische Subjekte in der politischen
Ordnung, wobei in beiden Bereichen mit der Ausnahme des Betriebs – hier präferiert er erst einmal die Mitbestimmung – die Mehrheitsregel wirkungsvoll erfahr-
bar sein soll. Das soll es ihnen sowohl in der politischen als auch – eingeschränkt
– in der betrieblichen Realität erlauben oder ihnen die Möglichkeitsbedingungen
bieten, als aufgeklärte politische und soziale Akteure mit politisch respektiv sozial gleicher Freiheit engagiert zu partizipieren und sich und ihre Interessen wirkungsvoll ins politische und gesellschaftliche System einzubringen und im Betrieb mitzusprechen (vgl. Tönnies 1925a S. 197f.). Bei aller Unterstützung der
gewerkschaftlichen Kampfbereitschaft, die eine Partizipation auch im Betrieb
wenigstens halbwegs ‚auf Augenhöhe' erst wirklich ermöglicht, behält er eine
Konsensorientierung durchgehend bei, denn Demokraten und ‚Tarifpartner'

müssen sich unter sich verständigen und auch unterschiedliche Auffassungen und gegensätzliche Interessen in sozialen und ökonomischen Fragen aushalten, austragen, jedoch auch vermitteln können. In beiden Bereichen geht es primär um einen Grundkonsens über die Art des Umgangs mit dem politischen Agon in der Demokratie resp. in der Wirtschaft, um friedlichen Klassenkampf etwa als Streik für einen besseren Preis der Arbeit und um die innerbetriebliche Mitsprache durch Betriebsräte.[63] Eine über die Anerkennung der Gewerkschaften, die kollektiven Arbeitsverträge und die mit den Unternehmern gleichberechtigte betriebliche Mitbestimmung hinausgehende Forderung nach innerbetrieblicher Demokratie – „Demokratisierung der Wirtschaft" (Tönnies 1925a, S. 198) oder industrieller Demokratie, wie sie in dieser Zeit breiter diskutiert wurde – hält Tönnies jedenfalls 1925 noch für verfehlt oder zu früh und empfiehlt die Macht der Gewerkschaftsbewegung mit Augenmaß für den Kampf um die angesichts der schwierigen ökonomischen Lage Deutschlands ohnehin nicht einfache Aufrechterhaltung der sozialpolitischen Errungenschaften und Zugeständnisse der Kapitalseite nach 1918 zu nutzen. Hinzu kommt der ‚Roll Back' der Industriellen, gegenüber dem die nach der Inflation geschwächten Gewerkschaften nun in der Defensive waren. Außerdem könnte so das von ihm zur Rettung der Demokratie empfohlene breite politische Parteien-Bündnis, ein Wiederaufleben der Weimarer Koalition um „eine mittlere Linie der sozialen Reform" (Tönnies 1925a, S. 198), vielleicht gefährdet werden, und damit insgesamt „die Verfassung des Staates, heute also die republikanische Reichsverfassung" (Tönnies 1924, Sp. 367). In-

---

63 Dies markiert eine Differenz ums Ganze zur Haltung des inneren Bürgerkriegs, den die Kapitalvertreter im Kaiserreich etwa gegen die Hamburger Hafenarbeiter 1896/97 entfachten bzw. zur Aufkündigung des „Kompromisses zwischen Kapital und Arbeit" in der Weimarer Republik, auf dem „die Republik in ihrer Anfangsphase [beruhte]" (Wehler 2003, S. 221), durch die weitgehend erfolgreiche Kampagne der Schwerindustriellen 1922-1924 für die „Wiederherstellung der Vorkriegs-Arbeitsverhältnisse" bzw. gegen den Achtstundentag (Tönnies 1925b, Sp. 150) – der immerhin *das* Symbol für die sozialen Errungenschaften der Revolution" war (Büttner 2008, S. 50; Hervorh. v. mir, CSK). Hieran zerbrach die Zentralarbeitsgemeinschaft. Was im Unterschied zu den Industriellen Tönnies in der gegebenen schwierigen ökonomischen Lage Deutschlands nach dem Ende der auch weitgehend spekulativ verursachten Hyperinflation, die insbesondere die Gewerkschaften entscheidend geschwächt hatte – ihre Mitgliederzahl wurde nahezu halbiert –, mit großer Weitsicht sowohl ökonomisch als auch vor allem politisch „für außerordentlich gefährlich" hielt – Tönnies 1925b, Sp. 150 f., vgl. Ursula Büttner 2008, S. 225-233. Angesichts eines solch massiven Angriffs auf die sozialen Errungenschaften der Revolution durch die Kapitalseite mag Tönnies deshalb seine Überzeugung nicht zurückhalten, daß „an dem namenlosen Elend [..], das uns umgibt", „Faktoren" die „schwerere Schuld auf sich geladen haben", die „dem Kapital näher stehen als der Arbeit" (1924, Sp. 367).

nerbetrieblich ist die Mitbestimmung, wie Art. 165 der Weimarer Reichsverfassung besagt: „gleichberechtigt in Gemeinschaft mit den Unternehmern", für ihn ein überaus großer Zivilisationsfortschritt, der nicht aufgegeben werden darf, den die gesellschaftliche Macht der Gewerkschaften als nun anerkannter tariflicher Verhandlungspartner mit Streikrecht und die politische Macht der Mehrheit der arbeitenden Menschen durchgesetzt haben, indem der „Unternehmer" jetzt nämlich nicht mehr einfach herrschaftlich als „Herr des Betriebs" sich gerieren kann und den „Mitarbeitern [...] jedes Recht verweigert, in den Betrieb hineinzureden" (Tönnies 1925a, S. 196)[64]. Die Mitbestimmung würde der gesellschaftlichen Mehrheit also dazu verhelfen können, sich in der Arbeitswelt nicht mehr als Untertanen zu erleben und durch „Betriebsräte" „in dem einzelnen Betriebe das prinzipiell von den Gewerkschaften vertretene Interesse unmittelbar der Leitung des Betriebes nahezubringen und so auch der Fabrik einen Charakter [zu; CSK] geben, der mit der Verfassung eines Staates verglichen werden kann und verglichen wurde" (S. 198). Eine solche Lebenswirklichkeit bietet die Strukturbedingungen für die Emanzipation vom Untertanengeist und ist selbst ebenso bildend, wie die Mitbestimmung auch die ökonomische und gesellschaftliche Urteilskraft weiter entwickelt. Allerdings wandelt sich – korrespondierend zu seinem politischen Abrücken vom bildungsbürgerlichen Paternalismus der Kaiserzeit – seine Grundauffassung in diesen Fragen offensichtlich weg von einer bloßen Beteiligung der einfachen Leute an den ökonomischen Kooperationsgewinnen hin zu ihrer Etablierung als eigenständige soziale *und* ökonomische Macht in der Demokratie – der gemeinschaftliche Zusammenschluß in Genossenschaften wird von ihm explizit als Machtbildung konzipiert (vgl. Tönnies 1925b, S. 151). Das Gewicht dieser neuen Macht soll dazu eingesetzt werden, die demokratische Substanz – und das heißt für ihn nunmehr unabweisbar: den überwiegenden Einfluß des Volkes und die Mehrheitsregel – *in der politischen Ordnung* tatsächlich sicherzustellen, damit die Demokratie nicht nur auf dem Papier besteht und ihre Verfahren etwas bedeuten und sie wirklich von nichtdemokratischen Ordnungsformen unterscheiden, auch wenn er der Arbeiter- und Gewerkschaftsbewegung empfiehlt, von dieser Macht einen über die eigene Interessenwahrnehmung der Mehrheit hinausreichenden maßvollen und gemeinwohlorientierten Gebrauch zu brauchen (vgl. Tönnies 1926b; Tönnies 1924, Sp. 367).

---

64 Die neuen Machtverhältnisse aufgrund des Zusammenschlusses der ‚Unteren' bedinge die Zivilisierung und die Abkehr von der Herrschaft im Betrieb zu gesellschaftlich adäquateren Anerkennungsverhältnissen, was etwa die späte Entwicklung im „englischen Recht" reflektiere, die „aus dem Verhältnis von ‚master' und ‚servant' das Verhältnis von ‚employer' und ‚workman' (oder ‚employed') gemacht" habe (Tönnies 1925a, S. 196).

In seinem letzten Lebensjahr wird er die aus dem Begriff der sozialen Demokratie gewonnenen allgemeinen Verfassungsnormen durch die Forderung einer „energischen Fortsetzung der bewährten Sozialpolitik" erweitern gegenüber der „unbesonnenen Spekulation", der „schrankenlosen Ausdehnung des Kredits", dem „Hasardcharakter, der dem (kapitalistischen) Handel und ebensosehr der Produktion zum allgemeinen Schaden anhaftet". Hier geht es ihm anstelle der in der Wirtschaftskrise erwiesenermaßen unzureichenden *Versicherung* gegen Arbeitslosigkeit um den Vorschlag eines *kollektiven Anspruchs* der arbeitenden Menschen auf einen ausreichenden und gerechten Anteil am Sozialprodukt im fortbestehenden Kapitalismus, der durch ihre Arbeitsbereitschaft legitimiert ist und von der Kapitalseite aufzubringen wäre (Tönnies 1935a, S. 76ff./1998, TG 22, S. 439ff.). Auch der *paternalistische Gedanke eines fremdbestimmten obrigkeitsstaatlichen Wohlfahrtsstaates bismarckschen Musters* wird in dieser Konzeption ebensowenig wie bisher fortgeführt, sondern Tönnies hebt explizit auf die *Urteilsfähigkeit und den Anspruch* der „gesamten Arbeiterschaft als Klasse" ab, dafür kollektiv einen „nach ihrem eigenen Urteil angemessenen Anteil am Jahresprodukt von Boden und Arbeit" festzulegen (Tönnies 1935a, S. 76f./1998, TG 22, S. 439). Womit diese durch die ökonomische Partizipationsbereitschaft in der wohlstandsermöglichenden arbeitsteiligen Gesellschaft prinzipiell gerechtfertigte soziale Sicherung die Verhandlungsposition der „grossen Menge des arbeitenden Volkes", die vom Verkauf ihrer Arbeit leben muß, kräftigen und ihr damit auch die reale, nicht nur eine formale gesellschaftliche und politische Beteiligung und einen egalitären Gebrauch ihrer politischen Rechte eher ermöglichen und in einem zugleich ihre ökonomische und politische Selbstbestimmung und Urteilskraft schulen und stärken würde (Tönnies 1935a, S. 76ff./1998, TG 22, S. 439ff.). Die Ausbildung der eigenen Urteils- und Kooperationsfähigkeit der arbeitenden Menschen und vornehmlich der Arbeiterklasse, damit *ihrer Koalitionsfähigkeit und Eigenständigkeit* ist im Übrigen auch der politische Weg überhaupt, ihre sozialen Interessen als weitaus überwiegenden *gesellschaftlichen* Machtfaktor zur Geltung zu bringen und gleichzeitig *zur Wiedergewinnung gemeinschaftlicher Akzente in der modernen Gesellschaft* beizutragen,[65] wie andererseits die Machtgenese auf „nicht geringe gemeinschaftliche Elemente" schon in der solidarischen und kollektiven „Anlage" der Arbeiter- und Gewerkschaftsbewegung bauen kann

---

65 So schreibt Tönnies im zeitlichen und inhaltlichen Kontext seines Verfassungsentwurfs in ‚Fortschritt und soziale Entwicklung' klar über den Zusammenhang von Volks- und Machtbildung der Arbeitermassen: Das „arbeitende, hoffende, jugendliche *Proletariat*" sei die „Klasse, die heute das Volk in seiner Kraft und Mannigfaltigkeit noch am reinsten darstellt; die [..] nach Unterricht und Erziehung wie nach politischer Macht" strebe (Tönnies 1926a, S. 98; vgl. Przestalski 1991, S. 473).

(Tönnies 1925a, S. 193). Und die kollektive Festlegung des „angemessenen Anteils" (Tönnies 1935a, S. 77/ 1998, TG 22, S. 439) durch die Arbeiterschaft selbst und nicht durch sie fremdbestimmende ‚Experten' ist *einerseits* unabdingbar auch ein gemeinschaftsförderndes Element der lohnabhängigen Menschen unter einander, wie *andererseits* die durch die gesellschaftliche Durchsetzung dieses rechtlichen Anspruchs auf einen Sozialproduktanteil erreichbare Absicherung eine massive Stärkung ihrer – ökonomischen – Verhandlungsposition innerhalb der Gesellschaft bewirken würde. Das wiederum könnte es ihnen ermöglichen, den demokratischen Staat auch als den ihren zu verstehen und ihn deshalb zu verteidigen und ihn nicht bloß als eine Instanz zu erleben, die ihnen gegenüber stetig die Interessen einer Minderheit von Kapitaleignern und Finanzmagnaten durchsetzt. So wäre es in der Folge wenigstens denkbar, darüber weit hinausgehend im Staat die Züge der politischen Gemeinschaft auszubauen. Durch mehr Gemeinschaft der ‚einfachen Menschen' können diese also innerhalb der Gesellschaft machtvoller agieren und sich idealerweise zum politisch bestimmenden Machtfaktor entwickeln, was den Anspruch der Demokratie erfüllen würde. Tönnies' auch sozialpolitisch demokratisierte Konzeption, die grundsätzlich auf ihrer Aktivität beruht, beabsichtigt nicht nur – wie noch eher im 19. Jahrhundert (oder im 20. Jahrhundert innerbetrieblich) – ihren politisch-gesellschaftlichen Mitwirkungswillen, sondern jetzt auch klar ihren an den realen Möglichkeiten sowie an der Bewahrung und Entwicklung des politischen Körpers orientierten politischen Durchsetzungswillen zu fördern. Es ist ein Rückgriff auf die antike Erfindung von Demokratie und die damit übereingehende, nach innen pazifizierende Politik, mit der die Handwerker und Banausen Athens sich als Macht ins Spiel brachten und die Demokratie substantiell erst erfanden, indem sie die breitere politische Partizipation (oder deren Versprechen) nicht mehr nur den adligen Eliten als Mittel zur Gewinnung von mehr Anhängern im Wettkampf mit adligen Konkurrenten (wie Kleisthenes versus Isagoras) überließen. *Politik und Macht entstehen hier als soziale Innovation gegen die tradierte und in der Menschheitsgeschichte vorherrschende Elitenherrschaft.* Dies ist der historische Hintergrund, den Tönnies reflektiert aufnimmt und auf den, wie Rudolf Heberle in anderem Zusammenhang sagt, „Gegensatz" des Volkes „zu den alten und neuen Herrenschichten" hinweist (Heberle 1959/1987, S. 46). Auf diese Weise setzt er nicht mehr einerseits *allein* sozialpolitisch auf die Mitbestimmung der in Gewerkschaften organisierten arbeitenden Menschen, indem diese Beteiligung ohne Berücksichtigung der Mehrheitsregel auf den Betrieb eingeschränkt ist (vgl. näher Friedrich Fürstenberg 1991). Sondern andererseits vor allem auch auf die Stärkung ihrer Selbstorganisation mittels der genossenschaftlichen Verbindung zu Produktions- und Konsumgenossenschaften resp. – wie Perry H. Howard hervorhebt – auch auf den Aufbau eines „,cooperative commonwealth' from the base up" (Howard 1991, S. 437) anstatt eines wohlfahrtsstaatlichen Etatismus', was manche Interpreten gewundert hat. Und wenn er in seinem Text von 1935 den Gedanken der Versicherung aufgreift, so will er hier gleichfalls – wie schon in seinem Grundtext von 1917 (Tönnies 1917b) – in der modernen Gesellschaft konsequent zwar an die „Form der Versicherung" anschließen, aber sie eben nicht unverändert lassen, sondern sie durch Elemente der kollektiven Selbstbestimmung – also gemeinschaftlich – entscheidend modifizieren. *Das eben ist das „energische"* – auf den Sinn der sozialen Kooperation und die Gerechtigkeit zielende – *Element* dessen, was er als „Fortsetzung der bewährten Sozialpolitik" versteht (Tönnies 1935a, S. 77/1998, TG 22, S. 440, Hervh. v. mir, CSK).

Auch sozialpolitisch, nicht nur politisch knüpft Tönnies jetzt wieder an Aristoteles an, wenn er dessen sehr bekannten systematischen Grundgedanken zur Klassifizierung politischer Ordnungsmodelle fortführt, indem die kooperativ ermöglichten Wohlfahrtsgewinne breiter verteilt und die sogenannten ‚unteren' Bürgerinnen und Bürger damit abgesichert werden sollen, anstatt sie beständig in Unsicherheit zu halten und sie unter ökonomischen Druck zu setzen und damit erpreßbar und überdies anfällig für antidemokratische Vorschläge zu machen, die ihre sozial unsichere Lage ausbeuten (vgl. Clausen 2006, S. 15). In der *Ergänzung solcher Ideen folgert* Manfred Lauermann aus tönniesschem Gedankengut den – eher gemeinschaftlichen – Schutz der Menschen im Alter und bei Arbeitsunfähigkeit durch eine staatlich „garantierte Grundrente" statt einer nur gesellschaftlichen Versicherungsrente (Lauermann 2006, S. 130), was sich bei Tönnies jedoch nur indirekt findet, wenn er in seiner Betrachtung über das Versicherungswesen konzediert, daß die „Sozialversicherung [...] einen soweit von der geschäftlichen Versicherung entfernten Charakter [hat], daß bekanntlich die Jurisprudenz abgeneigt ist, jene wegen des obligatorischen Moments, das ihr wesentlich anhaftet, als eine Versicherung im Rechtssinne gelten zu lassen", und der Staat „endlich seine eigenen Mittel, also die Gesamtheit der Steuerzahler, dafür in Anspruch [nimmt]" (Tönnies 1917b, S. 615).

Kommunikation ist für Aristoteles das entscheidende Moment der Politik und ermöglicht überhaupt erst die Begründung, Vereinigung zu politischen Körpern (vgl. ~335 v. Chr.?, 1253a17f.). Was im Medium der Theorie die neue machtgenerierende Verbindung von politischen Subjekten im Unterschied zu äonenalter hierarchischer Herrschaft reflektiert. Im Unterschied zu dieser Typenbildung ist die Realität auch in dieser Hinsicht von Mischungsverhältnissen, hier von Politik und Herrschaft gekennzeichnet (vgl. etwa GuG, III., § 29).

Die griechische Tragödie zeigt die Kosten auf – wenn die Kommunikation in der Expertenherrschaft schwindet, das Vertrauen sich in den Delegationsketten und unterschiedlichen Arenen verflüchtigt, dann werden Politik und Demokratie sukzessive verabschiedet und Herrschaft gewinnt wieder die Oberhand. In der griechischen Klassik gilt die Redefreiheit, die sich vom Mitsprechendürfen zur inhaltlich gleichen Redefreiheit auch der sozial unteren Bürger entwickelte, geradezu als der Garant – der Schild – der demokratischen Ordnung (vgl. Raaflaub 1980). Sophokles zeigt 441 v. Chr. in seiner ,Antigóne' einem breiten Bürgerpublikum auf, daß der Kommunikationsabbruch, die Kommunikationsunfähigkeit und der Verzicht auf Verständigung und Konsensbildung, wie er ihn im mißlingenden Dialog von Kreon und seinem Sohn Haimon exemplarisch vorführt, seinen Protagonisten tragisches Leid beschert und die Polis in einer Negativ-Spirale durch den Selbstlauf von archaischen Freund-Feind-Zuschreibungen anstelle von rationaler Analyse und politischer Erwägung grundsätzlich gefährdet, den bürgerschaftlichen Zusammenhalt auflöst, d.h. Politikverdrossenheit, Desinteresse an der politischen Gemeinschaft und gesellschaftlichen Egozentrismus zur Folge hat.

Sophokles verdeutlicht die Ungeheuerlichkeit im Menschen auch als die Abgründigkeit, die es diesem ermöglicht, seine Tugend für den Machtmißbrauch zu nutzen. Das reflektiert im Gegenbild auch Aristoteles, indem zumindest auf der unteren Ebene einer Nutzengemeinschaft die gemeinsame und wenigstens halbwegs symmetrische Nutzung der durch die soziale und die politische Gemeinschaft ermöglichten Wohlfahrtsgewinne die Bedingung von Eintracht und damit eine Stabilitätsbedingung für die politische Gemeinschaft ist, und insofern in seiner Staatsformenlehre ein Differenzkriterium von guten und schlechten Regierungsformen. Grundbegrifflich spiegelt sich diese Idee bei Tönnies in der Bejahung der sozialen Kooperation, die gefährdet ist, wenn die Asymmetrien so groß werden, daß ein solcher Ertrag für alle den Akteuren nicht mehr möglich zu sein scheint. Woraus schon für Aristoteles, aber auch für Tönnies zu folgern ist, die gesellschaftliche Mitte zu stärken und Wohlfahrtsgewinne vielen zugänglich zu machen. Die politische Gemeinschaft wird damit bei beiden als für Vernunftwesen grundsätzlich nachvollziehbar und verallgemeinerbar behandelt und vor allem der rationalen Beurteilung durch potentiell alle politischen Subjekte unterzogen

In Aristoteles' ,Politik', sagt Eckart Schütrumpf in seinem großen Kommentar plausibel, wird schon der Gedanke der menschlichen Rechtsgemeinschaft, als der politischen Gemeinschaft, von Aristoteles vorbereitet: Es ist der „Fortschritt vom Mitteilen zum Teilen, communication zu community" (Schütrumpf 1991, S. 213). „Nun hat der Mensch als einziges Lebewesen Sprache,...die Sprache dient aber dazu, das Nützliche und Schädliche, und daher auch das Gerechte und Ungerechte, darzulegen [...]. Die Gemeinschaft in diesen Dingen begründet Haushalt und Staatsverband" (Aristoteles [~335 v. Chr.?], 1253a9ff.). Die „natürliche Denkgemeinschaft" sprachfähiger und namenbildender Wesen ist wiederum für Tönnies die natürliche Wurzel der Gemeinschaft, wie er bereits 1887 in der ersten Vorrede zu ‚Gemeinschaft und Gesellschaft' unterstreicht (Tönnies 1887/1979: XVII). Und im Paragraphen 9 seiner ‚Theorie der Gemeinschaft' fährt er fort: „Gegenseitig-gemeinsame, verbindende Gesinnung, als eigener Wille einer Gemeinschaft, ist das, was hier als *Verständnis* (consensus) begriffen werden soll [...]. Und weil alles Triebhafte im Menschen mit Vernunft verbunden ist und die Anlage der Sprache voraussetzt, so kann sie auch als der Sinn und die Vernunft eines solchen Ver-hältnisses begriffen werden. [...] Das wahre Organ der Verständnis, worin sie ihr Wesen entwickelt und ausbildet, ist die Sprache selber [...]" (GuG I, § 9, 1887/1979, S. 17; vgl. Howard 1991, S. 432). „In Wahrheit ist sie selber [die Sprache, CSK] mit allem, was sie in sich trägt und verkörpert, ein volkverbindendes, volkbegrün-dendes Element" (Tönnies 1919, S. 198). Die Sprachfähigkeit ist damit für Tönnies mit Aristoteles die natürliche Wurzel der Gemeinschaft: *Deren Herstellung aber bedarf der politischen und sozialen Tat und dafür der Entscheidung der Subjekte,* wie Aristoteles ausführt, an den Tönnies anknüpft: „Von Natur lebt aber in allen ein Drang nach einer solchen Gemeinschaft. Derjenige, der sie als erster gebildet hat, ist der Urheber größter Güter" (Aristoteles [~335 v. Chr.?], 1253a30ff.). Von selbst, autochthon, entsteht keine politische Gemeinschaft. Wie im Chorlied der *Antigóne* führt Aristoteles in Buch I.2 der ‚Politik' dann weiter aus: ohne „Ge-setz und Recht" aber ist der Mensch aufgrund seiner Tüchtigkeit und Waffen das schlimmste Lebewesen. „Der Mensch hält aber von Natur aufgrund seiner Klug-heit und charakterlichen Vorzüge Waffen in Händen, die besonders zu einander entgegengesetzten Zwecken gebraucht werden können".

Es verwundert also nicht, daß Tönnies – der sich im Laufe seiner praktischen und theoretischen Beschäftigung mit der Politik vom Platonischen Herrschafts-denken, vom Philosophen- und Expertenherrscher (auch wenn der ein sozialis-tisch-wohlmeinender wäre), insofern vom Kadermodell freigemacht hat – im Zuge seiner Aufwertung des aristotelischen Realismus ein kommunikatives Poli-tikmodell entwickelt. Bereits seine ‚Theorie der Gemeinschaft' in ‚Gemeinschaft und Gesellschaft' von 1887 verdankt Aristoteles ihren Aufbau, bedenkt man etwa dessen sozial-politische Freundschaftsformenstufung: Lust-, Nutzen- und geistige Tugendfreundschaft. So wird auch die Gemeinschaftskategorie von Tönnies nicht natural-substantialistisch verengt, sondern eher mentalistisch auf der Grundlage eines rational-akteursorientierten Handlungsbegriffs als z.T. sehr widersprüchli-che, mit seinen Worten, „Einheit des Differenten" aufgefaßt, die allerdings durch ein Übermaß an Ungleichheit resp. Differenz „aufgehoben" werden würde und also normativ Gerechtigkeitserwartungen als Maßstab der Kooperation impliziert (GuG I., § 8, S. 16).[66] Jedoch nicht nur die Sozialformengenese, sondern auch die *innere Beschaffenheit und Entwicklung* der für diese grundlegenden Willensformen Tönnies' ,vegetativ, animalisch, mental' ist an Aristoteles und dem sozialkonsensualen Maß der Mitte orientiert. In diesem aristotelischen Kontext seiner Theorie impliziert Kommunikation, Sprache desgleichen ein Telos auf Verständigung und Übereinkunft mit Kosubjekten und ist grundsätzlich nicht nur formal, sondern auch inhaltlich der *gemeinschaftliche Grund aller wahren Politik*, zu deren Erfassung sich seine Theorie aber erst sukzessiv entwickelt. Insofern bietet das Gemeinschafts-*und*-Gesellschaft-Theorem Tönnies' wenigstens Ansätze für eine Theorie der politischen Gemeinschaft, deren kommunikatives, konsensorientiert integrierendes und nach innen pazifizierendes Politikkonzept er der altgriechischen Tradition entlehnt und später in elaborierter Form der modernen Demokratie modifiziert empfiehlt. Dies wäre eine politische Theorie *gesellschaftlicher Selbstreflexion*, die in einem Rückgriff auf *gemeinschaftliche Handlungsmotive* diese nicht nur pseudo-gemeinschaftlich, sondern substantiell, gleichsam *in zweiter Ordnung reintegriert* und sie durch Vorschläge zur Stärkung gemeinschaftlicher Handlungsmuster in der Gesellschaft stabilisiert und damit die *vertragliche gesellschaftliche Friedensstiftung grundlegend erweitert* und absichert. In seinen systematischen Grundlagen entfaltet er hiermit auch eine Konzeption von Politik und Öffentlichkeit in einem.

---

66 Auf diese elaborierte Tönniessche Wesensbestimmung der Gemeinschaft anstelle archaisierender oder romantisierender Homogenitätsillusionen einerseits und die gesellschaftliche Vereinheitlichung des Differenten resp. der „Einheit trotz Differenz" andererseits hat Peter-Ulrich Merz-Benz in seinen Arbeiten immer wieder erhellend hingewiesen, z.B. Merz-Benz 1990, S. 49f.; Merz-Benz 1991a, S. 43, 45; vgl. Merz-Benz 1991b. Eine konkurrierende Lesart – jedenfalls in dieser Frage – im „Gemeinwesen der Gemeinschaft", d.h. der politischen Seite der Gemeinschaft, eine romantisierende Tönniessche Zuschreibung von „Homogenität" zu erblicken (Bond 2008, S. 155), die diese mit Rousseau und Novalis verbinde, was es Konservativen und Reaktionären ermöglicht habe, Tönnies' Gemeinschaftskategorie gleichsam kontraintentional aufzugreifen, soll aber nicht unterschlagen werden. Für eine solche, dekonstruktiv die Rezeptionsgeschichte einbeziehende Auffassung spricht, daß schon Romantiker auch konstruktiv gearbeitet haben und doch nicht vor solchen Zugriffen gefeit waren. Was aber die von Merz-Benz systematisch ertragreich aufgegriffene *Wesensbestimmung der Gemeinschaft* als „Einheit des Differenten" (GuG I. § 8., S. 16) inhaltlich doch nicht widerlegt.

Literatur

Aristophanes. 405 v. Chr. *Bátrachoi*. Angeführt nach Aristophanes. 1968. Die Frösche. In Aristophanes. *Antike Komödien*, hrsg. und übers. Hans-Joachim Newiger (Neubearbtg. der Übers. von Ludwig Seeger), 463-524. München: Winkler-Verlag.

Aristoteles. [~335 v. Chr.?]. Politiká [Buch I]. In Aristoteles. 1991. *Politik. Buch I*, ed. von Eckart Schütrumpf, 9-33. Berlin: Akademie Verlag [= Werke in deutscher Übersetzung 9.1].

Bickel, Cornelius. 1987. Tönnies' Theorie der Rationalität. In *Symbol, Bewegung, Rationalität. Zum 50. Todestag von Ferdinand Tönnies*, hrsg. Carsten Schlüter [-Knauer], 56-152. Würzburg: Königshauen+Neumann.

Bickel, Cornelius. 1988. Tönnies in Hamburg (1894-1901). Skeptische Aufklärung in Theorie und Praxis. In *Wege zum Sozialen. 90 Jahre Soziologie in Hamburg*, hrsg. Rainer Waßner, 25-48. Opladen: Leske+Budrich.

Bickel, Cornelius. 1997. Tönnies' Auffassung von Staat und Politik. *Tönnies-Forum* 6 (1): 23-62.

Bleistein, Roman (Hrsg.). 1987. *Dossier: Kreisauer Kreis. Dokumente aus dem Widerstand gegen den Nationalsozialismus. Aus dem Nachlaß von Lothar König S.J.* Frankfurt am Main: Verlag Josef Knecht.

Blüm, Norbert Sebastian. 1967. *Willenslehre und Soziallehre bei Ferdinand Tönnies*. Diss., Universität Bonn, 1967.

Böckenförde, Ernst-Wolfgang. 1991. Der Begriff des Politischen als Schlüssel zum staatsrechtlichen Werk Carl Schmitts. In Ernst-Wolfgang Böckenförde. *Recht, Staat, Freiheit. Studien zur Rechtsphilosophie, Staatstheorie und Verfassungsgeschichte*, 344-366. Frankfurt am Main: Suhrkamp Verlag.

Bond, Niall. 2006. Ferdinand Tönnies und der Sozialstaat. In *Neuordnung der Sozialen Leistungen*, hrsg. Uwe Carstens et al., 379-404. Norderstedt: Books on Demand GmbH.

Bond, Niall. 2008. Ferdinand Tönnies und die Politik. In *Verfassung, Verfasstheit, Konstitution*, hrsg. Uwe Carstens et al., 151-165. Norderstedt: Books on Demand GmbH.

Bousset, Hermann. 1920. *Adolf Damaschke und sein Lebenswerk*. Berlin: Verlag der Jugendlese.

Brentano, Lujo [Ludwig Josef]. 1923. *Der Kampf gegen den Achtstundentag. Eine Reihe in der Zeitschrift ‚Die Soziale Praxis' erschienener Aufsätze, gesammelt und mit Genehmigung des Verfassers, Herrn Prof. Lujo Brentano herausgegeben*. Berlin: Verlagsgesellschaft des Allgemeinen Deutschen Gewerkschaftsbundes m.b.H. [zuerst 1923 u.d.T. Der Ansturm gegen den Achtstundentag und die Koalitionsfreiheit der Arbeiter. *Soziale Praxis und Archiv für Volkswohlfahrt* 32: 419-424, 451-456, 459-505, 515-520, 551-554.].

Büttner, Ursula. 2008. *Weimar. Die überforderte Republik 1918-1933*. Stuttgart: J.G. Cotta'sche Buchhandlung Nachfolger GmbH.

Carstens, Uwe. 2005. *Ferdinand Tönnies. Friese und Weltbürger. Eine Biografie*. Norderstedt: Books on Demand GmbH.

Carstens, Uwe. 2013. *Ferdinand Tönnies. Friese und Weltbürger. Eine Biographie*. Bräist/Bredstedt: Verlag Nordfriisk Institut [2., veränderte Aufl. von Carstens 2005].

Clausen, Lars. 2006. Anregungen zur Neuordnung der sozialen Leistungen. In *Neuordnung der Sozialen Leistungen*, hrsg. Uwe Carstens et al., 9-19. Norderstedt: Books on Demand GmbH.

Clausen, Lars. 2008. Drei soziologische Anläufe in der Verfassungskrise. In *Verfassung, Verfasstheit, Konstitution*, hrsg. Uwe Carstens et al., 23-39. Norderstedt: Books on Demand GmbH.

Marquis de Condorcet, Marie-Jean-Antoine-Nicolas Caritat. L'An III de la République une et indivisible [1795]. *Esquisse d'un Tableau Historique des Progrès de l'Esprit Humain.* Paris: Chez Agasse, rue de Poitevins, No 13. Angeführt nach Marquis de Condorcet. 1976. *Entwurf einer historischen Darstellung der Fortschritte des menschlichen Geistes,* hrsg. Wilhelm Alff, übers. Wilhelm Alff in Zusammenarbeit mit Hermann Schweppenhäuser. Frankfurt am Main: Suhrkamp Taschenbuch Verlag [zuerst 1963. Köln: Europäische Verlagsanstalt].

Marquis de Condorcet, [Marie-Jean-Antoine-Nicolas Caritat]. 2010. *Freiheit, Revolution, Verfassung. Kleine politische Schriften*, hrsg. Daniel Schulz. Berlin: Akademie Verlag GmbH.

Conze, Werner. 1957. Nachwort zur Neuausgabe. In Robert Michels. *Soziologie des Parteiwesens*, 379-406. Stuttgart: Alfred Kröner Verlag.

Deeg, Jürgen / Weibler, Jürgen. 2008. *Die Integration von Individuum und Organisation.* Wiesbaden: VS Verlag für Sozialwissenschaften.

Deutsche Gesellschaft für ethische Kultur. 1894. Der Gesellschaftstag in Berlin. *Ethische Kultur* 2 (20.10.1894): 335-336.

Duverger, Maurice. 1959. *Die politischen Parteien*, hrsg. Siegfried Landshut. Tübingen: J.C.B. Mohr (Paul Siebeck).

Erdozain, Ana Isabel. 2005. Die Rolle der Öffentlichen Meinung beim Aufbau der Sozialpolitik. Problematik einer gesellschaftlichen Instanz zwischen Billigung und Verurteilung der Politik und Gesetzgebung. In *Öffentliche Meinung zwischen neuer Wissenschaft und neuer Religion. Ferdinand Tönnies ,Kritik der öffentlichen Meinung' in der internationalen Diskussion*, hrsg. Rolf Fechner et al., 211-230. München / Wien: Profil-Verlag.

Erdozain, Ana Isabel. 2006. Die Vergesellschaftung und die Neuordnung der sozialen Leistungen. In *Neuordnung der Sozialen Leistungen*, hrsg. Uwe Carstens et al., 175-196. Norderstedt: Books on Demand GmbH.

Friedrich, Carl Joachim. 1937. *Constitutional Politics and Government. Nature and Development.* New York: Harper & Brothers Publishers.

Friedrich, Carl Joachim. 1963. *Man and his Government. An Empirical Theory of Politics.* New York / San Francisco / Toronto / London: McGraw-Hill Book Comp., Inc.

Friedrich, Carl Joachim. 1970. *Politik als Prozeß der Gemeinschaftsbildung. Eine empirische Theorie*, [dt. Übersetzung von Teil II-VI – übertragen von Edith Kaiser u. Carl Joachim Friedrich – von Friedrich 1963]. Köln / Opladen: Westdeutscher Verlag GmbH.

Fritzsche, Klaus. 1976. *Politische Romantik und Gegenrevolution. Fluchtwege in der Krise der bürgerlichen Gesellschaft: Das Beispiel des >Tat<-Kreises.* Frankfurt am Main: Suhrkamp Verlag.

Fürstenberg, Friedrich. 1991. Ferdinand Tönnies und die industriellen Arbeitsbeziehungen. In *Hundert Jahre ,Gemeinschaft und Gesellschaft'. Ferdinand Tönnies in der internationalen Diskussion*, hrsg. Lars Clausen und Carsten Schlüter[-Knauer], 465-470. Opladen: Leske + Budrich.

Gierke, Otto Friedrich [von]. 1881. *Das deutsche Genossenschaftsrecht. Dritter Band. Die Staats- und Korporationslehre des Altertums und des Mittelalters und ihre Aufnahme in Deutschland*, Berlin: Weidmannsche Buchhandlung [1954. Photomechanischer Nachdruck. Darmstadt: Wissenschaftliche Buchgemeinschaft].

Haselbach, Dieter. 2000. Editorischer Bericht. In *Ferdinand Tönnies. Gesamtausgabe Band 15. 1923-1925* [= TG 15], hrsg. Dieter Haselbach, 625-711. Berlin und New York: Walter de Gruyter Verlag.

Heberle, Rudolf. 1959. Ferdinand Tönnies und die sozialen Bewegungen. Soziale Welt 10: 1-7. Angeführt nach 1987. *Symbol, Bewegung, Rationalität. Zum 50. Todestag von Ferdinand Tönnies*, hrsg. Carsten Schlüter[-Knauer], 42-55. Würzburg: Königshausen + Neumann.

Heller, Hermann. 1934. *Staatslehre*, posthum hrsg. von Gerhart Niemeyer, Leiden: A.W. Sijthoff's Uitgeversmaatschappij N.V. Angeführt auch nach Heller. [2]1992. Staatslehre. In *Gesammelte Schriften. Dritter Band. Staatslehre als politische Wissenschaft*, hrsg. Christoph Müller in Verbindung mit Martin Drath et al., 79-410. Tübingen: J.C.B. Mohr (Paul Siebeck).

Hellwig, Fritz. 1936. *Carl Freiherr von Stumm-Halberg. 1836-1901*. Heidelberg-Saarbrücken: Westmark-Verlag G.M.B.H.

Herkner, Heinrich. 1923. Sozialpolitische Wandlungen in der wissenschaftlichen Nationalökonomie. *Der Arbeitgeber* 13 (3): 34-35.

Heuss, Theodor. 1937/1968. *Friedrich Naumann. Der Mann, das Werk, die Zeit*. Stuttgart: Deutsche Verlags-Anstalt [[1]1937]. Angeführt nach der 3. Aufl. 1968, hrsg. Alfred Milatz. München/Hamburg: Siebenstern Taschenbuch Verlag. [[3]1968].

Hobbes, Thomas. 1651. *Leviathan, or The Matter, Forme, & Power of a Common-Wealth Ecclesiasticall and Civill*. London: Andrew Crooke. Angeführt nach dem Reprint der Erstausgabe 1909/1967 u. d. T.: *Hobbes's Leviathan*. Oxford: Oxford University Press.

Höffding, Harald. 1890. Social Pessimisme. *Tilskueren*: 464-477. Angeführt nach Harald Höffding. 1989. Sozialer Pessimismus, übers. Lise Tönnies. In *Ferdinand Tönnies / Harald Höffding. Briefwechsel*, hrsg. Cornelius Bickel und Rolf Fechner, 294-305. Berlin: Duncker & Humblot.

Horkheimer, Max und Erich Fromm, Herbert Marcuse et al. 1936. *Studien über Autorität und Familie. Forschungsberichte aus dem Institut für Sozialforschung*, Paris: Librairie Félix Alcan [= Schriften des Instituts für Sozialforschung, Bd. 5]. Angeführt nach [2]1987. Reprint mit einer Vorbemerkung zur Neuauflage von Ludwig von Friedeburg. Lüneburg: Dietrich zu Klampen Verlag.

Howard, Perry H. 1991. Tönnies and Habermas: The Telos of Community, Public Opinion and the Public Sphere. In *Hundert Jahre ,Gemeinschaft und Gesellschaft'. Ferdinand Tönnies in der internationalen Diskussion*, hrsg. Lars Clausen und Carsten Schlüter[-Knauer], 419-438. Opladen: Leske + Budrich.

Hugler, Klaus. 2005. Adolf Damaschke: Politiker, Bodenreformer und Pädagoge – ein soziales Vermächtnis. In *Adolf Damaschke und Henry George – Ansätze zu einer Theorie und Politik der Bodenreform*, hrsg. Klaus Hugler / Wolfgang Diefenbacher (unter Mitarbeit Judith Baumgartner / Alan Nothnagle), 17-43. Marburg: Metropolis-Verlag.

Ignotus [Pseudonym von Ferdinand Tönnies]. 1894. Ausnahmegesetze! *Ethische Kultur. Wochenschrift für sozial-ethische Reformen* 2 (2.9.1894): 278-279.

Jacoby, Eduard Georg. 1970. *Philosophie und Soziologie. Ferdinand Tönnies' wissenschaftlicher Weg*. Kiel: Verlag Ferdinand Hirt.

Jacoby, Eduard Georg. 1971. *Die moderne Gesellschaft im sozialwissenschaftlichen Denken von Ferdinand Tönnies*. Stuttgart: Ferdinand Enke Verlag. Seitenidentische 2. Auflage 2013. Mit Nachwort neu hrsg. Arno Bammé, München / Wien: Profil Verlag.

Johannsen, Albert. [28.4.1908]. [Brief an Ferdinand Tönnies]. Aus *Nachlass Ferdinand Tönnies in der Schleswig-Holsteinischen Landesbibliothek zu Kiel (SHLB)*, Cb54.56. Angeführt nach Jacoby. 1971/2013: 306.

Kellmann, Klaus. 2010. *Friedrich Paulsen und das Kaiserreich*. Neumünster: Wachholtz Verlag.

Knoch, Uwe. 1989. Die deutschen Sozialdemokraten und Ferdinand Tönnies. *Studien zur Philosophie und Gesellschaftstheorie des 19. und 20. Jahrhunderts* 11: 106-116.

Lamprecht, Rolf. 2011. *Ich gehe bis nach Karlsruhe. Eine Geschichte des Bundesverfassungsgerichts*. München: Deutsche Verlags-Anstalt.

Lauermann, Manfred. 2006. Das Schwanken des Sozialstaats zwischen Gemeinschaft und Gesellschaft. In *Neuordnung der Sozialen Leistungen*, hrsg. Uwe Carstens et al., 111-158. Norderstedt: Books on Demand GmbH.

Legien, Carl. 1897. *Der Streik der Hafenarbeiter und Seeleute in Hamburg-Altona*. Hamburg: Verlag der Generalkommission der Gewerkschaften Deutschlands.

Lepsius, Mario Rainer. 1966. Parteiensystem und Sozialstruktur. In *Wirtschaft, Geschichte und Wirtschaftsgeschichte. Festschrift zum 65. Geburtstag von Wilhelm Lütge*, hrsg. Wilhelm Abel et al., 371-393. Stuttgart: Gustav Fischer.

Liebersohn, Harry. 1991. ‚Gemeinschaft und Gesellschaft' und die Kritik der Gebildeten am deutschen Kaiserreich. In *Hundert Jahre ‚Gemeinschaft und Gesellschaft'. Ferdinand Tönnies in der internationalen Diskussion*, hrsg. Lars Clausen und Carsten Schlüter[-Knauer], 17-30. Opladen: Leske + Budrich.

Mehring, Franz. 1892-93. Allerlei Ethik. Berlin, 16. November 1892. *Die Neue Zeit. Revue des geistigen und öffentlichen Lebens* 11, 1. Band (9): 265-270.

Merz-Benz, Peter. 1990. Die Entstehung der sozialen Gemeinschaft als Entnaturisierung der Natur – ein Aspekt der Begriffstheorie von Tönnies. In *Renaissance der Gemeinschaft? Stabile Theorie und neue Theoreme*, hrsg. Carsten Schlüter[-Knauer] und Lars Clausen, 47-63. Berlin: Duncker & Humblot GmbH.

Merz-Benz, Peter. 1991a. Das Werden der Sozialwelt aus dem Allzusammenhang der natürlichen Lebenserhaltung. Die Tönniessche Variante einer emanatistischen Erkenntnistheorie. In *‚Ausdauer, Geduld und Ruhe'. Aspekte und Quellen der Tönnies-Forschung*, hrsg. Lars Clausen, Carsten Schlüter[-Knauer] unter Mitarbeit von Rolf Fechner, 31-48. Hamburg: Rolf Fechner Verlag.

Merz-Benz, Peter. 1991b. Die begriffliche Architektonik von „Gemeinschaft und Gesellschaft". In *Hundert Jahre ‚Gemeinschaft und Gesellschaft'. Ferdinand Tönnies in der internationalen Diskussion*, hrsg. Lars Clausen und Carsten Schlüter[-Knauer], 31-64. Opladen: Leske + Budrich

Michels, Robert. 1911. *Zur Soziologie des Parteiwesens in der modernen Demokratie. Untersuchungen über die oligarchischen Tendenzen des Gruppenlebens*. Leipzig: Verlag von Dr. Werner Klinkhardt. Angeführt nach dem Neudruck der zweiten Aufl. 1925 = 3. Aufl. 1957, hrsg. Werner Conze. Stuttgart: Alfred Kröner Verlag.

Mill, John Stuart. 1859. *On Liberty*. London: John W. Parker and Son, West Strand. Angeführt nach John Stuart Mill. 1928. *Über die Freiheit*. Essay, übers. Else Wentscher. Hamburg: Felix Meiner Verlag (hier nach der Ausgabe 1991. Leipzig und Weimar: Gustav Kiepenheuer Verlag).

Mill, John Stuart. 1861. *Considerations on Representative Government*. London: Parker, Son, and Bourn, West Strand. Angeführt nach John Stuart Mill. 1873. *Betrachtungen über die Repräsentativ-Regierung*, hrsg. Theodor Gomperz, von Mill autorisiert übers.

Eduard Wessel. In *John Stuart Mill's Gesammelte Werke, Achter Band*. Leipzig: Fues's Verlag (R. Reisland). Und nach John Stuart Mill. 2013. *Betrachtungen über die Repräsentativregierung*, hrsg. Hubertus Buchstein und Sandra Seubert, übers. Hannelore Irle-Dietrich. Berlin: Suhrkamp Verlag.

Moeller van den Bruck, Arthur. 1923. *Das Dritte Reich*. Berlin: Der Ring. Angeführt nach der 3. Aufl. 1931, hrsg. Hans Schwarz. Hamburg: Hanseatische Verlagsanstalt.

Mommsen, Hans. 1994. Der Kreisauer Kreis und die künftige Neuordnung Deutschlands und Europas. *Vierteljahreshefte für Zeitgeschichte* 42 (3): 361-377.

Mommsen, Wolfgang J. 2005. *War der Kaiser an allem schuld? Wilhelm II. und die preußisch-deutschen Machteliten*. Berlin: Ullstein Buchverlage GmbH.

Neumann, Franz Leopold. 1942. *Behemoth: The Structure and Practice of National Socialism*. New York: Oxford University Press. London: Victor Gollancz LTD, ²1943. Second, revised Edition 1944. Toronto et al.: Oxford University Press (Reprint 1963. New York: Octagon Books, Inc.). Angeführt nach der deutschen Übersetzung des Reprints 1976. *Behemoth. Struktur und Praxis des Nationalsozialismus 1933-1944*, übers. Hedda Wagner und Gert Schäfer, hrsg. Gert Schäfer. Köln: Europäische Verlagsanstalt.

Nipperdey, Thomas. 1961. Interessenverbände und Parteien in Deutschland vor dem Ersten Weltkrieg. *Politische Vierteljahresschrift* 2: 262-280.

Normannus [Pseudonym von Ferdinand Tönnies].1895. *Im Namen der Gerechtigkeit! Kritik der Umsturzvorlage*. Berlin: Verlag von Richard Taendler.

Normannus [Pseudonym von Ferdinand Tönnies]. 1908. Liberalismus und Demokratie. *Das freie Wort. Frankfurter Halbmonatsschrift für Fortschritt auf allen Gebieten des geistigen Lebens* 7 (19, 1. Januarheft): 727-732.

Nussbaum, Martha Craven. 1986. *The Fragility of Goodness. Luck and Ethics in Greek Tragedy and Philosophy*. Angeführt nach der überarbeiteten Fassung 2001. Cambridge, UK / New York: Cambridge University Press.

Nussbaum, Martha Craven. 1999. *Gerechtigkeit oder Das gute Leben*, hrsg. Herlinde Pauer-Studer. Frankfurt am Main: Suhrkamp Verlag.

Pasemann, Dieter. 1989. Wissenschaft und Politik im Umfeld von „Gemeinschaft und Gesellschaft". *Studien zur Philosophie und Gesellschaftstheorie des 19. und 20. Jahrhunderts* 11: 20-42.

Poske, Martin. 1999. Die Öffentliche Meinung in der Demokratiekonzeption von Ferdinand Tönnies. *Tönnies-Forum* 8 (3): 2-79.

Przestalski, Andrzej. 1991. Tönnies' Konzeption des Streikes. In *Hundert Jahre ‚Gemeinschaft und Gesellschaft'. Ferdinand Tönnies in der internationalen Diskussion*, hrsg. Lars Clausen und Carsten Schlüter[-Knauer], 471-482. Opladen: Leske + Budrich.

Raaflaub, Kurt A. 1980. Des freien Bürgers Recht der freien Rede. In *Studien zur antiken Sozialgeschichte. Festschrift Friedrich Vittinghoff*, hrsg. Werner Eck et al., 7-57. Köln/ Wien: Böhlau Verlag.

Rode, Horst / Klug, Ekkehard. 1981. Ferdinand Tönnies' Verhältnis zu Nationalsozialismus und Faschismus. In *Ankunft bei Tönnies. Soziologische Beiträge zum 125. Geburtstag von Ferdinand Tönnies*, hrsg. Lars Clausen und Franz Urban Pappi, 250-274. Kiel: Walter G. Mühlau Verlag.

Rode, Horst. 1991. Ferdinand Tönnies und die zeitgenössische Auseinandersetzung mit dem Nationalsozialismus. In *Hundert Jahre ‚Gemeinschaft und Gesellschaft'. Ferdinand Tönnies in der internationalen Diskussion*, hrsg. Lars Clausen und Carsten Schlüter[-Knauer], 505-515. Opladen: Leske + Budrich.

Röhl, John C.G. 1987. *Kaiser, Hof und Staat. Wilhelm II. und die deutsche Politik*. München: C.H. Beck'sche Verlagsbuchhandlung (Oscar Beck).

Rönnpag, Otto. 1997. Ferdinand Tönnies in Eutin. *Tönnies-Forum* 6 (1): 63-74.

Rudolph, Günther. [~1964] 1997. Zur Staatsauffassung von Ferdinand Tönnies [Text von 1964 mit Vorbemerkung, Erläuterungen und Epilog von 1997]. *Tönnies-Forum* 6 (1): 3-23.

Rudolph, Günther. 1965. Ferdinand Tönnies und der Faschismus. *Wissenschaftliche Zeitschrift der Humboldt-Universität zu Berlin. Gesellschafts- und sprachwissenschaftliche Reihe* 14 (3): 339-345. Gekürzter und geringfügig überarbeiteter Neudruck 2002. *Tönnies-Forum* 11 (2): 51-61.

Rudolph, Günther. 2002. Zur Diskussion: Sieg der Vernunft? *Tönnies-Forum* 11 (2): 44-50.

Rüthers, Bernd. 2002. Carl Schmitt als politischer Denker des 20. Jahrhunderts. *Zeitschrift für Rechtsphilosophie* 1: 63-71.

Schildberg-Schroth, Gerhard. 2002. *Szenen zur Kaiserzeit. Ansichten und Aussichten vom 19. zum 20. Jahrhundert*. Münster, Hamburg und London: LIT-Verlag.

Schlüter[-Knauer], Carsten. 1987. Editorische Vorbemerkung des Herausgebers [zu Ferdinand Tönnies' Ansicht der neueren Geschichte]. In *Symbol, Bewegung, Rationalität. Zum 50. Todestag von Ferdinand Tönnies*, hrsg. Carsten Schlüter[-Knauer], 212-216. Würzburg: Königshausen + Neumann.

Schlüter[-Knauer], Carsten. 1988. Ferdinand Tönnies. In *125 Jahre sozialdemokratische Arbeiterbewegung in Schleswig-Holstein*, hrsg. Uwe Danker et al., 385-401. Kiel: Neuer Malik Verlag.

Schlüter-Knauer, Carsten. 2006. Walter Benjamins geschichtsphilosophische Thesen und der politische Ursprung des ‚Zeitkerns der Wahrheit'. In *Politik als Wissenschaft. Festschrift für Wilfried Röhrich zum 70. Geburtstag*, hrsg. Michael Take, 151-160. Berlin: Duncker & Humblot.

Schlüter-Knauer, Carsten. 2008. Die kontroverse Demokratie. In *Verfassung, Verfasstheit, Konstitution*, hrsg. Uwe Carstens et al., 41-86. Norderstedt: Books on Demand GmbH.

Schlüter-Knauer, Carsten. 2011a. Willensfreiheit und politische Subjektivität als Gegenstand der politischen Theorie. In *Life Sciences. Die Neukonstruktion des Menschen*, hrsg. Arno Bammé, 235-262. München/Wien: Profil Verlag.

Schlüter-Knauer, Carsten. 2011b. [Rez. von] Condorcet, Marquis de. Freiheit, Revolution, Verfassung. Kleine politische Schriften. Hrsg. von Daniel Schulz. Berlin. Akademie Verlag 2010. *Politische Vierteljahresschrift* 52 (2): 311-313.

Schlüter-Knauer, Carsten. 2013. Theorie, Empirie, Demokratie. Impulse von Ferdinand Tönnies für die Politische Wissenschaft. In *Kontinuität und Kontroverse. Die Geschichte der Politikwissenschaft an der Universität Kiel*, hrsg. Wilhelm Knelangen und Tine Stein, 257-291. Essen: Klartext-Verlag.

Schmitt, Carl. 1923/²1926. *Die geistesgeschichtliche Lage des heutigen Parlamentarismus*. Angeführt nach der 6. Aufl. als Nachdruck der 2. Aufl. 1926, Berlin 1985: Duncker & Humblot.

Schmitt, Carl. 1928/³1957. *Verfassungslehre*. Angeführt nach der 3., unveränderten Aufl. 1957 Berlin: Duncker & Humblot.

Schmitt, Carl. 1932/1963. *Der Begriff des Politischen. Text von 1932 mit einem Vorwort und drei Corollarien*. Angeführt nach der Ausgabe 1963 [daher der Untertitel]. Berlin: Duncker & Humblot.

Schmitt, Carl. 1938. *Der Leviathan in der Staatslehre des Thomas Hobbes. Sinn und Fehl-schlag eines politischen Symbols.* Hamburg-Wandsbek: Hanseatische Verlagsanstalt. An-geführt nach der Neuauflage 1982, hrsg. Günter Maschke. Köln-Lövenich: ,Hohenheim' Verlag GmbH.

Schütrumpf, Eckart. 1991. Anmerkungen. In Aristoteles. [~335 v. Chr.?]. *Politiká* [Buch I], in ders. *Politik. Buch I*, 173-384. Berlin: Akademie Verlag [= Werke in deutscher Über-setzung 9.1].

Sieg, Ulrich. 2013. *Geist und Gewalt. Deutsche Philosophen zwischen Kaiserreich und Na-tionalsozialismus.* München: Carl Hanser Verlag.

Sophokles. [441 v. Chr.]. Antigóne. Angeführt nach 1995. Antigone. In Sophokles. *Werke in zwei Bänden, Bd. 1*, hrsg. und übers. Dietrich Ebener, 209-258. Berlin: Aufbau-Verlag.

Sternberger, Dolf. 1978. *Drei Wurzeln der Politik.* Angeführt nach der Neuauflage 1984. Frankfurt am Main: Suhrkamp Taschenbuch Verlag.

Thaa, Winfried. 2013. „Stuttgart 21". Krise oder Repolitisierung der repräsentativen De-mokratie. *Politische Vierteljahresschrift* 54 (1): 1-20.

Thukydides. [entstanden nach 430 - 400 v. Chr.]. *Ho pólemos tôn Peloponnesíon kaì At-henaíon.* Angeführt nach der Ausgabe o. J. *Der Peloponnesische Krieg*, übers. August Horneffer, durchges. Gisela Strasburger. Lizenzausgabe Essen: Phaidon Verlag (zuerst 1957. Bremen: Carl. Ed. Schünemann KG).

Tocqueville, Alexis de. 1835. *De la démocratie en Amérique.* Teil 1. 1840. Teil 2. Paris: C. Gosselin. Angeführt nach Alexis de Tocqueville. 1987. Über die Demokratie in Ameri-ka, übers. Hans Zbinden. Teil 1 und 2. Zürich: Manesse-Verlag.

Tocqueville, Alexis de. 1856. *L'Ancien Régime et la Révolution.* Paris: Michel Lévy Frères, Libraires-Éditeurs; Rue Vivienne, 2 Bis. Angeführt nach Alexis de Tocqueville. 1978. *Der alte Staat und die Revolution*, hrsg. Jacob P. Mayer, übers. Theodor Oelckers, durchges. Rüdiger Volhard. München: Deutscher Taschenbuch Verlag (zuerst 1969. Reinbek: Rowohlt Taschenbuch Verlag).

Tönnies, Ferdinand. 1882. [Rezension von] Carl Nohle „Die Staatslehre Platon's in ihrer geschichtlichen Entwicklung", Jena 1880. *Philosophische Monatshefte* 18: 76-85.

Tönnies, Ferdinand. 1883. Studie zur Kritik des Spinoza. *Vierteljahresschrift für wissen-schaftliche Philosophie* 7: 158-183 und 334-364. Angeführt nach Ferdinand Tönnies. 1975. *Studien zur Philosophie und Gesellschaftslehre im 17. Jahrhundert*, hrsg. Eduard Georg Jacoby, 243-291. Stuttgart-Bad Cannstadt: Friedrich Frommann Verlag · Günther Holzboog KG.

Tönnies, Ferdinand, 1887/1979. *Gemeinschaft und Gesellschaft. Abhandlung des Com-munismus und des Socialismus als empirischer Culturformen.* Leipzig: Reisland. [¹1887.] Angeführt nach dem neupaginierten Neudruck der 8. Aufl. von 1935. Darmstadt 1979 [ab der 2. Aufl. 1912 mit dem neuen Untertitel *Grundbegriffe der reinen Soziologie*]: Wis-senschaftliche Buchgesellschaft. [hier = GuG].

Tönnies, Ferdinand. 1893a. ,*Ethische Cultur*' und ihr Geleite. Berlin: Ferd. Dümmlers Ver-lagsbuchhandlung.

Tönnies, Ferdinand. 1893b. Ethisches Scharmützel. Offener Brief an Herrn Dr. Franz Meh-ring in Berlin. [datiert auf den 20. Dezember 1892]. *Deutsche Worte. Monatshefte* 13 (7): 47-57.

Tönnies, Ferdinand. 1894. Ethik und Socialpolitik. *Schweizerische Blätter für Wirtschafts-und Sozialpolitik* 2 (7): 241-245.

Tönnies, Ferdinand. 1897a. *Der Nietzsche-Kultus. Eine Kritik.* Leipzig: O.R. Reisland; 1990. Neuausgabe, hrsg. Günther Rudolph. Berlin: Akademie-Verlag.

Tönnies, Ferdinand. 1897b. Hafenarbeiter und Seeleute in Hamburg vor dem Strike 1897/97. *Archiv für Soziale Gesetzgebung und Statistik* 10 (2): 173-238.

Tönnies, Ferdinand.1897c. Der Hamburger Strike von 1896/97. *Archiv für Soziale Gesetzgebung und Statistik* 10 (5): 673-720.

Tönnies, Ferdinand.1898. Die Enquête über die Zustände der Arbeit im Hamburger Hafen. *Archiv für Soziale Gesetzgebung und Statistik* 12: 303-348.

Tönnies, Ferdinand. [vor 1900], 1987. Ansicht der neueren Geschichte. In *Symbol, Bewegung, Rationalität. Zum 50. Todestag von Ferdinand Tönnies*, hrsg. Carsten Schlüter[-Knauer], 217-233. Würzburg: Königshausen + Neumann.

Tönnies, Ferdinand. 1901. Die schöpferische Synthese. *Die Zeit* 26 (23. März und 27. April 1901) (338 und 343): 184 f. und 54-56.

Tönnies, Ferdinand. 1906a. Condorcet. *Das freie Wort. Frankfurter Halbmonatsschrift für Fortschritt auf allen Gebieten des geistigen Lebens* 6 (17, 1. Dezemberheft): 689-694. Angeführt nach Ferdinand Tönnies. 2009. *Gesamtausgabe Band 7. 1905-1907* [= TG 7], hrsg. Arno Bammé und Rolf Fechner, 462-469. Berlin und New York: Walter de Gruyter Verlag.

Tönnies, Ferdinand. 1906b. *Philosophische Terminologie in psychologisch-soziologischer Ansicht.* Leipzig: Verlag von Theodor Thomas. Angeführt auch nach Ferdinand Tönnies. 2009. *Gesamtausgabe Band 7. 1905-1907* [= TG 7], hrsg. Arno Bammé und Rolf Fechner, 119-250. Berlin und New York: Walter de Gruyter Verlag.

Tönnies, Ferdinand. 1907. *Die Entwicklung der sozialen Frage.* Leipzig: G.J. Göschen'sche Verlagshandlung. 1989. Nachdruck der 4., verb. Aufl. 1926 [seit der 3., verb. Aufl. 1919 u.d.T. *Die Entwicklung der sozialen Frage bis zum Weltkriege.* Berlin und Leipzig: Walter de Gruyter & Co.]. Berlin: Walter de Gruyter & Co.

Tönnies, Ferdinand. 1913. Harald Höffding zum 11. März 1913. *Das freie Wort. Frankfurter Halbmonatsschrift für Fortschritt auf allen Gebieten des geistigen Lebens* 12 (24, 2. Märzheft): 901-907. Angeführt nach Ferdinand Tönnies. 2000. *Gesamtausgabe Band 9. 1911-1915* [= TG 9], hrsg. Arno Mohr in Zusammenarbeit mit Rolf Fechner, 339-346. Berlin und New York: Walter de Gruyter Verlag.

Tönnies, Ferdinand. [1914]. [Formen der Öffentlichen Meinung]. In Ferdinand Tönnies. 2005. *Gesamtausgabe Band 23. Teilband 2. 1919-1936. Nachgelassene Schriften* [= TG 23.2], hrsg. Brigitte Zander-Lüllwitz und Jürgen Zander, 203-214. Berlin und New York: Walter de Gruyter Verlag.

Tönnies, Ferdinand. 1915a. Die Sozialpolitik nach dem Kriege. In *Die Arbeiterschaft im neuen Deutschland*, hrsg. Friedrich Thimme und Carl Legien, 147-158. Leipzig: G. Hirzel. Erneut in *Ethische Kultur. Halbmonatsschrift für sozial-ethische Reformen* 23 (15. und 22.10.1915): 153-155, 162-164. Angeführt nach Ferdinand Tönnies. 2000. *Gesamtausgabe Band 9. 1911-1915* [= TG 9], hrsg. Arno Mohr in Zusammenarbeit mit Rolf Fechner, 564-576. Berlin und New York: Walter de Gruyter Verlag.

Tönnies, Ferdinand. 1915b. Adolf Wagner. Zum 80. Geburtstag (25. März 1915). *Kieler Zeitung* (141 vom 25.3.1915, Morgenblatt): 2-3. Angeführt nach Ferdinand Tönnies. 2000. *Gesamtausgabe Band 9. 1911-1915* [= TG 9], hrsg. Arno Mohr in Zusammenarbeit mit Rolf Fechner, 514-518. Berlin und New York: Walter de Gruyter Verlag.

Tönnies, Ferdinand. 1917a. *Der englische Staat und der deutsche Staat. Eine Studie.* Berlin: Verlag von Karl Curtius. Angeführt auch nach Ferdinand Tönnies. 2008. *Gesamtausga-*

be Band 10. 1916-1918 [= TG 10], hrsg. Arno Mohr und Rolf Fechner, 51-284. Berlin und New York: Walter de Gruyter Verlag.

Tönnies, Ferdinand. 1917b. Das Versicherungswesen in soziologischer Betrachtung. *Zeitschrift für die gesamte Versicherungs-Wissenschaft* 17 (6): 603-624.

Tönnies, Ferdinand. 1918. *Menschheit und Volk.* Graz: Verlag Leuschner & Lubensky, k. k. Univ.-Buchhandlung. [1926c umgearbeitet und erweitert u.d.T. *Wege zu dauerndem Frieden?* Leipzig: C.L. Hirschfeld/Verlag]. Angeführt nach Ferdinand Tönnies. 2008. *Gesamtausgabe Band 10. 1916-1918* [= TG 10], hrsg. Arno Mohr und Rolf Fechner, 427-466. Berlin und New York: Walter de Gruyter Verlag.

Tönnies, Ferdinand. 1919. Ethik und Bodenreform. *Jahrbuch der Bodenreform* 15 (4 [abgeschlossen am 26. Februar 1920!]): 193-216.

Tönnies, Ferdinand. 1920. Die große Menge und das Volk. *Schmollers Jahrbuch für Gesetzgebung, Verwaltung und Volkswirtschaft im Deutschen Reiche* 44 (2): 317-345 [1-29]. Ebenfalls nachgewiesen nach dem Neudruck in: Ferdinand Tönnies. 1926. *Soziologische Studien und Kritiken. Zweite Sammlung,* 277-303. Jena: Verlag von Gustav Fischer.

Tönnies, Ferdinand. 1922a. *Kritik der öffentlichen Meinung,* Berlin: Julius-Springer-Verlag; erneut 1981. Aalen: Scientia Verlag; jetzt erneut in Ferdinand Tönnies. 2002. *Gesamtausgabe Band 14. 1922. Kritik der öffentlichen Meinung* [= TG 14], hrsg. Alexander Deichsel, Rolf Fechner und Rainer Waßner, Berlin und New York: Walter de Gruyter Verlag. [hier beide = KÖM].

Tönnies, Ferdinand. 1922b. *Ferdinand Tönnies. Eutin (Holstein).* In *Die Philosophie der Gegenwart in Selbstdarstellungen.* [Band 3], hrsg. Raymund Schmidt, 199-234 [1-36]. Leipzig: Verlag von Felix Meiner.

Tönnies, Ferdinand. 1922c. Zur Jubiläumstagung der Eisenacher Versammlung vom 6. und 7. Oktober 1872 („zur Besprechung der sozialen Frage"). *Soziale Praxis und Archiv für Volkswohlfahrt* 31 (37/38): Sp. 987-990.

Tönnies, Ferdinand. [nach 1922]. Die Krise der Sozialpolitik. In Ferdinand Tönnies. 2005. *Gesamtausgabe Band 23. Teilband 2. 1919-1936. Nachgelassene Schriften* [= TG 23.2], hrsg. Brigitte Zander-Lüllwitz und Jürgen Zander, 215-226. Berlin und New York: Walter de Gruyter Verlag.

Tönnies, Ferdinand. 1923a. Sozialreform ehedem und heute. *Soziale Praxis und Archiv für Volkswohlfahrt* 32 (29): Sp. 659-666. Erneut unter dem Titel: Die soziale Frage ehedem und heute. *Der Aufbau* 4 (28+29 [13.7.1923 + 20.7.1923]): 165-166, 171-172. Angeführt nach Ferdinand Tönnies. 2000. *Gesamtausgabe Band 15. 1923-1925* [= TG 15], hrsg. Dieter Haselbach, 571-585. Berlin und New York: Walter de Gruyter Verlag.

Tönnies, Ferdinand.1923b. Macht und Wert der Öffentlichen Meinung. *Die Dioskuren* 2: 72-99. Angeführt auch nach Ferdinand Tönnies. 2000. *Gesamtausgabe Band 15. 1923-1925* [= TG 15], hrsg. Dieter Haselbach, 592-619. Berlin und New York: Walter de Gruyter Verlag.

Tönnies Ferdinand. [1923c]. [Über Entwicklung der Sozialpolitik in Deutschland]. Angeführt nach Ferdinand Tönnies. 2005. *Gesamtausgabe Band 23. Teilband 2. 1919-1936. Nachgelassene Schriften,* hrsg. Brigitte Zander-Lüllwitz und Jürgen Zander [= TG 23.2], 189-198. Berlin und New York: Walter de Gruyter Verlag. S. Teilabdruck [nur Kap. V. und VI.] auch in Ferdinand Tönnies. 2000. *Gesamtausgabe Band 15. 1923-1925* [= TG 15], hrsg. Dieter Haselbach, 706-711. Berlin und New York: Walter de Gruyter Verlag.

Tönnies, Ferdinand. 1923d. Zur Soziologie des demokratischen Staates. *Weltwirtschaftliches Archiv* 19 (4. Oktober 1923): 540-584. Ebenfalls nachgewiesen nach dem Neudruck in: Ferdinand Tönnies. 1926. *Soziologische Studien und Kritiken. Zweite Sammlung*, 304-352. Jena: Verlag von Gustav Fischer.

Tönnies, Ferdinand. 1923e. Principielle bemerkninger til revolutionsteorien. *Tidskrift for Bank- og Finansvæsen* 9 (2): 17-19. Angeführt auch nach Ferdinand Tönnies. 2000. *Gesamtausgabe Band 15. 1923-1925* [= TG 15], hrsg. Dieter Haselbach, 509-515; Grundsätzliche Bemerkungen zur Revolutionstheorie, übers. Lise Tönnies, 693-700. Berlin und New York: Walter de Gruyter Verlag.

Tönnies, Ferdinand. 1924. Sozialpolitik und Staatssozialismus. *Soziale Praxis und Archiv für Volkswohlfahrt* 33 (18): Sp. 366-368.

Tönnies, Ferdinand. 1925a. Die Gewerkschaften in soziologischer Ansicht. *Die Arbeit. Zeitschrift für Gewerkschaftspolitik und Wirtschaftskunde* 2 (4): 193-201.

Tönnies, Ferdinand. 1925b. Die Arbeitszeitfrage in Deutschland. III. (Schluß.). *Soziale Praxis und Archiv für Volkswohlfahrt* 34 (7): Sp. 149-152.

Tönnies, Ferdinand. 1926a. *Fortschritt und soziale Entwicklung. Geschichtsphilosophische Ansichten.* Karlsruhe: Verlag G. Braun.

Tönnies, Ferdinand. 1926b. Soziale Reform als Grundlage der modernen Demokratie. *Prager Presse* vom 1. Januar 1926, *Beilage zur ,Prager Presse*: 18f.

Tönnies, Ferdinand. 1926c. *Wege zu dauerndem Frieden? Erweiterte Umarbeitung (Drittes Tausend) der Schrift ,Menschheit und Volk'* [1918]. Leipzig: C.L. Hirschfeld / Verlag.

Tönnies, Ferdinand. 1927a. Demokratie [und] Schlußwort [zur Diskussion über ,Demokratie']. In *Verhandlungen des Fünften Deutschen Soziologentages vom 26. bis 29. September 1926 in Wien. Vorträge und Diskussionen in der Hauptversammlung und in den Sitzungen der Untergruppen*, 12-36, 112f. Tübingen: J. C. B. Mohr (Paul Siebeck) [= Schriften der Deutschen Gesellschaft für Soziologie, I. Serie: Verhandlungen der Deutschen Soziologentage, V. Bd.].

Tönnies, Ferdinand. 1927b. Demokratie und Parlamentarismus. *Schmollers Jahrbuch für Gesetzgebung, Verwaltung und Volkswirtschaft im Deutschen Reiche* 51 (Halbbd. 1): 173-216 [1-44]. Ebenfalls nachgewiesen nach dem leicht veränderten Neudruck Ferdinand Tönnies. 1929. In *Soziologische Studien und Kritiken. Dritte Sammlung*, 40-84. Jena: Verlag von Gustav Fischer.

Tönnies, Ferdinand. 1927c. Führungsaufgaben im Werden der Öffentlichen Meinung. *Deutsche Presse. Zeitschrift für die gesamten Interessen des Zeitungswesens*, Sondernummer ,Schlesien und die Gugali': 267-269.

Tönnies, Ferdinand. 1928a. Gemeinschaft und Werkgemeinschaft. *Soziale Praxis. Zentralblatt für Sozialpolitik und Wohlfahrtspflege* 37 (7, 16. Februar 1928): Sp. 151-154.

Tönnies, Ferdinand. 1928b. [Rezension von] Carl Vering, Platons Staat; Platons Gesetze Frankfurt am Main 1925/1926, 2 Bände. *Zeitschrift für Politik* 17 (3): 262-265.

Tönnies, Ferdinand. 1929a. Partei und Staat. *Die Gesellschaft. Internationale Revue für Sozialismus und Politik* 2 (9): 193-197.

Tönnies, Ferdinand. 1929b. *Der Kampf um das Sozialistengesetz 1878*. Berlin: Verlag von Julius Springer.

Tönnies, Ferdinand. 1931/32. Zu Harald Höffdings Gedächtnis. *Kölner Vierteljahreshefte für Soziologie* 10: 236-242. Angeführt nach Ferdinand Tönnies. 1998. *Gesamtausgabe Band 22. 1932-1936* [= TG 22], hrsg. Lars Clausen, 280-285. Berlin und New York: Walter de Gruyter Verlag.

Tönnies, Ferdinand. 1931/1959. Gemeinschaft und Gesellschaft. In *Handwörterbuch der Soziologie*, hrsg. Alfred Vierkandt, 180-191. Stuttgart: Ferdinand Enke Verlag [unveränderter Neudruck 1959].

Tönnies, Ferdinand. 1932. Höffding und die Sozialdemokratie. *Die Gesellschaft. Internationale Revue für Sozialismus und Politik* 9 (1, Januar): 75-79. Angeführt nach Ferdinand Tönnies. 1998. *Gesamtausgabe Band 22. 1932-1936* [= TG 22], hrsg. Lars Clausen, 236-242. Berlin und New York: Walter de Gruyter Verlag.

Tönnies, Ferdinand. 1934. Im Oktober 1934 [Bericht über die „Gründe" meiner Entlassung aus dem Amte am 29. Septbr 1933]. Angeführt nach ders. 2005. *Gesamtausgabe Band 23. Teilband 2. 1919-1936. Nachgelassene Schriften*, hrsg. Brigitte Zander-Lüllwitz und Jürgen Zander [= TG 23.2], 475-478. Berlin und New York: Walter de Gruyter Verlag.

Tönnies, Ferdinand. 1935a. Das Recht auf Arbeit. *Zeitschrift für Sozialforschung* 4 (1): 66-80. Auch in Ferdinand Tönnies. 1998. *Gesamtausgabe Band 22. 1932-1936* [= TG 22], hrsg. Lars Clausen, 428-442. Berlin und New York: Walter de Gruyter Verlag.

Tönnies, Ferdinand. [1935b]. [Lebenserinnerungen aus dem Jahre 1935 an Kindheit, Schulzeit, Studium und erste Dozententätigkeit (1855-1894)]. Angeführt nach Ferdinand Tönnies. 1980, hrsg. Rainer Polley. *Zeitschrift der Gesellschaft für Schleswig-Holsteinische Geschichte* 105: 187-227. Und nach Ferdinand Tönnies. 2005. *Gesamtausgabe Band 23. Teilband 2. 1919-1936. Nachgelassene Schriften*, hrsg. Brigitte Zander-Lüllwitz und Jürgen Zander [= TG 23.2], 507-550. Berlin und New York: Walter de Gruyter Verlag.

Tönnies, Ferdinand. 1935c. *Geist der Neuzeit*, Leipzig: Hans Buske Verlag. Angeführt nach ders. 1998. *Gesamtausgabe Band 22. 1932-1936* [= TG 22], hrsg. Lars Clausen, 3-225. Berlin und New York: Walter de Gruyter Verlag.

Ferdinand Tönnies / Friedrich Paulsen. 1961. *Briefwechsel 1876-1908*, hrsg. Olaf Klose, Eduard Georg Jacoby und Irma Fischer. Kiel: Ferdinand Hirt.

Ferdinand Tönnies / Harald Höffding. 1989. *Briefwechsel*, hrsg. Cornelius Bickel und Rolf Fechner. Berlin: Duncker & Humblot.

Wagner, Adolph. 1895. *Mein Konflikt mit dem Großindustriellen und Reichstagsabgeordneten Freiherrn v. Stumm-Halberg. Eine Streitschrift zur Abwehr von Angriffen, Beleidigungen und Verdächtigungen. Aufsätze aus der „Zukunft" mit einem Nachwort, besonders zur Duellaffaire und über Herrn von Stumm's Offiziersqualität*. Berlin: Verlag von O. Häring.

Wehler, Hans-Ulrich. 1987. *Deutsche Gesellschaftsgeschichte. Zweiter Band*, München: Verlag C.H.Beck.

Wehler, Hans-Ulrich. 1995. *Deutsche Gesellschaftsgeschichte. Dritter Band*, München: Verlag C.H.Beck.

Wehler, Hans-Ulrich. 2003. *Deutsche Gesellschaftsgeschichte. Vierter Band*, München: Verlag C.H.Beck.

Wikipedia. 2013. Adolf Damaschke. http://de.wikipedia.org/wiki/Adolf_Damaschke. Zugegriffen: 19. August 2013.

Wilhelm II. 1976. *„Schwarzseher dulde ich nicht, und wer sich zur Arbeit nicht eignet, der scheide aus, und wenn er will, suche er sich ein besseres Land." Reden Kaiser Wilhelms II.*, ed. Axel Matthes. München: Rogner & Bernhard GmbH & Co. Verlags KG.

Willms, Bernard. 1991. Monstrum oder Mutterschoß? Bemerkungen zum Stellenwert der Hobbes-Forschung im Werk von Ferdinand Tönnies. In *Hundert Jahre ‚Gemeinschaft und Gesellschaft'. Ferdinand Tönnies in der internationalen Diskussion*, hrsg. Lars Clausen und Carsten Schlüter[-Knauer], 393-404. Opladen: Leske + Budrich.

Zander, Jürgen. 2001. Sieg der Vernunft? Ferdinand Tönnies' Fehldiagnose des National-sozialismus. In *Landesgeschichte und Landesbibliothek: Studien zur Geschichte und Kultur Schleswig-Holsteins. Hans F. Rothert zum 65. Geburtstag*, hrsg. Dieter Lohmeier und Renate Paczkowski, 171-189. Heide: Boyens & Co. Angeführt nach dem geringfügig veränderten Nachdruck 2002. *Tönnies-Forum* 11 (2): 18-43 [ebenfalls nachgedruckt 2004. *Tönnies-Forum* 13 (1: Themenheft: Jürgen Zander - Eine Anthologie): 52-77].

Zander-Lüllwitz, Brigitte / Zander, Jürgen. 2005. Editorischer Bericht. In *Ferdinand Tönnies. Gesamtausgabe Band 23. Teilband 2. 1919-1936. Nachgelassene Schriften* [= TG 23.2], hrsg. Brigitte Zander-Lüllwitz und Jürgen Zander, 591-660. Berlin und New York: Walter de Gruyter Verlag.

Zehrer, Hans. 1932/33. An der Wende! *Die Tat. Unabhängige Monatsschrift zur Gestaltung neuer Wirklichkeit* 24 (6, September 1932): 433-451.

Zrenner, Petra. 2008. *Die konservativen Parteien und die Entstehung des Bürgerlichen Gesetzbuchs*. Berlin u.a. LIT-Verlag.

Autorenangaben

Michael Beetz (*1973), Dr. phil., ist Privatdozent für Soziologie an der Universität Jena. Seine Arbeitsschwerpunkte sind: Gesellschaftstheorie, Allgemeine Soziologie und Soziologiegeschichte, epistemologische und methodologische Grundprobleme der Sozialforschung, qualitativ-hermeneutische Symbolanalyse. Zentrale Publikationen: *Das unliebsame System. Herbert Spencers Werk als Prototyp einer Universaltheorie*, in: Zeitschrift für Soziologie 39 (2010), S. 22-37; *Gesellschaftstheorie zwischen Autologie und Ontologie. Reflexionen über Ort und Gegenstand der Soziologie*. Bielefeld: Transcript 2010; *Was bewegt Deutschland? Sozialmoralische Landkarten engagierter und distanzierter Bürger in Ost- und Westdeutschland*. Weinheim: Beltz Juventa (mit Michael Corsten, Hartmut Rosa, Torsten Winkler 2014); *Kraft der Symbole. Wie wir uns von der Gesellschaft leiten lassen und dabei die Wirklichkeit selbst mitgestalten*. Konstanz: UVK 2014. Email: michael.beetz@uni-jena.de

Peter Gostmann (*1971), Dr. habil., ist Akademischer Rat am Institut für Soziologie der Universität Frankfurt. Seine Arbeitsschwerpunkte sind: Philosophie der Sozialwissenschaften, politische Soziologie und Kultursoziologie. Zentrale Publikationen: ›Macht‹ und ›Herrschaft‹ – zur Revision zweier soziologischer Grundbegriffe. Wiesbaden: VS Verlag (Hrsg. mit Peter Ulrich Merz-Benz 2007); *Polen zwischen Nation und Europa. Zur Konstruktion kollektiver Identität im polnischen Parlament*. Wiesbaden: DUV (mit Grzegorz Adamczyk 2007); ›Beyond the Pale‹. *Albert Salomons Denkraum und das intellektuelle Feld im 20. Jahrhundert*. Wiesbaden: Springer VS (2014). Email: peter.gostmann@web.de

Peter-Ulrich Merz-Benz (*1953), Dr. phil., ist Professor am Soziologischen Institut der Universität Zürich. Zudem ist er Leiter des „Forum ‚Philosophie der Geistes- und Sozialwissenschaften'" am Philosophischen Seminar. 1996 wurde ihm der Amalfi-Spezialpreis zugesprochen. Zweimal weilte er als professeur invité an der Ecoles des hautes études en sciences sociales in Paris. Seine Arbeitsschwerpunkte sind: Soziologische Theorie und Theoriegeschichte, erkenntnistheoretische und methodologische Grundlagen der Sozialwissenschaften, Kultursoziologie, Gesellschaftstheorie, Religionssoziologie, Musiksoziologie. Zentrale Publikationen: *Max Weber und Heinrich Rickert. Die erkenntniskritischen Grundlagen der verstehenden Soziologie.* Würzburg: Königshausen & Neumann (1990); *Tiefsinn und Scharfsinn. Ferdinand Tönnies' begriffliche Konstitution der Sozialwelt.* Frankfurt am Main: Suhrkamp; *Kultur in Zeiten der Globalisierung. Neue Aspekte einer soziologischen Kategorie.* Frankfurt am Main: Humanities Online (Hrsg. mit Gerhard Wagner 2005); *›Macht‹ und ›Herrschaft‹ – zur Revision zweier soziologischer Grundbegriffe.* Wiesbaden: VS Verlag (Hrsg. mit Peter Gostmann 2007. Email: merz-benz@soziologie.uzh.ch

Carsten Schlüter-Knauer (*1955), Dr. phil., ist Verwaltungsangestellter an der Fachhochschule Kiel und Gründungsmitglied des Gesamtherausgeberkollektivs der Ferdinand-Tönnies-Gesamtausgabe (TG). Arbeitsschwerpunkt u.a.: Politische Theorie und Ideengeschichte. Zentrale Publikationen: *Adornos Kritik der apologetischen Vernunft.* 2 Bde. Würzburg: Königshausen & Neumann (1987); *Hundert Jahre ‚Gemeinschaft und Gesellschaft‘.* Opladen: Leske + Budrich (Hrsg. mit Lars Clausen 1991); *„Ausdauer, Geduld und Ruhe". Aspekte und Quellen der Tönnies-Forschung.* Hamburg: Rolf Fechner Verlag (Hrsg. mit Lars Clausen unter Mitarbeit von Rolf Fechner 1991); *Die Demokratie überdenken.* Berlin: Duncker & Humblot (Hrsg. 1997); *„Ironische Dramatisierung der politischen Subjektivität in der attischen Demokratie",* in: Die Ironie der Politik. Frankfurt a. M. / New York: Campus, 159-177 (Hrsg. Thorsten Bonacker et. al. 2003); *Alter Sokratischer Dialog und Bologna-Prozess,* in: perspektiven ds, 26.2009.1, 73-85; *Theorie, Empirie, Demokratie,* in: Kontinuität und Kontroverse. Essen: Klartext Verlag, 257-292 (Hrsg. Wilhelm Knelangen/Tine Stein 2013). Email: carsten.schlueter-knauer@fh-kiel.de.

Angelika Zahn (*1968), M.A. Institut für Soziologie der Universität Frankfurt am Main. Wissenschaftliche Mitarbeiterin in der Edition der Max Weber-Gesamtausgabe. Ihre Arbeitsschwerpunkte sind: Soziologische Theorie und Theoriegeschichte, qualitative Sozialforschung (insbes. Objektive Hermeneutik), Gesellschaftstheorie, Politische Soziologie. Zentrale Publikationen: *Öffentlichkeit in der Diktatur. Bedingungen von Gesellschaftskritik in der DDR,* in: Hans-Georg Soeffner (Hrsg.), Transnationale Vergesellschaftungen. Verhandlungen des 35. Kongresses der Deutschen Gesellschaft für Soziologie. Wiesbaden: VS (2012); *Nacja, dyseminacja i trzecia przestrzeń. Wkład Homi K. Bhabhas do teorii tożsamości zbiorowej, in: Roczniki Nauk Społecznych* 40: 19-39 (zusammen mit Gerhard Wagner 2012). Email: zahn@soz.uni-frankfurt.de

The manufacturer's authorised representative in the EU is Springer
Nature Customer Service Centre GmbH, Europaplatz 3, 69115 Heidelberg,
Germany. If you have any concerns regarding our products, please
contact ProductSafety@springernature.com

Printed and bound by CPI Group (UK) Ltd, Croydon, CR0 4YY

27/04/2026

02097564-0002